多文化共生と夜間中学

――在留外国人の教育課題――

大重史朗

揺籃社

もくじ

【はしがき】

揺籃社から『「移民時代」の日本のこれから ── 現代社会と多文化共生 ── 』を刊行させていただいたのが、2014年のことだった。当時は、在留外国人が増えてはいるものの、中高年世代になるほど日本人と外国人が地域で共生していることを意識している人は、外国人集住都市と言われる地域以外はあまりいなかった。

しかし、学校など教育現場においては、徐々に日本人の児童・生徒に交じり、外国籍、あるいは外国にルーツをもつ子どもたちが増え始めていることは、むしろ大学生以下の若い世代ほど感じている時代でもあった。その後、新聞などで「移民」受け入れの可否についてアンケート調査などを実施すると、高齢者になるほど受け入れを拒否したいとする傾向がみられ、若い世代になるほど、ごく自然に自分たちの生活領域に入っている現実を受け入れている感じがした。かといって、私の出講する大学や専門学校で調査目的を伝えてアンケートをとったところ、やはり、若い世代においても、本音は「移民」受け入れには「反対」とする者も決して少なくなかったことも事実である。

しかし、わが国をとりまく社会情勢は刻一刻と変わってきていた。前作を執筆した当時は、まだ「オールド・カマー」とか「ニュー・カマー」というように在留外国人を分類した上で研究などが進められていた。しかし、その直後ぐらいから、中国や韓国・朝鮮、さらに日系ブラジル人に加え、あらゆる国や地域の人々が来日してくる現象が起きた。いくつかの種類に分けられるが、一つは留学生の増加である。政府が留学生を増やそうとした政策もあったが、私立大学などを中心に起きた少子化による定員割れが主な原因と考えられる。大学をはじめとする学校教育法で定められた「学校」（いわゆる「１条校」と呼ばれる正式な学校）の収入形態は受験料、入学金、授業料および私学補助金と、経済面で比較的余裕のある卒業生や保護者らによる寄付金に頼らざるを得ず、民間企業のように簡単に子会社を増やしたり、業態変換したり、ということができない状態にある。そこで学校、とくに大学が考えたことは、まずは留学生を増やすこと、そして、一度大学を出て就職し、ある程度経済的に余裕が出てきた日本人の社会人にもう一度大学に戻ってきてもらおうと考案された「社会人大学院」の普及であった。後者についての存在意義などの論評は別の機会に回すこととするが、留学生が増えたことは、在留外国人の増加に一役買っているようである。

また、少子化が将来の労働者の減少をも意味することは人口統計上からも周知の事実であった。本書を執筆し始めた2019年秋に関東地方に超大型台風が上陸し、千葉県を中心に首都圏の一戸建て住宅の屋根が吹き飛ばされる事態が起きた。また、タワーマンションブーム、昭和時代に建設され老朽化したマンションのリノベーション、東京五輪が予定されているといった社会情勢の中で、ライフラインの公共工事が増えたことなど、多種多様の要素が加わり、建設業の人手不足が深刻化した。さらに、超高齢社会に伴って、介護人材不足となり、外国から日本に労働者として来日してもらわなければ、人々の生活が回らないという状況が急速に現実味を帯びてきた時代的背景もある。

しかし、来日外国人が増えることには課題があった。外国人が日本に来ると、まず問題になるのは「言葉の壁」であり、日本語を教える日本語教師の待遇の低さが社会問題でもあることは前作で触れた。その課題について、国や政府はいまだに解決の糸口を見出していない現実がある。

一方、建設業や介護部門の人材不足を補いやすくするため、出入国管理法（入管法）が改正されたり、不登校を経験した日本人の若者や在留外国人のための夜間中学などの新設を念頭に超党派で推進された教育機会確保法が施行されたりするなど、在留外国人をめぐる法律制定の動きも変化を遂げてきた。

このような社会背景のもと、約280万人にまで膨れ上がった在留外国人は、1980年代ごろのデカセギ外国人労働者にみられるような、一時的に賃金を稼ぎに来日し、短期間で母国に帰国するのではなく、家族ともども来日して中長期的に日本に住む人々であることがその特徴として挙げられる。彼らにとって大切なことは、「言葉の壁」を打ち破るための日本語教育を中心とした教育機会の確保であることは前作でも述べた。ただ、前作は外国人学校を中心に取り上げたものの、その後、前述したような法律改正なども相まって、公立中学夜間学級や公立高校定時制、あるいは日本人ボランティア住民による日本語学級なども当然、研究者としては視野に入れるべき課題となってきた。

そうした中で、市役所などでは、多文化共生推進を銘打った課が積極的に作られるようになり、行政機関も多文化共生の街づくりを積極的に推進しようとする地域が増えてきた。こうした現実を機に、多文化共生とは何か、夜間中学とはどういう意味を持つのか、現実問題として在留外国人が増えていて共生が必要とされる日本にどのような課題が投げかけられ、どのような意義づけや解決策が考えられるのか、研究し、考察することが必要に迫られ、執筆したのが本書である。

範囲は教育学の領域を超えて社会学をはじめとする多分野にわたり、必ずしもこれまでの学問領域の一つの範疇ではない部分が少なくない。しかし、現実問題として、国際化という一語では表現しきれず、多文化共生社会になることが求められている日本社会の解決の糸口は何か、私たち国民一人ひとりができることは何かを念頭におきながら、だれも取り残さない社会を構築するための方策を考える著書になるように願って書き上げた。詳細な構成などは本文で触れるが、事実上、時代の変遷に応じた前作の続編とも位置付けられる本書を研究や勉学の一助としていただけたなら筆者として光栄である。

2021年5月吉日

著者　大　重　史　朗

【序章】

本書の目的と研究方法

（1）本書の問いと仮説

本書における問いは、公教育と住民団体やNPO法人を軸として、在留外国人が日本語を学ぶ多文化共生社会を広義の「学校」、つまり「学びの場」と位置づけ、教育行政としての学校と住民団体を加えた日本語教室の連携こそ、多文化共生社会を実現し、誰も取り残さない、排除しない、とくに在留外国人の国籍など多様性を尊重した社会包摂が生まれるのではないか、というものである。

その下では、外国人住民を多く抱える日本の現状を鑑み、外国人には日本語を学ぶ学習権があるのか、また、日本政府や地方自治体などの行政が教育機会を確保する義務があるのか、についての考察も必要と考えられる。

本書では、執筆初期の段階において、全国に先駆けて公立夜間中学を設置するとともに、30年以上の歴史を誇る住民による「自主夜間中学」との連携を模索している埼玉県川口市に実践事例として焦点をあてている。研究の過程において、公立夜間中学開設時期に訪問し、現地の行政や学校の取り組みを現地調査した。

そしてこの仮説は次のような（イ）（ロ）（ハ）の３種類の細分化した仮説を立証することで、夜間中学の存在が、多文化共生社会の実現を果たしていることを証明できるのではないだろうか。

具体的には、（イ）「学びの場」の中心的な存在が夜間中学であり、それには公立中学夜間学級と日本語教室を運営する住民団体があり、本書では後者の住民団体については、埼玉県川口市の日本語教室に焦点をあてて論を展開できるのではないかと考えた。

その際、本論で述べる「学びの場」は、在留外国人の学習権を保障するべき場になるのではないだろうか。そして、1980年代から1990年代にかけて多数来日した外国籍の「デカセギ」労働者や中国などからの引揚者を支援していた時代とは違った、単に国際交流事業を行うだけにとどまらない、新たな多文化共生社会という社会包摂の場を成果として実現できるのではないかとの仮説をたて、論証していきたい。

そして、先行研究として多種存在する多文化共生に対する賛否や夜間中学の歴史と社会的な意義を考察した上で、埼玉県川口市における、いわゆる夜間中学（以下、引用など特殊な場合を除き、公立中学夜間学級および自主夜間中学などと表記）の存在意義について明らかにすることは、（ロ）在留外国人の学習権と行政の教育確保義務をそれぞれ尊重して、行政と地元住民が協働して多文化共生社会を実現できる成果を証明することになるのではないか、との仮説を検証していきたい。その際、社会全体を広義の意味での「学校」つまりは「学びの場」とみなせば、増え続ける在留外国人に対し、社会包摂の場になるのではないかとの仮説を前提に本書を進めていきたい。

また、（ハ）埼玉県川口市を中心とする公立中学夜間学級や自主夜間中学に通う生徒の８割以上が在留外国人であり、その成果として多文化共生社会を創出していると言えるのではないだろうか。そこでは日本語学習が行われており、言葉の壁を解決する手段がある。日本語学習は、在留外国人が国内で生活者として暮らしていき、社会を構成する上でも重要な機能を果たしていると言え、社会言語学的な立場からも夜間中学は多文化共生社会を創出していると言えるのではないだろうか、との仮説を検証する。

とくに筆者が2019年度から全国の先例として公立夜間中学を設置して、新たな国際都市をめざす埼玉県川口市を研究対象としている理由は、日本各地において共通する「多文化共生」の定義づけや「共生」社会を抱える日本のあるべき姿について、社会学周辺の学際領域において、一定の理論構築が得られておらず、さらに現実的な社会問題として考察および提言されていない「手探り」状態であることが否定できないからである。すなわち、先進事例になるように動きはじめている川口市の教育行政は研究対象とするに充分な理由を持っていると言えよう。

さらには、川口市の現状を見る限り、住民団体による自主的な動きがあり、地域の日本人住民が事実上の「教育者」となり、外国人住民が「学習者」となっている現状がある。

在留外国人に教育の機会を与えることを考える際においては、これまで、公立学校で行われる授業が第一に考えられ、その次に「支援者」や「行政」「地域社会」が加えられることが多かった。しかし、外国人子弟の教育に関し、現状のような国際社会における「公教育」である公立中学夜間学級と住民団体やNPO法人を軸として、これらをとくに日本語を学習する拠点として、広義による「学校」、つまり「学びの場」と位置づけ、地域社会が一体となって多文化共生社会を実現してこそ、誰も取り残さない、排除しない、多様性を尊重した社会包摂が生まれるのではないだろうか、との仮説を本書の中で検証したい。

（２）本書の背景

日本国内における15歳から64歳の生産年齢人口は、2017年に5724万人で、それより5年前の2012年の5684万人に比べれば増えているものの、2007年の5889万人と比べると減っていることがわかる。[(1)] また、人口や企業の東京一極集中と地方の衰退が進み、とくに地方においては人口減少が著しく、「地方消滅」とまで言われるようになっている。[(2)]

そこで政府などが中心になって進めているのが、日本国内における労働者不足に伴う、外国人の来日規制の緩和である。後述するが、2019年４月より改正入管法が施行され、外国人の受け入れの機会が拡大された。この法律には新たな在留資格「特定技能」が付設され、外国人労働者の受け入れ拡大を目的とした新しい制度である。政府は、これまでの技能実習生からの資格変更も含めて、施行後５年間で最大約34万5000人の来日外国人の入国を見込んでいる。

しかし、入管法改正時では、日本語教育及び日本語教師の資格や立場が制度化、明確化されていないなど、現場が整備されない中での「見切り発車」となっている。[(3)]

それでなくても、日本国内には、2017年末現在のデータをみるだけでも中国、韓国など東アジアからの来日外国人が圧倒的な数を占めている。[(4)] このように各地で外国人住民が増える中、実際は、半数以上の外国人が中国および韓国・朝鮮系の住民で、彼らは都内を中心に製造業やサービス業に従事しながら各地に住んでいる。一方で、北関東や中部・東海地方には、製造業を中心として、特に当時の入管法改正により1990年代ごろから南米系の日系人が移り住んだ。

こうした南米系の日系人が日本に移住して働いている現状を鑑み、2000年代に差し掛かったころから、ニュー・カマーと呼ばれる南米系外国人労働者が多く住む多文化共生社会を目指す国内の自治体が増えてきた。外国人集住都市として、国際交流にとどまらず、福祉や教育における外国人住民をとりまく問題を話し合い、外国人との共生のあり方を模索してきた。[(5)]

しかも、現在は日系南米系外国人に加え、ベトナムやネパールなどからの在留外国人が増えるとともに、政府も入管法をさらに改正し、外国人労働者の受け入れを介護や建設の分野を中心に事実上の単純労働者にまで拡大する方向を示すなどの現象がみられる。その結果、外国人が日本国内の「生活者」として日常生活を営み、とくに学校現場のほか、住民団体が教える日本語教室などに参加し、日本語を学習しながら生活している実情がある。

今では、「多文化共生」という言葉が政府・中央省庁をはじめ、地方都市の行政機関に至るまで根付き始めている。そして、多文化共生はこれまでのような、「みんな仲良く」を合言葉に合意形成した飲食イベントや「祭り」を一定期間実施するような、民間レベルの国際交流にとどまることなく、行政窓口では多言語による看板や案内板の表記、複数言語によるパンフレット記述が推進されるなど、盛んに「多文化共生」の社会構築が叫ばれている。

同時に、子どもたちが通う学校現場も国際色が豊かになり、彼らに対する教育機関として受け入れている公立中学夜間学級や住民団体としての自主夜間中学などの取り組みが注目されている。

《表1》

国籍・地域別在留外国人数の推移（単位：人）

国・地域	2013年	2014年	2015年	2016年	2017年	構成比
中国	649078	654777	665847	695522	730890	28.5
韓国	481249	465477	457772	453096	450663	17.6
ベトナム	72256	99865	146956	199990	262405	10.2
フィリピン	209183	217585	229595	243662	260553	10.2
ブラジル	181317	175410	173437	180923	191362	7.5
ネパール	31537	42346	54775	67470	80038	3.1
台湾	33324	40197	48723	52768	56724	2.2
米国	49981	51256	52271	53705	55713	2.2
タイ	41208	43081	45379	47647	50179	2.0
インドネシア	27214	30210	35910	42850	49982	2.0
その他	290098	301627	321524	345189	37333	14.6
総数	2066445	2121831	2232189	2382822	2561848	100.0

○法務省ホームページ
http://www.moj.go.jp/content/001256897.pdf（2018年11月24日閲覧）
○上記の「台湾」について、2012年末の統計から「台湾」の表記がなされた在留カード等の公布を受けた者を「台湾」に計上している。2011年までは「台湾」は「中国」に含まれていた。
○「構成比」は四捨五入しており、合計数字と内訳は必ずしも一致しない。

（３）本書の目的と研究の方法

現実問題として、多文化共生社会の実現にあたり「学校」、とくに日本語学習のクラスを設置し、外国人が半数以上を占める公立中学夜間学級の開設が各地で進んでいる。そこでまず、公教育の意義が見直されているのではないだろうか、との問いに基づき論考を進めたい。

とくに、本書で取り上げる公立夜間中学や自主夜間中学において、外国人の学びについて、「なぜ（学齢期を超えて、年齢を重ねてまで）学ぶのか」、インタビュー調査をもとに論じていく。例えば、彼らは「卒業資格」がほしいだけでは決してないはずであり、来日後、どのような体験をもとに何を求めているのか、「学力」「言語（日本語能力）」「（日本）文化」など彼らの興味対象を調査しながら、多文化共生社会を築くために、私たち受け入れる側の日本人は、在留外国人の日本語を学ぶ権利、つまり学習権の存在を認めることから始める必要があるのではなかろうかとの仮説を立て、論を展開していく。

最終的には、学校や行政、住民団体などがそれぞれの立場から役割を果たしてこそ、これからの多文化共生社会を築けるのではないかという問いに基づき、そのための行政機関における在留外国人に対する教育機会確保の必要性、つまり行政の義務の必要性を論じていきたい。

ただ、学習権といっても世界各地で事情や社会背景が異なる。もともと終戦後からの夜間中学の歴史があり、その学習環境を土台としながら、公教育や住民レベルで在留外国人のための、とくに日本語を重視した教育が行われている日本の情勢をまず考える必要がある。また、日本は「移民」は受け入れない政策方針であり、移民法なども存在しないことから、例えば、米国のような移民国家と同様に考えるわけにはいかない歴史が存在する。このことからもまずは本書においては、日本における在留外国人の学習権について考察することを主眼におくべきであると考えた。

そして、その対象については、後述するように「公教育」と呼べる狭義の「学校」をはじめ、地域における住民団体の活動を通した在留外国人の学習の場を提供している地域全体を見渡した広義の「学校」つまり「学びの場」を本書の対象としていきたい。

終戦直後のいわゆる夜間中学では、日本人や在日韓国・朝鮮人など、日本に在住しながらも日本語の読み書きができない状況にあり、かつ昼間に家庭の事情などで働くことを余儀なくされている人々が中心であった。確かに現在においても一部の日本人の中に識字能力がおぼつかない世代が全くいないわけではなく、当然、そうした人々にも世代にかかわらず学習権は認められるべきである。しかし、国際化が叫ばれる中で、数多くの国々の中から日本を労働だけでなく居住の場と定めて家族ともども来日し、不自由な生活を余儀なくされている在留外国人に対する学習権が、特に日本語を中心に求められていると言える。

例えば本書で取り上げる埼玉県川口市だけでなく、各自治体には、多文化共生を専門とする行政窓口を設置している例が全国的にみられる。終戦直後の夜間中学と現在の公立中学夜間学級だけをとってみても、社会的ニーズが違ってきている状況を把握できよう。

これらを念頭に置いた上で、本書の研究の方法は、先行研究がどのように現状に即しているか、あるいは否かについて、また、外国人が多く住む地域の実態が理論的に先行研究とどの程度同一か、あるいは乖離しているかを比較検討することにある。そして、公立中学夜間学級や住民団体としての「自主夜間中学」に対するフィールドワークを通したインタビュー調査を合わせて行い、多文化共生社会の実情と理論が一致しているか否かを実証することも視野に入れている。多文化共生社会が進むにあたり、学校や住民団体、それに行政がどのようにそれぞれの役割を果たす必要があるのかを論じていきたい。

（4）本書の構成

次に本書の構成であるが、第1章から在留外国人の学習権を論じるにあたり、その前提となる「多文化共生」について、先行研究についての考察を加えている。とくに多文化共生の考え方は、以前なら、単に日本とは違う国や地域、民族が仲良く交流していく「国際交流」という表現がなされていたが、在留外国人が本書完成時においては約280万人に達する現状を踏まえ、職場や学校において在留外国人とともに生活する日本人にとって当たり前となっている。1970年代から80年代にかけての一時的な「デカセギ」ではなく、家族を伴っての中長期的な滞在が当たり前となる中で、とくに本書では教育行政の面で共生していくことを前提として、「多文化共生」が実態に即した考え方となっているのか、また、共生の語源なども含め考察していく。

第２章では、第１章で考察した多文化共生理論の実証研究として、横浜市鶴見区における先行研究について考察を加えた。すでに在留外国人が多い地域として実態に即したどのような考察や研究がなされているのかについて、検討を加えた。これは本書の主な柱として調査研究を行っている、埼玉県川口市の先行地域とも呼べる地域であるためである。

そして第３章において、本書の核となる夜間中学について、これまでどのような先行研究があるのかを考察し、どういった視点で夜間中学に対する学術的な考察が加えられてきているのかを検討したい。

第４章では、第１、第２章で考察した多文化共生社会の中で、日本語を中心とした教育について、とくに行政が行う「公教育」としての学校の役割は何か、またその歴史的な変遷や限界はどこにあるのかについて、「学校」を「狭義の学校」と定義づけた上で考察を加えた。

第５章では、第３章までに考察した多文化共生理論や公教育の定義に基づき、いわゆる夜間中学の歴史と在留外国人の在籍数が多い先進事例としての東京都の公立中学夜間学級について考察した。

第６章では、2019年度に埼玉県内で初となる公立中学夜間学級を開設したことをきっかけとして、川口市において筆者がフィールドワークを行った。その前段階の考察として、川口市における戦後の教育モデル構築について「川口プラン」と名付けられた教育構想の歴史について考察を加えた。

そして第7章おいては、現在、実際に行われている川口市内における在留外国人の日本語教育について、住民運動を母体とした川口自主夜間中学の歴史と実情を考察した。さらに、詳細については別途、表にまとめて紹介している。自主夜間中学に日本語を学びにやってくる在留外国人に対するインタビュー調査結果を踏まえた考察も加えている。

終章においては、これまでいわゆる公立中学夜間学級を「狭義の学校」と定義づけたのに対し、住民運動や行政も加えた社会全体で在留外国人の教育を支援するやり方を「広義の学校」つまりは「学びの場」と位置づけ、その存在意義について考察を加えるとともに、多文化共生社会における在留外国人の学習権はどこまで支援される必要があるのかについて検討を加えた。

(5)「在留外国人」の表記について本書における考え方

本書では、日本に滞在する外国人について、「在留外国人」という表記を用いることとした。外国人について、とくに1980年代以降、グローバリゼーションが盛んに叫ばれ、とりわけ1990年代は日本でも外国人労働者問題が顕在化し、グローバリゼーションが身近な問題としてとらえられるようになった。グローバリゼーションのもとで外国人労働者は「ニュー・カマー」と呼ばれ、それ以前からいた在日の人々(在日の韓国・朝鮮・台湾・中国の人々)とは来日した時期や経緯が異なった対象として丹野をはじめとする研究者らにより研究が進められてきた[(6)]。

例えば、筆者が拙著『「移民時代」の日本のこれから ── 現代社会と多文化共生 ── 』の中で触れた、多文化共生と外国人労働者の日本語学習の問題を考察した2012年から2014年当時を振り返ってみても、静岡県浜松市における日系ブラジル人や日系ペルー人の人々は、研究者の間で「南米系日系外国人」などと表記されていた[(7)]。しかし、先行研究の中には池上のように、浜松に研究者として長年在勤しながらも「ブラジル人」とあえて表記した研究者も少なからずいた。池上は「日系ブラジル人」などの表記がなされている現象について、「『日系』という語句から連想される日本社会・日本文化との同質性や親和性よりも、ブラジルの文化的背景を有することに起因する異質性に着目して地域社会の対応を明らかにするのが本書の基本的視角であるため、本書では日系であれ、非日系であれ、ブラジルの文化的背景を持つ人びとを指すことばとして『ブラジル人』という名称を用いることにする」と但し書きをつけている。(8)

それでは、外国人・外国籍者とはどのように定義できるのだろうか。丹野によると、「国民である日本人（日本国籍者）以外の者である。日本人であること・日本国籍者であることは、自己の権利を主張するうえで重要なメルクマールとなるものである」と論じている。

そして丹野は「オールド・カマー」を「国家を背負う移民」、「ニュー・カマー」を「国家を背負わぬ移民」と特徴を明らかにしている。そして、「日本国内には、ますます「国家を背負わない移民」が増えるだろう。そうしたなかで、これまでとは違った統治の手法も必要になっていくだろう」と論じているほか、さらに「21世紀の日本は、外国人の権利を『恩恵』ではなく『義務を伴った権利』に変えていくことが必要だ」としている。これは後述する日本語学習について限定すれば、社会背景は違うものの、こうした区分は現状に即しており、今後も丹野の言説に依拠できるのではないかと考える。

しかし、こうしてみると、「外国人」の概念は、時代ごとの社会背景も相まって研究者の間で分かれているのが現状である。こうした動きを踏まえ、研究者の中では2000年代半ば以降、「外国人」と区別するため、「外国にルーツを持つ」人々、という表現が用いられるようになってきた。前述した拙著の中でも兵庫県の外国人集住都市について触れているが、昨今の「外国人」の中には、とくに学齢期以降の若い世代が増えている。

例えば、両親のどちらかが南米系ブラジル人であり、片方の親がブラジル人で日常会話もポルトガル語が主流であるものの、その子どもは日本で出生し、日本の義務教育課程で普通教育を受け、日本語が堪能であるといった家族が存在する。中には、そうした出生歴を持ちながら、日本名で学生生活を送る若者もいて、中には、親の母国の言語を学びたくて外国語の専門学校に通い、外国語学部を念頭に置いた大学編入学を目指している若者も少なくない現状がある。[(9)]

そうした背景から、実態は全くの「(外国籍をもつ) 外国人」ではない、といった判断で、「外国にルーツを持つ（子ども）（人々)」といった表現が多く用いられるようになってきているのではないかと推察できる。[(10)] しかし、これは注意が必要であると私は考える。丹野の指摘するように、「国籍確認請求裁判」が毎年何件も提起されていることからも、日本に長年在住しているからといって「日本人」であることは自明のことではないのである。その結果、最高裁や各地の高等裁判所での判例も積み重ねられている。にもかかわらず、国籍確認請求裁判は絶えず提起されてくる。当事者が日本国籍であるかどうかの判断が問われる国籍確認請求裁判はそのほとんどが「渉外婚姻」(日常用語では「国際結婚」と呼ばれる）の結果である、とされる。

だからこそ筆者は、「外国にルールを持つ」という表現を、度重なる裁判の提起や判決、そして判例の確定の繰り返しの実情を考えずにむやみに用いることは、かえって現実にそぐわないのではないかと考える。

度重なる国籍確認の訴訟が存在する中で、政府は法務省の外局として2019年４月、「出入国在留管理庁（入管庁)」を発足させた。入管庁は、観光客を含む来日外国人の増加に対応するために新設された。[(11)] 同庁のホームページなど公式文書には、「在留資格」とか「外国人」の表現が使われている。[(12)] こうした現状を踏まえ、本書では、「外国にルーツをもつ（子ども）（人々)」といったあいまいな表現ではなく、行政用語として広く用いられる「在留外国人」という表現を用いることにした。[13]

（6）「オールド・カマー」と「ニュー・カマー」についての本書の考え方

多文化共生を語るにあたり、在留外国人を母国の国籍や来日時期によって分類する呼称がある。「オールド・カマー」と「ニュー・カマー」である。この呼び方の定義づけについては、諸説あるものの、どのような定義づけが現実に即しているのだろうか。そしてこれらは、教育行政や学校のほか、住民ボランティアなどが共生してこそ、新しい形の多文化共生社会が実現するのではないか、との仮説にどれほど親和性があるのだろうか。

佐久間によると、「オールド・カマー」については、そもそも「カマー」とは「当人の意思で『来る人、来た人』のことである。(中略)オールド・カマーに関しては、当人の意思ではなく『連行』された人もいただろうし、それ以上に三世、四世、ときに五世も対象になるので、自らの意思どころか、日本生まれの人も多い。このような事情を配慮するとカマーといういい方は誤解を招き、むしろ、『オールドタイマー』とすべきかもしれない」と考察している。[14] そして、「オールド・カマーですら多くの人にはわかりづらいのに、オールドタイマーはもっとなじみが薄いと思われるので」と断った上で、自著において「オールド・カマー、ないしは旧植民地住民と記している」と述べている。そこで本書においても「オールド・カマー」は「旧植民地時代の住民」と定義することとする。

しかし、佐久間も指摘しているように、「在日韓国・朝鮮人を一例に挙げると、戦前までの朝鮮半島出身者には在日朝鮮人を、戦後朝鮮半島が分断されたあとは、その政治性・歴史性を意識しつつ在日韓国・朝鮮人を、近年のニュー・カマー韓国人も含む場合や区別の要のないところは在日コリアンとした」と指摘しているように、旧植民地以後も、同じ在日韓国・朝鮮人だけに焦点をあてても、それぞれの表現上の区分が分かれることを意識しておく必要があると思われる。

一方、「ニュー・カマー」については、1970年代以降に来日した外国人と定義できるのではないだろうか。伊藤によると、「海外の事例とくらべてみた場合、日本へのアジア女性の流入は、七〇年代以降に拡大した、アジアにおける日本の経済的プレゼンスとの関連という点でアメリカの例に通底する部分がある」としていることに依拠できる。[(15)] その後、1980年代になり、アジアの若い女性がつぎつぎに日本の「性風俗」産業に参入していく姿を指して「からゆきさん」をもじった造語として「ジャパゆきさん現象」が社会問題化された。国および政府などの公共機関では、そのころから「外国人労働者」という言葉が用いられるようになったとみられる。1987年ごろにいたるまで、「外国人労働者」の流入はフィリピン、タイ、台湾といった東南アジア諸国の女性により起こり、その後、韓国、中国などの東アジア諸国からの女性がこの流れに加わっているとされている。1980年代ごろからの外国人労働者の流入にはじまり、2000年代はまさに「グローバル化」の時代とされ、南米系日系人も含めてニュー・カマーの状況も変化してきたことがわかる。

いずれにしても「ニュー・カマー」という呼称は、先行研究の定義づけに依拠し、1970年代以降に来日した外国人と本書でも定義しながら論を進めていきたい。

これら「オールド・カマー」および「ニュー・カマー」という語句は、「在留外国人」という位置づけでは説明しきれない理論を用いる場合に、その定義づけが必要となることから、ここで敢えて在留外国人とは区別する言葉として本書では認識するにとどめておきたい。

【第1章】

多文化共生理論についての先行研究の分析

在留外国人が増えるにつれ、これまででは単に外国人との「国際親善」とか「国際交流」といった表現が用いられてきたが、これらは単に一時的に来日し、いずれは帰国することを前提に生活している外国人に対して、国および政府などの行政機関や住民運動の一環として行われるものであった。しかし、1990年代半ばあたりから、多文化共生という言葉が用いられ始めた。中長期的に日本人とともに生活をする在留外国人とは、行政や住民が一体となって彼らと向き合う必要が出てきたためだ。しかし、「多文化共生」と言っても、行政側や市民の側からの考え方の違いから定義づけが多種多様に及ぶ。現状にふさわしい多文化共生の定義とはどのようにできるのであろうか。

（1）「公定多文化主義」という先行研究に対する考え方

多文化共生に詳しい塩原は、行政によって推進する多文化主義を「公定多文化主義」と呼んでいる。確かに別途述べるように、内閣府など政府をはじめ地方自治体においても外国人住民（在留外国人）が増加傾向にある中、彼らと「共生」していくための施策を行政機関が制度や法律、条令などを通して考えている場合、「多文化共生」という言葉を用いることが多い。そして在留外国人、とくに南米系日系外国人が多く住む外国人集住都市などでは、「多文化共生を推進している」ということを宣伝材料として市町村の内外にアピールすることも多い。これを私は「マイノリティの立場の尊重を前提とした、上からの多文化共生」と定義づけたいが、塩原はこれを二つの側面から考察している。[16]

第一に塩原は「公定多文化主義はエスニック・マイノリティの文化

やアイデンティティを尊重する文化多元主義をその前提とする」と述べている。この文化多元主義について塩原は、「マイノリティの差異を否定するよりはよいが、エスニック・マイノリティの差異への要求をある程度受け入れる代わりに、彼・彼女らを既存の国民統合に組み込み、マジョリティ性の優位を保持するという妥協と取引の産物である」としている。これはまさに「上からの多文化共生」であることを指摘していると理解できる。つまり塩原は、「多様性の中の統一」型と呼べるナショナリズムの側面をもつとしており、言葉から感じられる差別的な印象を拭い去ることを前提に使われた行政用語と言えるのではないかと指摘しているのである。

第二に塩原は、公定多文化主義について、「マイノリティとマジョリティ間の社会構造上の不平等の是正のために社会福祉政策を活用する」としており、「福祉国家的制度に基づいたエスニック・マイノリティ支援を重視する公定多文化主義の側面を『福祉多文化主義』と呼ぶ」としている。これについて、塩原は、「福祉多文化主義の進展により、エスニック・マイノリティへの公的支援は特例的な措置から社会福祉・社会保障サービス全体に制度化（主流化）されていく。こうしたマイノリティ支援の拡充は、文化的差異に基づく社会的格差や不平等を是正する上で重要である」としつつも、「福祉多文化主義の進展がエスニック・マイノリティの政府による管理の強化という副産物をもたらすことも見逃せない」と指摘している。前述したような塩原の「上からの多文化共生」だと、「福祉」の名の下に、結局は国内において制度や法律を「守らせる」、つまりは社会統合の一貫として外国人を「支配する」ことになりかねず、筆者の仮説である狭義の学校のほか、住民ボランティアなどが共生してこそ、新しい形の多文化共生の社会包摂が実現できるのではないか、との仮説には程遠い理論となりうる恐れがある。

塩原は、「公定多文化主義」においてマイノリティの差異を承認・奨励し、差異に基づく不平等の是正を志向しながら、他方でマジョリティの国民中心の国民統合を維持するために差異の表明や実践に一定の制限を課す「管理」を推進する、と考察している。要するに「公定多文化主義」において、管理する側はマジョリティである国民で、「管理される側」がマイノリティであることが自明視され、マイノリティの差異はマジョリティがその差異に寛容でいられる範囲内において承認されるとしている。

確かに前述したように、制度や法律により外国人住民はもとより、日本人も含めた国民全体の社会秩序を守らせることは行政の役割と言える。行政、つまりは国および政府などの中央省庁や地方自治体は、多岐にわたる住民サービスを行う機関であり、マジョリティ側の理論に基づいた制度や法律、条令などを制定しているのは事実である。しかし、この管理「する側」、「される側」という対立構造認識は、このような行政機関を念頭においた場合に限り成立する概念ではないかと考える。

別項で考察するように、例えば、日本語ボランティアが在留外国人に日本語を無料で教える場合は、必ずしも「管理」を目的としているわけではない。つまりは友好意識や仲間意識のほうが優位に立っていることから、マイノリティである外国人が「管理」されたり「支配」されたりしている状況とは異なる側面が強い。確かに、ボランティアは個人的、私的な活動であり、「公定多文化主義」の「公定」という考え方とは異次元のものであるとの考えもあるだろう。しかし、日本語ボランティア自体が公民館などの公的な場所で実施され、さらには施設使用料の減免や免除を受けている場合もある。これは行政、例えば市役所や市議会などの判断、議決により、使用料が市民の税金から支払われていると解釈でき、公的な度合いが高いと言え、日本語の「ボランティア」とは呼ぶものの、「公定多文化主義」の側面も兼ね備えていると言えなくもない。

しかし、このような住民の側から多文化共生社会を考える場合は、マジョリティの一員である日本語を教える住民の側に必ずしも「管理」の概念はないものと思われる。

（2）「多文化共生」の「公定」的な使われ方についての考察

「多文化共生」という言葉が使われ始めたことに関して塩原は、1995年に発生した阪神・淡路大震災で、外国人住民支援のスローガンとして普及したことに言及している。[(17)]しかし、それ以前の日本の状況について塩原が論じるように、「日本はかつて単一民族であったが、ニュー・カマー外国人住民の増大によって多文化化してきた、それゆえ日本は多文化共生社会をめざさなければならない」とする「単一民族社会から多文化共生社会へ」という「物語」は「事実ではない」という考えについて筆者は賛意を示したい。

これは現代日本の国際化がさらに進み、「オールド・カマー」と「ニュー・カマー」の区分が現実的ではなくなってきていることとも相まって、例えば、「和人」と称される、日本人の侵略を受けながらも独自の文化を築いてきたアイヌ民族や、薩摩藩の侵略を破りつつ「ヤマトンチュ（本土の人々）」とは独自の王朝を築いた琉球王国の存在をはじめ、第２次大戦後における在日コリアンの存在も考慮に含めれば、そもそも日本は「単一民族だった」という考え方自体に事実誤認があると考えられる。

学校教育の現場において戦後しばらくは、「日本は単一民族である」という概念が統一的に、当時の文部省の検定済み教科書を通じて児童・生徒に教えられてきた事実がある。それを踏まえて塩原は、多文化共生を論じる場合、「単一民族神話」が一定の影響力を保ち、「日本独特」の社会観を打破し、米国やオーストラリアといった多民族国家のように「多様性の中の統一」を目指そうとする動きがあることに注目している。

また、一方で、元来同質的で閉鎖的な日本が多民族社会を目指すのは無理があるという意見があるが、「同質性を重視するのが日本の特殊性」であるという「思い込み」が共有されていると指摘している。そして「同質性」を重視する「単一民族神話」も、「共通性」を重視する多様性の中の統一としての「多文化共生」も、ある国家の「ネイション（民族・国民）」の拠り所をどこに求めるかの違いにすぎず、ナショナリズムの一種であると指摘している。よって、同一性を重視するという「同質性」の中には、前述したようなさまざまな民族が混在している事実から目を背けてきた実情も考慮する必要があるのではないだろうか。

このように歴史的な事実を考慮せずに「多文化共生」の用語をむやみに用いることは避けるべきである。確かに「多文化共生」というと、誰もが助け合って「共に生きる」社会ということを連想しがちである。もちろん、そのような社会が国際社会となった日本の現状に相応しいことは否めないが、考え方によっては国や政府および自治体が中心として連呼する「多文化共生」という語については、ある意味で「同化」と同じ意味とも言え、安易にこの「公定多文化主義」の理論をもとに多文化共生の言葉を用いることは疑問視せざるを得ないとも言えるのではないだろうか。

また、塩原は、「多文化共生」と同じく「単一民族神話」が一般市民に浸透した象徴的な社会通念として、「日本は貧富の差がない平等社会である」という根強い信念の「一億総中流」という考え方を挙げる。こうした考えを塩原は「自分の社会を見る際にかけていた色眼鏡」だと批判して、民族的・社会的なマイノリティが社会の中で依然として不利な立場に置かれる傾向があることに変わりなく、「多文化主義」や「多文化共生」を唱えることが「現実から私たちの目をそらす結果になってはいけない」と指摘する。多文化共生というといかにも多種多様な人々の平等社会を連想しがちであるが、その根底に「日本はもともと単一民族である」から、多文化主義あるいは多文化共生に変化しなければならない、という発想があるとしたら、在留外国人に対する現実的な共生施策とは言い難いのではないだろうか。

こうした塩原の「公定多文化主義」理論に対する形で、多文化共生についての概念がすでに日本国内に受け入れられていたのも事実である。外国人被災者の支援をきっかけに、ニュー・カマーと呼ばれる外国人住民の支援施策の重要性が市民活動の中で提起された。実際、吉富は著書の中の「多言語・多文化共生のまちづくり ── 阪神・淡路大震災で気づいた多様なマイノリティたちの活力」という論考の中で、「当初、政府に対する差別撤廃の運動が主流であった市民活動は、21世紀になった現在、情報提供や相談活動、ボランティア日本語教室などのさまざまな支援活動とともに、地域での自助活動、互助活動のための外国人コミュニティの自立支援などを経て、日本社会側の住民意識をも変えていくさまざまな取り組みへと展開しつつある」と述べている[(18)]。

そして、「1995年に発生した阪神・淡路大震災は、被災した地域に暮らす外国人への視点をクローズアップし、国籍や民族を超えて『隣人意識』が優先された中での助け合いの精神は、その復興過程で、地域のまちづくり意識へと進化させる契機となった」と経緯を考察し、「多文化共生」の概念が阪神・淡路大震災直後の被災地の復興支援の中で芽生えていったことを述べている。吉富によると、震災時に始まった「ミニ放送局」の２つの地域 FM 放送が半年後に合併し「FM わぃわぃ」となり、「多文化・多言語放送局」として放送を続けていたという[(19)]。住民の手によるメディア活動が進む中で、この FM 放送局は、①マイノリティのためのメディア、②マイノリティとマジョリティをつなぐメディア、③市民活動・地域活動のためのメディア、というミッションを掲げて、ベトナム語、ポルトガル語、中国語、アイヌ語など11言語で番組を放送した。

一方、吉富は著書の中で、上記のような地域 FM の開設によって、「多文化共生」という言葉と概念を定着させる契機となったとしている[(20)]。「1996年１月17日には、FM わぃわぃは、コミュニティラジオ局の許可を得て、多文化共生のシンボルとして、また、多くの移民にとっても期待のメディアとして正式に放送を開始したのである。1995年は『ボランティア元年』と呼ばれるとともに、地域の外国出身の被災者もクローズアップされることにより、『多文化共生』という言葉も定着させる契機となった」ということである。

その後、「震災時の混乱の中で必要に応じて始まった救援基地の支援活動は、住民自治に目覚めた住民やボランティアを中心とした壊れたまちの復興にむけた活動を経て、日常的な『多文化共生のまちづくり』への移行にともない、『たかとりコミュニティセンター』と改称された拠点で続けられてきた。

さらに「(FM わぃわぃの) 設立当初の職員である私たちは、より専門性の高い職員へと業務を引き継いだ。そしてその後も FM わぃわぃは、小さなメディアではあるが、初めて市民が立ち上げた多言語のラジオ局であり、災害がきっかけで広がったボランティアや多文化共生ということばのシンボル的存在として、多くのマスメディアに取り上げられてきた」としている。

こうした地域 FM と多文化共生の関連について、吉富は同著の中で、「多文化・多言語放送局 FM わぃわぃは、単に外国語で放送しているわけではなく、地域に暮らす、日本語の理解が不十分な住民にも情報を届けることから始まり、多様な住民が誰も排除されることのないよう、できるだけ多くの言葉で『小さな声』を優先的に届ける住民参加の放送局である。地域社会という輪の中に一緒に住んでいるにもかかわらず、これまでその存在を明確には認めてこなかった、輪の中心から最も遠く一番排除されやすい立場にいる移民に思いを馳せることで、輪の外側に近い、障がい者などの他の立場の少数者への視点も気づかせてくれた」と多文化共生の意義を語っている。

さらに吉富は、「多文化共生」という言葉が中央政府や地方自治体などにおける外国人住民支援のスローガンとして普及してきたことに言及している。「多文化共生」の概念が登場したのは、1995年の阪神・淡路大震災のときで、外国人被災者支援をきっかけにニュー・カマー住民支援施策の重要性が市民活動の中で提起された。具体的には、被災地に住む外国人に母国語で情報提供するコミュニティ・ビジネスとして、当時、現地で「外国人地震情報センター」として開設され、その後、「多文化共生センター」として改称されたころから、「多文化共生」の言葉が使われ始めたと推察できる[21]。現地では、韓国・朝鮮語やタガログ語、スペイン語、ポルトガル語といった多言語による防災情報を流し続けたコミュニティ FM 放送が活動を開始していた。いずれも、この場合は市民の側から始まった多文化共生社会の一環であることは間違いなく、前述した「公定多文化主義」とは相対する「下からの」多文化共生、つまりは住民側からの多文化共生概念の始まりだと言えるのではないだろうか。多文化共生の言語や概念が出てくるのは、こうした阪神・淡路大震災の直後における住民活動が源流であると言ってよいだろう。

確かに FM 放送は電波の使用などを考慮すれば公的なものである。しかし、前述した塩原理論のような上からの「公定多文化主義」ではなく、この吉富理論に基づく事実上の「公定多文化主義」こそ、教育行政や学校のほか、住民ボランティアなどが共生してこそ、新しい形の社会包摂が実現できるのではないか、との筆者の仮説に現実性を帯びた親和性をもつ理論といえるのではないだろうか。

本書でも研究対象の中心と据えている学校などの教育現場を中心にみると、「多文化共生」の概念は国や政府などの提言より以前に見られる。例えば、佐久間は自身の調査研究の中で、学校教育現場に焦点をあて、「多文化共生とは何か」を考察している[22]。その中では、外国人児童・生徒を受け入れている学校の教師は一同に「日本人とはいっさい区別しておりません」、「日本人と同じように扱っています」とよく説明されることを例に挙げ、「国際化とは、自明のものとされている日本の学校文化を絶対化せず、相手の文化を理解し相互交流、対話を行うところに成立する」と主張している。

例えば日本の学校ではピアスなどは単なる装飾品とみなされ、生活指導の面で認めていないが、日系人がピアスをするのは単なる装飾品ではなく、「健康や安全を祈願した保身的かつ儀式的意味合いをもつ」ものであり、「学業成就」の神社の「お守り」を身に着ける日本人は問題視せず、ピアスをつけた子どもだけを注意の対象とすることは同化意識の表れとも言え、同化させることだけが学校教育ではないと指摘している。

要するに「違いを違いとして受け止め、自らも豊かにする」社会を「多文化共生社会」と定義づけられるのではないだろうか。この対極的な考え方としては、「一人一人の個性を認めず、みんなを『同化』の対象として扱い、評価する、これまでの学校文化のようなもの」といえるかもしれない。

しかし、佐久間理論の多文化共生だと、あくまでも「見方」「考え方」「価値観」のレベルにとどまっており、現実問題として教育行政や公立学校のほか、住民ボランティアなどが共生することまでは到達していないのが現状ではないだろうか。

さらに、塩原が指摘するように、日本国内では、「多文化共生」という言語が「公定」的に多く使われてきたのも事実である。前述したような外国人集住都市会議が開催され、以後、毎年のように国および政府、中央省庁と外国人住民を多く抱える地方自治体が教育や福祉の分野についての意見交換などを行い、その都度、声明などを発表している。それ以外にも、政府として「多文化共生」についての施策を各方面から打ち出すようになった。例えば、法務省は2015年に「第５次出入国管理基本計画」を出し、その「概要」の中で、「我が国経済社会に活力をもたらす外国人を積極的に受け入れていく」、「少子高齢化の進展を踏まえた外国人の受入れについて、幅広い観点から政府全体で検討していく」、「受け入れた外国人との共生社会の実現に貢献していく」と明記している。[23]

さらに、総務省は2006年に「地域における多文化共生推進プラン」を策定し、全国の地方自治体に外国人住民支援・多文化共生施策の策定を促した。具体的にみると、総務省は「国籍や民族などの異なる人々が、地域社会の構成員として共に生きていくような、多文化共生社会の地域づくりを推し進める必要性が増しています」という社会背景を分析している。そして、注目できるのは、「このような認識のもと、各都道府県及び市区町村における多文化共生施策の推進に関する指針・計画の策定に資するため、別紙のとおり「地域における多文化共生プラン」を策定しましたので、通知致します」と総務省自治行政局国際室長名で各都道府県・指定都市外国人住民施策担当部局長あてに通知がなされている点である。

そして、この文書では「貴団体におかれては、地域の実情と特性を踏まえ、『地域における多文化共生推進プラン』及び平成18年３月７日に公表された『多文化共生の推進に関する研究会報告書』[24]等を参考としつつ、多文化共生の推進に係る指針・計画を策定し、地域における多文化共生の推進を計画的かつ総合的に実施するようお願いします」と述べられており、まずは多文化共生の実現は都道府県や政令指定都市などの地方自治体を中心に進めるよう、政府が指導してきていることが理解できる。

ここで注目できることは、「多文化共生の推進に関する研究会報告書」の中における、「５、地域における多文化共生推進の必要性」の項目の中で、「本研究会においては、地域における多文化共生を『国籍や民族などの異なる人々が、互いの文化的ちがいを認め合い、対等な関係を築こうとしながら、地域社会の構成員として共に生きていくこと』と定義した」としている点である。多文化共生について、公文書において定義づけられたものと解釈できるからだ。

一方、前述した「プラン」の中では、「地域における多文化共生の意義」として、「（１）外国人住民の受入れ主体としての地域」の項目の中で、「入国した外国人の地域社会への受入れ主体として、行政サービスを提供する役割を担うのは主として地方公共団体であり、多文化共生施策の担い手として果たす役割は大きい」と位置づけられている。そのほか、「（2）外国人住民の人権保障」の中では、「地方公共団体が多文化共生施策を推進することは、『国際人権規約』、『人権差別撤廃条約』等における外国人の人権尊重の趣旨に合致すること」を基本としている。

さらに「（3）地域の活性化」としては、「世界に開かれた地域社会づくりを推進することによって（中略）地域産業・経済の振興につながるものであること」をめざし、また、「（4）住民の異文化理解力の向上」として、「多文化共生のまちづくりを進めることで、地域住民の異文化理解力の向上や異文化コミュニケーション力に秀でた若い世代の育成を図ることが可能となること」を目標に掲げている。その上で、「（5）ユニバーサルデザインのまちづくり」として、「国籍や民族などの異なる人々が、互いの文化的差異を認め合い、対等な関係を築こうとしながら、地域社会の構成員として共に生きていくような地域づくりの推進は、ユニバーサルデザインの視点からのまちづくりを推進するものであること」と定義づけられている。

この文書の中ではさらに、「2、地域における多文化共生施策の基本的な考え方」がある。これについては、（1）コミュニケーション支援、（2）生活支援、（3）多文化共生の地域づくり、(4) 多文化共生施策の推進体制の整備の４項目が示されている。

例えば（1）では、「とくにニュー・カマーの中には日本語を理解できない人もおり、日本語によるコミュニケーションが困難なことによる様々な問題が生じているため、外国人住民へのコミュニケーションの支援を行うこと」と、言葉の問題が第一に挙げられている。そして（2）では、「外国人住民が地域において生活する上で必要となる基本的な環境が十分整っていないことが問題としてあげられるため、生活全般にわたって支援策を行うこと」として生活支援の重要性を列挙している。

さらに（3）では、外国人住民が地域で孤立しがちなことや日本人住民との間に「軋轢が生じることも少なくないため」との理由から、地域社会全体の意識啓発や外国人住民の自立を促進する地域づくりが求められている。そして（4）では県や市町村、地域国際化協会、国際交流協会、NPO、NGO、その他の民間団体の役割分担を明確化し、各主体の連携・協働を図ることを促している。

多文化共生を考えるにあたり、このプランの中でとくに注目できるのは、「3、地域における多文化共生の推進に係る具体的な施策」の項目である。とくにその中でも「（1）コミュニケーション支援」の項目が注目できる。例えば「①地域における情報の多言語化」の中で、「地域社会で生活する上で必要となるルールや慣習、地域が主催するイベント等については、多様な言語・多様なメディアによる情報提供を行うこと」としている。これに関連して、「外国人住民の生活相談のための窓口の設置、専門家の養成」のほか、「NPO 等との連携による多言語情報の提供」、「地域の外国人住民の相談員等としての活用」などを挙げている。

そして前述した（1）の項目の中で、注目できるのは、「②日本語及び日本社会に関する学習支援」である。地域住民としての生活開始から早い時期にオリエンテーションを実施し、行政情報や日本社会の習慣等について学習する機会を提供することを求めている。また、日本語および日本社会を学習するための機会の提供も求めている。

次に「（2）生活支援」の項目では、「①居住」の項目で、「情報提供による居住支援、入居差別の解消」や「住宅入居後のオリエンテーションの実施」などが示されているほか、「②教育」が挙げられている。そこでは、「学校入学時の就学案内や就学援助制度の多様な言語による情報提供」や「日本語の学習支援」、「地域ぐるみの取組」および「不就学の子どもへの対応」が挙げられ、教育、とくに言葉の問題が生活支援の中で、「居住」とともに重要であることが示されている。その他、「③労働環境」や「④医療・保健・福祉」、「⑤防災」の重要性が掲げられている。

一方、「(3) 多文化共生の地域づくり」については、まず、日本側の必要事項として「ア、地域住民等に対する多文化共生の啓発」のほか「イ、多文化共生の拠点づくり」として学校や図書館、公民館等において、多文化共生の拠点として教職員、保護者、地域住民に向けた啓発活動を行うことが推進されている。また、「ウ、多文化共生をテーマにした交流イベントの開催」として地域住民と外国人の交流が掲げられている。

また、外国人住民側の必要事項として「ア、キーパーソン・ネットワーク・自助組織の支援」のほか、「イ、外国人住民の意見を地域の施策に反映させる仕組みの導入」、「ウ、外国人住民の地域社会への参画」および「エ、地域社会に貢献する外国人住民の表彰制度」が提案されている。

さらに、「(4) 多文化共生の推進体制の整備」の項目として、「①多文化共生の推進を所管とする担当部署の設置や庁内の横断的な連携」に加え、「②地域における各主体の役割分担と連携・協働」が挙げられている。

ここで注目したいのは、多文化共生社会を実現するためには、地方自治体の中で、総務省つまり国および政府としては、都道府県よりも市町村の立場を重視していることである。同プランの最終項においては、「市区町村の役割」として「都道府県との役割分担を明確にしながら、区域内における多文化共生の推進に関する指針・計画を策定した上で、外国人住民を直接支援する主体としての取組を行うこと」としている。それには「関係する NPO、NGO その他の民間団体が連携・協働を図るための協議の場を設けること」としている。

ならば、都道府県の役割はどうか。同プランによると「市区町村と情報共有の上、通訳者などの専門的人材育成やモデル事業の実施などの取組を推進する」とある。そしてその際も、市町村に対するように、「関係する NPO、NGO その他の民間団体が連携・協働を図るための協議の場を設ける」とされる。

これからさらに10年経過して、総務省は「多文化共生推進プランから10年の状況」という報告書をまとめた[(25)]。同報告書によると、2015年4月現在で、多文化共生に関する指針・計画は、地方自治体全体の約40%、都道府県では約91%、政令指定都市では100%、市（指定都市除く）は60%の団体が策定しているとされる。在留外国人の変化としては、2005年に総数が190万6689人で、韓国・朝鮮が30.8%、中国が26.3%の順だったのに対し、2015年では、総数が217万2892人で、中国が25.8%、韓国・朝鮮が19.6%と中国の台頭が目立つ。また、2005年から2015年にかけての在留資格の変化については、「永住者」が34万9804人から68万8502人へ、「家族滞在」が8万6055人から12万8329人、「留学」が12万9568人から22万6131人、技能実習は5万4107人から18万1436人へと、いずれも増加している。そこで、日本政府は都道府県や市町村に多文化共生策を任せるだけではなく、中央省庁をはじめとする政府自身が先頭に立って、多文化共生策を推進していく状況になった。これは前述した塩原の「公定多文化主義」の発展型とも考えられ、住民の立場や役割分担が後回しになっていることも否定できないが、地方自治体任せではなく、国および政府を挙げて多文化共生策に取り組むといった考え方が根づいてきたのは、一定の進展とも言えるのではないだろうか。

こうしてみると多文化共生の社会づくりについては、中央省庁や地方自治体が積極的に行っているかのようにみえる。しかし、現実問題として、これらはすべて「プラン」と呼ばれる理論中心のもので、前述した筆者の仮説の実態とはまだかけ離れていると言えるのではないだろうか。

（3）政府や財界の多文化共生策を考える

法務省や総務省など多くの関係省庁が参加した外国人労働者問題関係省庁連絡会議は、2006年に「『生活者としての外国人』に関する総合的対応策」を打ち出した[(26)]。対応策については、1988年5月に関係省庁が申し合わせ、内閣官房副長官補を議長に内閣府や警察庁、総務省、法務省、外務省、財務省、文部科学省、厚生労働省、農林水産省、経済産業省、国土交通省などの担当者が構成員となっている。この会議の設置目的は「我が国の国際化の進展の観点から外国人労働者の受入れの範囲拡大や円滑化が要請される一方、外国人の不法就労等が社会問題化している現状に鑑み、外国人労働者の受入れ範囲拡大の是非、拡大する場合その範囲及び受入れ体制の整備等外国人労働者を中心とする外国人受入れに関する諸問題を検討する」としている。2006年以降、毎年1から2回程度実施されてきていた。2006年時点では、①「暮らしやすい地域社会作り」として「言葉や文化習慣の違いのため地域になじめない、必要なサービスが受けられない」、②「子どもの教育」として「日本語での教育についていけない、学校に行かない」、③「労働環境の改善、社会保険の加入促進等」として「不安定な雇用、低い労働条件、社会保険未加入」、④「在留管理制度の見直し等」として「居住・就労の実態が適正に把握できない」ことなどが課題として挙げられていた。

2017年5月現在の「実施状況」[(27)]によると、「（1）日本語教育の充実」として「地域における日本語教育の充実を図るため、2006年度から2008年度まで、『地域日本語教育支援事業』を実施し、日本語教室の設置運営、教材作成、地域における日本語支援関係者の連携活動推進及び人材育成などの取組に対して支援を行った」とされている。また、「（2）行政・生活情報の多言語化」として「各種行政サービスの提供にあたり、地域の外国人の実態を踏まえ、外国語による情報の提供、通訳・翻訳サービスの充実（特に医療、教育分野）、やさしい日本語の普及等に努める」とした。主な具体的な実施状況としては、「『医療通訳に関する資料一式』及び『外国人向け多言語説明資料一式』[(28)]を厚生労働省ホームページに掲載しているほか、「各地方入国管理局・同支局（空港支局除く）において、『外国人在留総合インフォメーションセンター』の設置ないしは相談員を配置し、継続して運営している」とされる。

また、内閣府は外国人集住都市会議の自治体の協力を得ながら、「やさしい日本語」を活用した情報提供に関する施策等の取組状況についての情報収集を実施し、実際に自治体において取り組まれている「やさしい日本語」の内容や活用方法の把握を行っている。

経済界も日本経済団体連合会が「外国人受け入れ問題に関する提言」を2004年と2007年の２回にわたり行った。その中で2007年の第二次提言[(29)]では、「外国人材受入の必要性」が提唱されている。それによると、「例えば、看護、介護、農業等、さらには製造業、建設業、機械組立等に係る技術者については、将来的に慢性的な人手不足が予想されている。労働需給のミスマッチは、若年者、女性、高齢者等の雇用を通じて解消することが重要であるが、求人募集をしても応募者がない場合も多く、外国人材をも含めた人材の確保が考慮されてよい状況が生じている」と現状を認識している。その上で、例えば、「生活支援」については、「外国人材の受入は人権に係る問題や地域社会への影響を伴うため、経済合理性や企業の制度上の位置付けのみで割り切ることはできない。住民としての外国人の生活を支援すべく、民間企業、自治体、国際交流協会、NPO 等が連携して外国人の住宅確保、日本語教育、子どもの教育等に適切に対処する必要がある。加えて、各主体間の総合調整も重要であり、各自治体においてその役割を担うコーディネーターを育成することが急がれる」と提言している。

さらに経団連は2018年に、「外国人材の受入れに向けた基本的な考え方」[(30)]を発表した。その中では、特に「２．外国人との多文化共生社会の実現に向けて」の項目において、「（１）意欲と能力を持つ外国人材にとって『訪れたい』『暮らしたい』『働きたい』と認識されるような国づくり、まちづくり、職場づくりの展開」、「(2) 日本語教育をはじめとする生活者としての外国人を支援する環境整備」、それに「(3) 国も主体的に総合的な支援を実施（日本語教育、担い手となる人材育成、必要な予算措置など)」を掲げている。

こうした経済界の動きは、後に入国管理法の改正にもつながり、外国人労働者がさらに増えるきっかけづくりであったともいえるが、国および政府としては、法律改正のみにとどまり、前述した、住民などとの連携はなかなかうまく整っているとは言い難い現状がある。しかし、日本国内の労働人口が減る現状を踏まえ、経済界自体が提言を出したこと自体は、極めて意義のあることだと考えられるのではないだろうか。

さらに政府与党である自由民主党の「政務調査会労働力確保に関する特命委員会」は、2016年、「『共生の時代』に向けた外国人労働者受入れの基本的な考え方」[(31)]という見解を出した。その中では、「国家戦略としても人口が減少する中で我が国の活力を維持するためには、外国人に今以上に活躍していただくことが必要であり、そのような観点から、現在の外国人労働者数（90.8万人）を倍増しても対応できる制度を構築するべきである」と前向きな姿勢を示している。

これらは理論としては多文化共生社会を実現することを前提とされており、教育行政や学校のほか、住民ボランティアなどが共生してこそ、新しい形の社会包摂が実現できるはずであるという筆者の仮説に準じた考え方だと考える。しかし、国および政府や財界が主導しているだけでは、多文化共生社会は実現できない可能性が高く、住民ボランティアなどと協働して社会包摂を実現してこそ、前述したようなプランを現実化でき、文字通りの社会包摂につながるのではないだろうか。

（4）「共生」と「共棲」の違い

これまで多文化共生といった言語の成立時期や定義づけについてみてきたが、「共生」とはそもそもどういった語源をもち、また、現代の「多文化共生」という言葉に結びついているのだろうか。本来、「共生」は「共棲」という言葉に由来するものと考察できる。生物学上のテクニカルタームであり、「二種類の生物が密接な関係を保ち、その双方が利益を受ける（双利共生）か、または一方が利益を受け他方は害を受けない（片利共生）で生活することを言う」（『岩波生物学辞典』）とされている。

手塚は「この意味での双利共生も片利共生も外国人労働者については簡単に成り立ちにくく、実際には「共存（co-existence）という方が正確である」としている。[(32)] そして手塚は、（イ）一時的な労働力を補うというかたちで外国人労働者を受け入れても、受け入れ国での共生と統合を実現することはきわめて困難であると論じる。しかも、これらの受け入れ労働力をチープレーバーとして雇い入れようとする使用者のいる限り、不法就労、労働法違反の雇用が続出し、ゆえに、（ロ）受け入れる以上、外国人労働者についても、日本人と同等の労働条件を基本に、社会保険、住宅など広義の社会保障が与えられ、かつ、家族生活を営みうることを前提とする人権保障が十分に保障されなければならないと指摘する。そして、（ハ）これらの人権、法的保護も、単に適用がなされるというにとどまってはならず、その実現には、行政はもとより、日本人個人・グループによる社会的援助がなされなければならない、としている。

これらのことを通じて、日本人も外国人も、共に生き、お互いに交流し参加しあえる社会を作り出すことが可能になり、その結果そこに生まれるコミュニティこそが多文化共生社会を前提とした社会包摂の基盤となると考えられる。

こうした「共存」の考え方は本論の仮説である、学校と住民ボランティアに行政を加えた多文化共生社会を実現してこそ、誰も取り残さない、排除しない、多様性を尊重した社会包摂が生まれるのではなないだろうか、とする仮説に親和性が極めて高い理論といえるのではなかろうか。

さらに手塚は、日本の歴史を振り返ると、日本社会に他民族、外国人が受け入れられ住み着くという歴史は、さほど古くはないという。こうした中で、横浜などの中華街は最も長い歴史をもっている。また、戦前から戦後に至るまで、強制連行などによって来住することになった在日韓国・朝鮮人（の子孫）を中心に川崎市などで一つのコミュニティ、コリアンタウン作りが行われようとしており、静岡県浜松市では、日系ブラジル人を中心とするラテン系の人々のコミュニティがあることも指摘した上で、「これらのコミュニティは、異文化、異民族の単一社会ではなく、共生社会である。そこでは、マジョリティである日本人とマイノリティである外国人が相互に交流し、協力・参加しあうことが『共生』のための絶対的条件である」としている。つまり手塚によると、共生とはマジョリティとマイノリティが相互交流・協力・参加しあうことと定義されることとなり、現在の中国人や韓国・朝鮮人・日系ブラジル人などを抱える広義の外国人集住都市での現状がそれを証明しているといえよう。

また、手塚は前述したような、阪神・淡路大震災の被災地である神戸において、「日本人であれ、外国人であれ、共に助け合って生き、復興に向かっているという。まさに『共生』の一場面である」と考察していることは興味深い点である。多文化共生の概念と言葉が阪神・淡路大震災当初に用いられてきたことは、前述した地域FMの実現が裏付けている理論ではないかと考えられる。

例えば、井上らは、「私たちがすべきことは、同質社会の内部基準を手つかずにしたまま、それとは別個の国際交流基準をつくり、「内むけの論理」と「外むけの論理」を使い分けることではない。必要なのは、むしろ、世界との交流の原理と直結した日本社会内部の編成理念を発見することである」としている[33]。そしてこれを井上らは「我々の考えでは、それは《共生》という理念である」としている。しかし、これらは「『みんな仲よく生きる』とか、『互いに優しく、気配りしあって生きる』とかが、意味されていることが多い。つまり『調和』ないし『協調』のイメージが、この言葉に重ねられているのである。しかし、我々の言う《共生》は、これとは違う」とされる。

そこで井上らは「共生」についての定義づけとして、調和や協調のイメージが想定しているのは、いわば「安定した閉鎖系」で、生態学的均衡としての「共生」、すなわち「共棲（symbiosis）」は、例えば「ふんころがしと羊の関係のように、閉じた共存共栄のシステムである。異なった種を含んでいるが、それらの間には安定した利害の一致に基づく緊密な協力関係があり、生存様式を異にする別の種が、この関係に参入する可能性はない」としている。

これに対して、井上らのいう《共生》とは、異質なものに「開かれた」社会的結合様式であるとしている。「それは、内輪で仲良く共存共栄することではなく、生の形式を異にする人々が、自由な活動と参加の機会を相互に承認し、相互の関係を積極的に築き上げてゆけるような社会的結合であり、前述した「共棲」モデルではなく、オープンハウス的なパーティの「宴」の意味合いをもつ「conviviality」という言葉がふさわしいとしている。つまり、「異質なものに開かれた社会的結合様式を意味するものとして使うことを提案したい」としている[34]。

実際、このように開かれた《共生》においては、異質なものに開かれているからこそ、ハーモニーよりは、不協和音の雑然たる喧噪の方が常に大きく、「共生のシンフォニー」よりも「共生のカフォコニー(不協和音)」と言うべきだとしている。しかも井上らは、「利害と価値観を異にし、多様な生の諸形式を実践する人々が、対立し、論争し、『気になる存在』として誘惑しあうことによってこそ、人々の知性と感性は拡大深化され、人間関係はより多面的で豊かになる」としている。こうした「共生」の考え方は、前述したような「オールド・カマー」や「オールドタイマー」、そして、「ニュー・カマー」などあらゆる国や地域の人々、来日した時期や社会背景の違いなども含めて、人々が「不協和音」を克服しようと努力することが、本来の共生社会の実現と言えるのではないだろうか。

つまりこの場合の「シンフォニー」は、本書が主張するような、学校と住民ボランティアに行政を加えた多文化共生社会を実現してこそ、誰も取り残さない、排除しない、多様性を尊重した社会包摂が生まれるのではなないだろうか、とすることを別の表現で言い換えたものと解することができるのではないだろうか。

また、今後の日本のあり方として、よく外国人から「日本には面白いモノがたくさんあるが、付き合って面白い人間は少ない」と言われる例を挙げている。日本人自身もこのことに対して気づいているとされる。この「呪縛」から脱するためには、「人生の意味や目的についての異質な諸構想とその実践が、多元的に共存し、相互に刺激し、啓発しあうような開かれた《共生》への冒険に乗り出すことが必要である。《共生》とは、押し付けられて受け入れるものではない。私たちが自分たちの人生をもっと豊かにするために、主体的に引き受けるべき冒険なのである。このような冒険が展開される社会、『国民的目標』をはみ出す異質な人々が《共生》し、多様な生の実験を開花させ、モノではなく人間自身を豊かにするような社会 ── このような社会を《人間が豊かな共生社会》と呼ぶ」としている。こうした現象を実現してこそ、「面白い人間」と表現されるのではなかろうか。

果たして「人間が豊かな共生社会」とはどのようなものであろうか。井上らによると、この社会は、社会の多数者の意思を代表する民主的な政府によって統括される。しかし、人々は、異質な自律的人格をもつ他者への寛容をも大切な原理として心得ており、多数のおもむく趨勢をマイノリティに強制してはならないことを、承知している」

とされる。

それでは、外国人との「共生」社会を構築するにはどうしたらよいか。井上らは、「外国人の受け入れの基本的チャンネルは、国家ではありえない。それは、市場に委ねられる他はない。市場だけが、彼らの多様で自由な関心を吸収しうるからである。それに対して、国家は、市場の自由で健全な動きを助け、市場の逸脱を是正するというような、間接的な役割を果たすべきである」としている[35]。そして、「出入国管理という国家の政策は、本来、この役割を担っている。それは、市場を通じた国際的な人の移動ゲームのルール形式が、市場の需給関係を無視した外国人の大量導入や市場倫理を無視した人身売買的斡旋や詐取的雇用によって、大きくゆがめられることのないように、人の移動を間接的にコントロールするのである」としている。

確かに法律や制度をつくるのは政府である。しかし、住民レベルでの共生社会構築がなければ本来の「共生」はあり得ないのではないだろうか。この場合の「市場」とは、中央省庁などの国および政府機関はもちろん、住民レベルまでを動員した共生社会であると理解できるのではないだろうか。

これは前述した「人間が豊かな共生社会」の概念につながり、この理念は、まず、人々が自分なりの豊かさを求めて、見知らぬ他者との多様な信頼関係を結ぼうとする自由な試みこそが、本当の意味での《人間の豊かさ》を生む、という認識を含んでいる。また、この理念は、自由な信頼関係の形成が、既成観念や既得権との間で摩擦を起こしたとしても、一定の時間的余裕を共有できる理念を与えられれば、人々は摩擦を克服して自律的に共生のルールをつくり出すことができる、という《モラルの自発性》の観念を含んでいるとされる。もちろんこれは、「国際親善」とか「国際交流」といったレベルを超越したものであることは言うまでもないのではないだろうか。

つまりは広義の「学校」と住民ボランティアに行政を加えた、多文化共生社会を実現する筆者の理論につながる。

（5）キムリッカの多文化共生理論

多文化共生社会を考えるにあたり、前項でみた塩原や吉富の論考、および国および政府、中央省庁の報告書などに出てくる「多文化共生」についての定義づけの考察を行ってきたが、多文化共生については、このほかにも政治学や社会学など多方面の研究者が研究対象としているので、以下、論じる。

例えば、カナダの政治学者、キムリッカは、アメリカやカナダを想定して「多文化主義」が構成される場合の典型例として、①ナショナルな少数派、②移民集団、③孤立主義的な民族宗教的団体、④外国人居住者、⑤アフリカ系アメリカ人、の５つのモデルを挙げている。[(36)]

①ナショナルな少数派

大きな国家に組み込まれる以前に、歴史上の母国において、完成され、よく機能する社会を形成していた集団を意味する。ナショナルな集団は「下位国家ネイション」と「先住民」の二つのカテゴリーに分類される。下位国家ネイションは、現在、みずからが多数派である国家を有していないが、過去にはそのような国家を有していたかもしれない、あるいはそのような国家を追求していたかもしれないネイションである、とされる。また、先住民とは、伝統的土地が入植者によって侵略され、強制的に、あるいは条約を通じて、彼らが異邦人とみなす人々によって運営される国家に組み込まれてきた人々である、とされている。

② 移民集団

移民集団とは、しばしば友人や肉親を残して母国を去り、別の社会へと移住するという個人や家族の決定によって形成された集団を意味している。そうした決定は経済的理由によることが典型的であるが、政治的になんらかの束縛や制圧を受け、現在の社会的な立場よりもより自由で、民主的な国へと移住したいという政治的理由によることもある。移民とは、例えば３年から５年という比較的短い期間、最小限の条件（たとえば公用語の習得、国の歴史や政治制度について理解するといったもの）をクリアしさえすれば、市民になる権利を付与するという移民政策の下で移住してきた人である。これは三大「移民国」── すなわちアメリカ合衆国、カナダ、オーストラリア ── における伝統的な移民政策であったとされる。なお、日本の場合は前述したが、「移民政策は行わない」という政府の前提があるため、在留外国人はあくまでも「外国人」と括られ、どのような事情で日本に来日していても「移民」とは言わないのが原則とされている。

③ 孤立主義的な民族宗教団体

ほとんどの移民は全体社会への参加を望んでいるが、全体社会から自発的に離れ、政治や市民社会への参加を避ける小規模な移民集団も存在する。宗教的信条に対する迫害を逃れるために移住した少数民族[(37)]のように、その教義が近代世界とのあらゆる接触を避けるように命ずる民族宗教的集団にとってのみ魅力的であるように思われる。彼らは「現世の」制度を堕落と見なし、母国で送っていたような孤立した伝統的生活様式を保持しようとするので、全体社会や政治体制からの周辺化など意に介さない、としている。

少なくとも日本における外国人住民は集団で特定の地域に住んでいたとしても、それは宗教的信条によるものではなく、あくまでも仲間意識、母国意識に基づきまとまって移り住んでいるものと考えられる。別項で述べる埼玉県川口市周辺にも特定の国の外国人が移り住み始めている地域があるが、これは同じ母国をもつ人々の中で固まって住んでいた方が、仕事や言語の面で改めて日本の慣習を完全に習得する必要がないことが理由として考えられるので、少なくとも宗教的信条により日本人と接触を避けているわけではないと考えられる。

④ 外国人居住者

前述したような孤立主義的集団は市民権を自発的に放棄するが、市民になる機会を決して与えられない移住者もいる。実際には、多様なカテゴリーの人々が含まれる。不法移民（例えば不法入国者やビザが切れた不法滞在者、それゆえカリフォルニアのメキシコ人やイタリアの北アフリカ人のように住民登録をしていない人々）、一時的移民（例えば一時的な保護を求めて難民として入国したり、ドイツにおけるトルコ人のように「出稼ぎ労働者」として入国した人々）などであったりする。入国の際、これらの人々は将来の市民どころか、長期滞在者としてさえ見なされなかったという。日本においては、不法入国あるいは不法残留の外国人は毎年増えているため、このケースは諸外国の外国人と同様のものと考えられる[38]。しかし、日本政府は移民そのものを認めていないため、「不法移民」という概念は該当しないであろう。

⑤アフリカ系アメリカ人

アメリカの多文化主義を理論化する際に非常に重要であった最後の集団は、17世紀から19世紀のあいだに合衆国に連れてこられたアフリカ人奴隷の流れをくむ「アフリカ系アメリカ人」であるとされる。奴隷制の下では、黒人は市民としてはいうまでもなく「人間」とさえ見なされず、建物や家畜と並んで単に奴隷所有者の財産と見なされた。ここで重要なのは、アフリカ系アメリカ人は、西洋の他の民族宗教的集団とも異なっているということである。彼らは、自発的な移民というパターンには適合しない。なぜならば彼らは奴隷として非自発的にアメリカに連れて来られたと分析されているからである。日本の歴史の中では大戦中を通じて、「奴隷」とは言わないものの、朝鮮半島から「強制連行」されて炭鉱などで働かされていた人々がいて、現在も政治的な問題として取り上げられることが多いが、現在ではそのような実態は確認できない状態である。日本にはアメリカのような奴隷制度がなかったので、少なくとも現代日本社会に住む外国人には該当しないと言える。

ところでキムリッカは、多文化主義について、重要な目標として、「少数派の主張の正義を評価すること」を挙げている。多文化主義の批判者は、正義が要求するものは、国家制度が「肌の色を意識しない」ものとなることだと長らく論じてきた。彼らは、権利を所属集団のメンバーシップに帰することは本質的に、道徳的に、恣意的に差別的であり、必然的に一級市民と二級市民を生みださざるをえないと主張してきた。それゆえ、多文化主義の擁護者が直面する第一の課題は、この想定の克服に努めることである。加えて、民族文化的差異を受容するために採用される、差異を意識しない規定から逸脱したとしても、本質的に不正であるとはかぎらないことを示すことが肝要、としている。

日本が外国人労働者つまり在留外国人を受け入れるにあたっては、少数派の在留外国人との「階級差別」のようなものが存在することは許されないといえる。

しかしながら現代の日本国内において、決して「移民」という言葉は用いないものの、在留外国人が増えるに従い、建設現場など３Ｋ（キツイ、キタナイ、キケン）と呼ばれる職場で日本人よりも安い賃金で働いている現実があるとしたら、キムリッカのいう「一級市民」と「二級市民」あるいはそれ以上の階級の存在を認めることになる。こうした格差を解消することもキムリッカが表現する多文化主義を実現する上での課題とも言えよう。そして、日本国内において、日本人よりも処遇が悪い環境に置かれた在留外国人がいなくなることこそ、学校と住民ボランティアに行政を加えた多文化共生社会を実現でき、誰も取り残さない、排除しない、多様性を尊重した社会包摂、つまりは上からの多文化共生ではなく、「下からの」、「住民レベルでの」社会包摂、つまりは多文化共生社会が実現していると言えよう。

（6）キムリッカ理論に対する２つの考察

これまで紹介したキムリッカ理論に対して、佐藤はキムリッカの多文化についての分類について、「ナショナルな少数派、たとえば一定の国の出身者の集まりを『少数派』と呼ぶが、場合によっては自治を求めることもある。移民集団、国籍は取得しても移民であるという特徴がなくならないままで集団としてまとまりをもっている場合や、孤立主義的な、民族主義的団体あるいは宗教団体などが想定される。特殊な例であるが、宗教団体に属していることをもって公的な教育を受けられない、あるいはあえて拒否するという問題がある。日本の場合はあまり問題にされてこなかった」とキムリッカの説明を引用しつつ解釈している。さらに、「むしろ日本に直接関係してくるのは外国人居住者の問題である。これがまさに直截に関係する。そして、アフリカ系アメリカ人、これはアメリカ特有の問題で、日本の場合は外国人居住者の問題に吸収されてしまうと解される」としている[(39)]。そして、多文化主義、互いの『文化』を尊重しあう『共生』社会、このような理念が本来想定されたものとは別の機能を果たしかねないことは、日本語教育の場面に限らず想定可能であるとされる。

例えば、日本における在留外国人に対する日本語教育を怠れば、自ずと格差が生まれ、階級社会になる可能性が高い。しかし佐藤は、理念はそれが濫用され得るからといって、その価値を完全に喪失するわけではない[(40)]と石山の理論を引用している。以下、石山の多文化主義についての理論を考察したい。

石山は「多様な文化の共存という理念は、スローガンとしてはすでに陳腐化したとさえいえるにもかかわらず、現在でも様々なレベルで論争や対立を生んでいる。特に、現代におけるこの理念の1つの現れといえる『多文化主義（multiculturalism）』については、理論的にも社会的にも争いが絶えない」と分析している。そしてまず石山は、様々な争いが生じる原因の一つとして「1つには、この理念を掲げた制度・政策要求が激化しがちだという点があると考えられる」としている。そして「多文化主義の理念に関してむしろ理論的に重要なのは、人権の理念との関係である。多文化主義は人権の理念と衝突してしまうのではないか」という。

石山は「実際、多文化主義と人権の理念は、両立可能である。第1の原則は『人権の侵害を容認する文化が存在するならば、政府はその文化が人権を守るものになるよう介入 ── 場合に応じて、援助などの穏便な手段から、様々な影響力の行使、経済制裁、軍事行動までを含む ── すべきだ』というものである」としている。さらに「第2の原則は、『人権が守られている限り、政府はおのおのの文化を尊重すべきだ』というものである。ここでいう文化の『尊重』には、同化圧力に抵抗して文化的独自性を維持しようとする諸個人を、文化的差異に着目した制度や政策によって支援することが含まれる」としている。

そして石山は、「人権と多文化主義は理念として両立可能だから、多文化主義をめぐる争いの原因を両者の理念としての対立に求めるのは誤りである。多文化主義をめぐる様々な争いの主たる原因は、特定の状況が人権侵害に当たるか否かの判断の相違だと考えるべきである」としている。

また、前述の第2の原則は、「人権を守っている文化がすべて等価だという立場をとらなくても成り立つ」としている。「『ある文化が相対的に劣っていたとしても、そこで人権が侵害されているのでない限り、その文化は尊重されるべきだ』と考えても、何ら不合理ではない。そもそも多文化主義は、様々な文化の間に優劣が存在し得るという立場を排除する必要はない」としている。

さらに石山は「多文化主義は、典型的には、同化圧力に対するマイノリティ文化の抵抗を擁護する主張となって現れるが、そもそもなぜ同化が進行して諸文化が画一化してはいけないのだろうか。なぜ文化の多様性が尊重されなければならないのだろうか」と問題提起している。

その理由として「多文化主義理論の基本前提の１つは、諸個人にとって、自らのアイデンティティが他者から適切に承認されることが、善き生を送るための必要条件だというものである。文化帰属は、性別、宗教、職業、階級などとともに個人のアイデンティティを構成する要素であり、個人にとって自ら帰属する文化が意に反して衰退していくことは、自らのアイデンティティが適切な承認を受けていないことを意味する。それゆえ、文化の衰退は避けられなければならないというものである」としている。

そして「この考え方によれば、文化の多様性が尊重されるべきなのは、諸個人にとって自らの帰属する文化の存続が善き生の必要条件だからである。他方で、人権が重要なのも、諸個人にとってそれが善き生の必要条件だからと考えられる」としている。

さらに石山は「多文化主義理論の基本前提の第２」として、「諸個人の政治的統合を可能にする条件として文化の共有を位置づける考え方である。各人にとって政治共同体に統合されることは、負担と受益のバランスという点から見れば、必ずしも利益になるとはいえないが、文化の共有はそのような利害計算を超えた諸個人の統合を可能にする基盤である。したがって、政治的統合を実現しようとするならば、文化的紐帯を弱体化させることは避けなければならないというものである」としている。

また、「多文化主義理論の基本前提の第３」として、「諸個人の自由を実現するには各人の帰属する文化が存在していることが必要だとするものである。それによれば、自由の行使は選択肢の意味を理解したうえでなされたときにはじめて実質的価値を有する。そして、諸個人にとって選択肢の意味理解を可能ならしめるのは自らの帰属する文化であるから、文化の消滅は防がねばならない[(41)]」という。

また、「諸個人の自由は人権に含まれるから、この基本前提によれば、多様な文化を尊重すべき理由は、それが人権の実現に不可欠だからということになる。諸個人の善き生の条件として人権が位置づけられるとするならば、さらに人権の実現の条件として多文化主義が位置づけられることになる」という。

すなわち石山は「人権と多文化主義は少なくとも両立可能であり、多文化主義の根拠についての考え方次第では、両者はさらに密接な結びつきを有していると理解できる。両者が本来的に対立するという理解は、見かけに惑わされたものにすぎない」と主張している。

つまりは、個人の人権、いわば尊厳が守られてこそ、多文化共生社会が成立するのであり、人権と多文化主義は対立するものではなく、それぞれの個人にとり個人の立場が尊重されると意識されながら、多文化主義、つまりは多文化共生社会を実現することは可能であるということではないだろうか。

このような人権と多文化主義の両立に関しては、グローバル社会における「公教育」と「ボランティア」の二本柱を軸として、これらをとくに日本語を学習する拠点として、広義による「学校」と位置づける筆者の理論につながると考えられる。

（7）統合政策として必要な平等意識と多文化共生社会

多文化共生社会について、統合政策として必要であると主張する先行研究もある。山脇らは「統合政策の基本として、また多様性を前提とする社会づくりに向けて、二つの原理を掲げたい。一つは平等の理念である。ただし、すべての人に同じルールを適用するだけでは、平等は実現できない。国籍や出自、文化的背景などによって社会参加が阻害されることのないようにするためにも、個人の属性に配慮した施策が必要になる。法律によって差別を禁止するとともに、通訳サービスや日本語習得の機会を保障するなど、平等な社会参加の条件整備をおこなっていくことが必要である」としている[(42)]。

そして「統合政策におけるもう一つの原理は、多文化共生の理念である」と位置づけ、多文化共生を「異質な集団に属する人々が、互いの文化的差異を尊重しながら対等な関係性を構築する過程」と定義している。こうした山脇らの理論に本論として依拠しながら、以下、論を進めたい。

例えば、「『多文化共生』という理念と、政治経済的な格差の解消をめざす『平等』の理念を組み合わせて統合政策を論じている山脇らの努力は見落とせない」と評価する矢野は、「『共に生きる』は、理念としては政治経済的な格差を温存し他者を搾取的に利用する差別的な共存ではなく、文化的な違いをステレオタイプ化せずに尊重しながら、政治経済的な格差の解消を視野に含んだ対等な関係づくりをめざす共存ととらえたい」と定義づける[(43)]。

統合政策というと前述した「公定多文化主義」の考え方が想定できるが、山脇らによると、日本語学習など生活者として在留外国人が過ごしやすい環境づくりを念頭に置いているものと考えられ、この場合の「統合」とは「上からの多文化主義」には必ずしもあたらないのではないかと考えられる。

つまりは、一見、山脇理論のように「上からの多文化主義」のような理論でもグローバル社会における「公教育」と「ボランティア」の二本柱を軸として、これらをとくに日本語を学習する拠点として、広義による「学校」と位置づける筆者の理論につながるのではないか。

（8）多文化共生における「文化」とは何か

現代の日本社会においては、中国や韓国をはじめとする「オールド・カマー」とされる外国人に加えて、南米系の「ニュー・カマー」と呼ばれる外国人が増えている。さらには、ほかにも、世界各地からの留学生や技術研修者、専門職など多種多様な立場から、日本各地への定住者が増えている。もともと日本にいたアイヌ民族や琉球民族のほか、在日コリアンや中国人など日本社会で根付いてきた民族や文化の課題に加え、1990年代以降、新たに南米系からの定住者が増え、個人レベルや集団レベルでの文化的なアイデンティティをどのように形成していくのか、あるいは、地域ごとにいかに多文化化や多言語化に対応していくのかという問題を浮かび上がらせている、というのは山西である。[(44)]

山西は、「ニュー・カマー」より現代に近い時代に諸外国や地域から訪れた在住外国人は考慮されていないように思える。しかしながら、山西によると、国や民族といった枠組みが静的なものであるのに対し、文化は動的なものであることを前提として外国人が増えている日本の現状について、文化論をもとに展開しているので、本書の趣旨からは反しないものと考えた。これまでは、多文化共生社会うち、「共生」について考察を試みたが、それを前提とした「文化」についての考察は山西理論に依拠しながら論を進めたい。

山西は、「多文化社会における文化の捉え方、文化的状況、そして教育課題を考える上で、（文化について考えることを）非常に大きいと考えている。つまり文化というのは動的なものである。人間が自然との関わりまた社会的関わりの中で、問題解決に向けての協働作業を通してつくり出してきた文化というもの、また人間が未来に向けて、たえず伝承・選択・創造し続けている文化というものは、まさに、動的なものである。また、文化は、『人の間』に、『人の中』に、多様かつ多層的に存在している。つまり、国民文化、地域文化、民族文化、言語文化、社会階層文化、男性文化、女性文化、若者文化、多数派文化・少数派文化など、多様な文化が、多層的に『人の間』『人の中』に存在しているのである」という前提に立ち、多文化社会にみる教育課題を考察しているのである。

多文化社会の進展に伴う文化的な状況について、まず、個人レベルでみた場合は、単に個々人の周りに多様な文化が存在しているような状況、つまり静的な状況ではなく、複数の文化にまたがって生きている人々が急増していると主張している。これは前述したように「『人の中』の文化の多様性・多層性が活性化される中にあって、個々の文化的アイデンティティの形成の過程が多様かつ流動的になっている状況を意味している」としている。

例えば、山西が例に挙げているのは「地域の外国人住民にとって、生活言語・学習言語としての日本語の習得、さらには母語の維持・習得は、まさに言語そのものが文化であるため、その言語的な生活環境・学習環境の相違が個々人の文化的アイデンティティの形成に大きなインパクトを与えることになっている」としている。言語習得については、日本国内においては生活者に近づくための手段としてまさに「動的」な文化形成と言えるのではないだろうか。

このようにみると、これまでの学校教育で示されていたような文化や民族文化を固定化して定義づけるやり方は、文化を静的で固定的に理解し、その多様性への尊重だけを強調するアプローチの仕方では今の状況に対応できないとされる。「日本は単一民族である」と当然のごとく小中学校の社会科学習の中で教育されていた昭和時代であれば、単一民族に含まれない人々を同じ文化に組み入れることが前提であった。それに対して、人間の生活の営みの中に緊張状態が生じていることを認識し、これを克服するために、つまりは多文化の緊張関係の中で文化が混在している中において、この状況を克服するための文化への動的なアプローチが必要とされているという理論には共感できるものがある。なぜなら、現代社会における在留外国人の国籍や価値観、考え方の多様性から静的な状況では包括しきれない多文化共生社会が顕著になっているからである。

「文化は動的な特性をもつもの」とする山西の理論をさらに深めるため、山西はベルギーの社会学者であるティエリ・ヴェルヘスルトの「文化というものは進化するもの、変化するもの、日常生活から生まれるものであるとしながらも、彼は文化において重要なのは、その中身よりも文化が個々の人間と社会の両方に影響をもたらす役割としての『文化の人間的役割』である」という指摘を考察している。[45]ヴェルヘスルトによると[46]、「文化の人間的役割」とは「第一に、人間に自尊心をもたらしてくれる役割です。自尊心がなければ人間は堕落します。己の能力と人格に自信をなくします」としている。例えば、1960年代の人種隔離政権下のアメリカで革新的な黒人運動の掲げた「ブラック　イズ　ビューティフル！」のスローガンを例に、己に誇りと自信をもたらすのが文化だという。

さらに、「第二に、文化は選択の基盤を与えてくれます。思想や映像を通して、私たちは四方八方からさまざまな影響に刺激されており、時には脅迫感さえ感じます」としている。

また、「第三に、文化は不正行為に抵抗して闘う武器となりうることです。帝国主義、弾圧、搾取など、文化の枠を越えた政治的経済的支配に立ち向かう手段に文化はなりうるのです」としている。

そして、「第四の役割は、文化が人間の抱く根本的な問題に意義を与える役割です。この役割は前述の三つの役割を総括する最も重要な役割と言えます。哲学、宗教と並び、文化もまた人生、死、自由、愛、自然といった人間の根本的な問題に指針と意味をもたらすものなのです。すなわち文化は意義提供のバネと言えます。このバネの力が弱まれば未来はないも同然です」としている。

山西は、「いま、日本の各地域において、多文化・多民族化が進展する中にあって、オールド・カマー、ニュー・カマーを問わず、そこで文化的アイデンティティの問題として顕在化しているのは、その中身の問題以上に、ヴェルヘスルトの言う『文化の人間的役割』に関してではないだろうか。つまりマジョリティとしての多くの日本人が、この『文化の人間的役割』を十分に理解していないことが、自らの文化的アイデンティティを弱体化させ、またマイノリティにとっても『文化の人間的役割』を奪う状況を生み出しているのではないだろうか」としている。ここでは、多文化共生時代にあって、単なる国や政府・中央省庁や地方自治体による法律や制度の制定では終わらない、人間の人生や死、自由、愛、自然などといった根本的な問題が提起されていると考えられる。

このような山西理論に基づくと、「文化は人間と共に生きているのであり、文化に対する人間の主体性、創造性を軸に、学びや教育のあり様を必然性の中で描き出そうとしていることを指摘できる」ということになるが、この「自然な形」に結びつくかどうかの議論は別にするとしても、「文化力」の形成こそ多文化共生社会の課題であることからすると、日本国内の各地方都市においても在留外国人が増加し続けている日本国内においては、ひとまず、文化力の形成が進みはじめている状況と言えないだろうか。少なくとも、文化創造の主体である人間が共生や平和に向けて、地域を軸とした歴史的なつながりの中で、文化的表現や選択、創造過程に主体的に関わっていくことが重要であり、教育の課題が必然性の中から浮かび上がってくるといえるだろう。

これはやはり多文化共生社会について、日本国内で先進事例を残している外国人集住都市のように、多言語による案内表示など言語をとりまく試みや、外国人の子どもに対する日本語教育の実施が新たな文化を創造していることに結びつく。つまりは多文化共生社会を文化の側面からも実現しているといえるのかもしれない。

このようにしてみると、多文化共生というキーワードの中の「文化」が動的なものであることは、本書の仮説にあるようなグローバル社会における「公教育」と「ボランティア」の二本柱を軸として、多文化共生社会を実現してこそ、社会包摂が生まれるのではなないだろうか、という常に多文化社会が動的なものとして発展していることと結びつくのではないかと考えられる。

日本人が考えがち、陥りがちな「多文化共生」の考え方とはいかなるものなのか。山西は、多文化共生に向けての教育のあり様や教育課題を浮かびあがらせるというねらいから、これら教育課題の特徴を①「関係性」、②「社会創造、・未来志向性」、③「参加・行動」という三つの点から指摘している。[47] ①は、言葉の定義として、政治・経済・文化・発達・心理などの特定の領域から個別に分析的に世界や人間のあり方、そして教育のあり様を探ろうとするいわゆる「機械論的パラダイム」の立場ではなく、世界や人間との関わり合うものとして捉え、その関わりのなかに人間のあり様や教育のあり様を探ろうとするいわゆる「全体的（holistic）パラダイム」の立場に立とうとする意味を込めている。

山西によると「この関わりとは、遺伝・発達・内なる自然・外なる自然といった自然との関わり、自分・家族・他者など人間との関わり、地域・国家・世界といった社会との関わり、過去・現在・未来といった時間との関わりを指している」という。さらに山西は「現在の人間そして教育のあり様を眺めてみると、あまりにも機械論的に断片的に特定の要素のみが強調され、その結果、全体としての関係性が分断もしくは希薄化していることに気づかされる」としている。

②は、「その目的として、社会順応ではなく社会創造を、過去志向型ではなく未来志向性を重視していることである。教育を語るうえで、まず人間の社会性の形成はその基本目的の一つであるが、その社会性がその社会への適応・順応能力を意味するのか、それともその社会を変革し、新しい社会を創造していく能力を意味するのは、教育目的への基本的な問いである。たとえば開発教育が、開発問題の解決を通して、『共に生きることのできる公正な地球社会づくり』をめざすには、まさに後者の立場から、学習者が今の社会状況を批判的に捉

え、新しい社会を創造していこうとする資質や能力を形成していることが求められてくる」という。

外国人が増えるということは、新しい人的資源が増えるということであり、新たな文化価値の創造が必要である。それは日本国内で言えば日本語の学習者の立場から社会変革を求めることになるのである。

③は、「参加・行動」を重視していることである。「それはこれまでの教育が、知識獲得に偏り、思考そして行動につながりにくいなかで、これらの教育は問題解決を軸に、「知り、考え、行動する」という言葉が示すように、これらを相互に関連付け、特に参加・行動に力点を置いているのが特徴である。たとえば開発教育は、貧困や南北格差、開発に伴う環境破壊などの問題の解決を軸に、自らのライフスタイルを見直すといった身近な行動や開発協力活動への参加などと、知ること・考えることを連動させて進展してきているということができる」としている。

山西はさらに「多文化共生と教育課題」について、「人間が自然との関わりまた社会的な関わりのなかでつくり出してきた文化というもの、また人間が未来に向けてたえず、伝承・選択・創造し続けている文化というものの動的な姿が見えてくる。人間が常に関わり、参加することによって存在し、未来に向けて創造し続けているものが文化である」と考察している。これらの理論は、山西にとっての「多文化共生」観が浮き彫りにされている考え方といえるのではないだろうか。

「地域や学校の実践では、それぞれの文化がもつ異質性や同質性への理解を通して、文化の多様性への理解が重視されているが、それらの実践にみる文化の扱い方は、多くの場合、静的であり、固定的であり、教養主義的であり、文化相対主義的である。そしてそこでの文化とは、人間（学習者）にとって理解する対象であり、人間が関わり、参加し、創造する対象としては捉えられないことが多い。そしてこのことが、教育の場で扱われる文化と生活のなかにある文化との間に乖離した状況を生み出しているということができる」としている。

その理由として山西は「集団によって共有される生活様式・行動様式・価値などの一連のものとしての文化は、まさに生活における共同性のなかで、伝承され、選択され、変容し、また創造されるものである。現在その文化は、経済のグローバル化、情報のグローバル化が進展するなかで、グローバルとローカル、マジョリティとマイノリティ、都市と地方、普遍と個別、などというように、ダイナミックな緊張・対立の様相を大きく顕在化している」としている。

山西理論にみる、多文化共生社会における、①「関係性」、②「社会創造、・未来志向性」、③「参加・行動」という考え方は、本書における、社会包摂を生み出す形成過程につながるものと考えられる。

一方、山西は「多文化共生」について、別の方向から、つまり、地球レベルで考えることを提唱している。つまり、山西によると、「多文化共生とは、現在の社会において、地球レベルそして地域レベルで、文化間の緊張・対立関係が顕在化する中にあって、人間が相互にそれぞれの文化を理解し合い、それぞれの文化の表現・創造に主体的に関わりながら、緊張・対立関係の解決に向けて、より公正で平和な関係そして文化をつくり出している、またつくりだそうとしている動的な状態である」としている。本書では多文化共生社会について論じているものではあるが、地球レベルで同じような考え方が必要なことは注目すべき考え方といえよう[(48)]。

（9）反「多文化共生」論について

野元は、「多文化共生」という言葉が、前述したように、1995年の阪神・淡路大震災で外国人支援を行った時点あたりから使われ始めていることは認めるものの、「その定義や原理などがきちんと吟味されないまま、地方自治体の外国人住民施策や市民によるボランティア活動において極めて多義的に使われるようになった。しかし、そこにある共通の傾向を見て取ることができる。ほとんどの『多文化共生』の定義から言語と民族の問題が抜け落ちており、権利論がないという特徴をもつ。『多文化共生』言説とは、こうした『多文化共生』観にもとづく言説を指す」と論じている。[49]

野元理論の理由は次のようなものである。「『多文化共生』言説は、国内外のマイノリティや外国人住民が過去に受けてきた同化や排除、差別、抑圧、文化支配に対する歴史認識の上に、彼らが現在においても直面する厳しい差別や排除問題に対する現実認識を重ねようとしない。またアイヌや在日朝鮮・韓国人に対する差別的処遇に見られるように、国や地方自治体など公権力機関によるマイノリティの権利剥奪や外国人差別などを対象化することをせずに、それらの問題をむしろタブー視する。そのため、観念的・抽象的に『対等な関係』を論じ、受け入れのための生活支援システムの構築に焦点をあて、具体的な差別解消の運動や取り組みを棚上げする傾向にある」と分析している。

その結果、どうなるのだろうか。野元によると、「こうした『多文化共生』言説に絡め取られ、外国人住民やマイノリティをさらに社会の周縁へ追いやっているのが、援助主義のボランティア活動である。地域での日本語教室の開設、不登校・不就学の子どもたちのための教室づくり、学校における外国人児童・生徒への日本語学習支援など、ボランティア活動が活発に展開されているが、結果として排除の構造を維持・強化する活動となっている。これらのボランティア活動を特徴づける援助主義は、行為主体が援助する側にあり、援助される側は常に援助の対象として客体であることを求める。したがって、援助される側が援助を必要としなくなること、すなわち問題が解決されることや、援助される側が援助のあり方に主体的に関わることを望まず、支援する―支援されるという非対称の関係が維持されることを望む」と主張している。

その結果、「援助主義のボランティア活動は、排除の当事者でもある公権力機関との緊張関係を失い、いわゆる『行政の下請け』となってしまう。外国人住民やマイノリティの諸権利を奪ってきたのは、悪意の第三者ではなく、国や地方自治体などの公的機関でもあった。したがって問題解決のためには行政と一定の距離を保ち、緊張関係を持たなくてはならないにもかかわらず、援助主義のボランティア活動は行政と一体化し、非対称の関係を維持することを望む地域の保守層とも容易に手を結ぶこととなる」と主張している。

ボランティア活動や日本語教室について、本書では具体的な実践例とともに今後、論を展開する。少なくともこの段階でいえるのは、単にボランティア団体などは、政府などのいわゆる「お上」と対立的・対照的な立場に立たなければ、本当の意味での「多文化共生」はできないものであろうかという疑問だ。逆に行政などと協力・「下請け」関係にある場合は、「多文化共生」は言葉だけの形式的・形骸化しているものだと言い切ってよいものなのか、現状分析した筆者からは野元理論は現実に即していない部分があるのではないかと考える。

詳細は後述するが、少なくとも、いわゆる教育機会確保法ができる前後の時期の日本語ボランティアや住民運動は、必ずしも「行政の下請け」にはなっているとは言い難いのではないだろうか。筆者がボランティアスタッフとして参加している自主夜間中学においては、援助するボランティアはあくまでも地元とその周辺に住む日本人住民各自の都合のつく日時に参加することが認められており、形式的に行政の下請けをしている構造ではない。そればかりか、行政サイドに積極的に、例えば、新しく開校する公立夜間中学の在り方について提言、および支援・応援する対等な立場を維持し、場合によっては提言という形である時は緊張、ある時は協力関係をもっていることは事実として受け取れる。

さらに、その自主夜間中学においてボランティアスタッフとともに日本語学習をしている在留外国人においては、日本語学校に通いながらもさらに「日常会話としての日本語を学びたい」と日本人と対等な立場を求めてやってくる「被援助者」が少なくなく、日本語をボランティアによって学んでいる外国人が社会の脇へ追いやられている現状は見受けられなかった。そればかりか、日本人社会の中枢に入り込もうとしている人材が、さらに日本語をブラッシュアップするためにボランティアと共生関係を結んでいるのであり、決して彼ら在留外国人が日本人社会の脇に追いやられる現象は見受けられない。

仮に野元理論をもとに論じるとして、仮に「多文化共生」言説が形式的なものであったり、「行政の下請け」的なものであったりすると、どのような対案があるのだろうか。

野元は対抗軸として「多民族共生と批判的バイリンガリズム」を挙げている。第一に「多文化共生」に対して、「多民族共生」の視点を入れた「多文化・多民族共生」が重要と指摘している。野元によると「『多民族共生』の視点は、日本国と日本社会がアイヌや在日朝鮮・韓国人、新来の外国人労働者など他民族によって構成される多民族国家・多民族社会であるという認識に立つ」としている。そして、「民族教育などの諸権利を保障すること、また、これらのマイノリティの諸権利を保障することには、特別法の制定などの配慮が求められる」としている。

そしてバイリンガリズムについては「マイノリティや外国人住民に日本語使用を義務付けたり、日本語を唯一のコミュニケーション手段として前提とする日本語モノリンガリズムに対して、多言語の存在を認め、その使用が励まされる多言語社会をバイリンガリズムのもとで創造していく必要がある」としている。

さらに、第三の対抗軸として「協同によるエスニック・コミュニティの再生・創造である。排除の過程で分断されたマイノリティや外国人住民の連帯や相互扶助の絆を協同による力で再生していくことが、排除に抗し、排除の構造を変革していくためには必要である」としている。

これら３点の対案に対して、筆者は疑問を呈する立場である。確かに、日本にいながら外国人住民の民族意識を尊重することは必要であり重要である。しかし、日本語以外の言語も用いた多言語による社会を築くことは、もともと日本に住んでいた日本人社会に混乱を招くことが想定される。また、野元自身は「エスニック・コミュニティ」の形成について、在日朝鮮・韓国人コミュニティがその重要性を示している一方、来日後の日数が浅いニュー・カマーの外国人にはコミュニティ形成が容易ではないことを挙げている。そして、南米の日系人コミュニティは「婦人会」や「青年会」が存在し、「日本で働く日系人の中には、こうした活動の経験者もいる」として、ニュー・カマー外国人が「エスニック・コミュニティ」を作ることの意義を強調しているかのように受け取れる。

確かに差別や排除を受けることに対して、在日朝鮮・韓国人らのコミュニティの人々が団結して、日本国内の行政機関などに申し入れをする活動が存在することは歴史的にみても認識できる。しかし、あまりにエスニック・コミュニティの連帯や相互扶助を強調しすぎると、日本語を母語とする日本人マジョリティ社会において反発が起き、現実問題として日本人社会とそれ以外の外国人社会が分断されかねず、「多民族共生」どころか「多民族分断」社会になる恐れがないだろうか。そのような多文化共生社会を構築する上で重要な点が、野元理論において見逃されているように考えられる。

逆に言えば、日本人マジョリティがボランティアとして日本語を外国人に教えている現状は決して社会を分断しているものでもなく、また、日本語を教える日本人が優位な立場であり、外国人を脇へ追いやる結果にはなっていない。例えば、英語圏から来る外国人が多いのであれば、日本国内において「公用語は日本語または英語」と言えるかもしれない。しかし、韓国や中国、フィリピンやベトナム、南米ブラジル、ペルーなど、あらゆる国や地域から外国人が来日する日本国内の現状を直視すれば、例えば公用語を日本語または英語も認めるといったレベルでは到底多文化共生社会を構築することはできない。むしろ社会分断を生み、かえって社会混乱を招く結果になるのではないかと考える。野元理論は、せいぜい、英語圏から来日する人物を第一に想定できた昭和時代のレベルと思われ、現在の日本国内ように、あらゆる国や地域から人々が押し寄せている現状で、それぞれの母語を多文化共生社会の構築手段とすることは無理であると言える。

今日の在留外国人は英語圏や中国語圏の人々ばかりではない。単に彼らの言語、母国語を尊重するだけでは多文化社会は構築されないばかりか、日本社会に混乱を招くことが想定され、本書の仮説でもある、学校と住民ボランティアに行政を加えた多文化共生社会を実現してこそ、誰も取り残さない、排除しない、社会包摂の実現とはむしろかけ離れた社会になることを私は想定する。

【第２章】

多文化共生社会の先進事例研究

（１）横浜市鶴見区の先行事例考察

横浜市鶴見区を調査対象とした「2012年度　外国籍及び外国につながる児童・生徒に関する調査事業　報告書」では、多文化共生という言葉は用いていないものの、「支援」という言葉で、多文化共生のあり方を示している。在留外国人が多く住む都市として本書が注目している埼玉県川口市の事例につながる傾向がみられるのではないかとの問いのもと、以下、多文化共生社会の構築の先行事例として分析してみたい。

横浜市鶴見区は横浜市の北東部に位置し、人口は当該調査が行われた時期に近い2013年３月現在で27万6975人。北西部は丘陵地帯、東部は鶴見川流域の低地、南部は臨海部の埋め立て地となっている[(50)]。鶴見区は鶴見川の船運により川筋がにぎわい、東海道筋は神奈川宿と川崎宿の間の宿としてにぎわい、生麦は漁港として栄えた。明治維新後は、首都東京と開港場横浜の中間に位置する関係から文明開化の波をいち早く受け、西洋野菜や果樹栽培なども盛んになった。工業の発展に伴い、全国から多くの労働者が鶴見に集まり、関東大震災後には沖縄や朝鮮からの人々も移住してきた。1990年に入国管理法改正により、日本で職を得やすくなった日系外国人が全国的に来日するようになり、沖縄出身者の多かった鶴見には沖縄から南米に渡った日系二世や三世が多く住むようになった土地柄とされる。

報告書によると、鶴見区は横浜市内第２位となる多くの外国籍住民が暮らす区とされ、外国人登録者数は9165人（2013年２月末現在）とされている。区内の横浜市立小中学校に在籍する外国籍、および外国につながる児童生徒は919人で横浜市18区全体の6465人の約１割に達していた（いずれも調査当時）。

同報告書はこの場合の「外国につながる」の定義について、「日本国籍であるが、以前は外国籍であったり両親等が外国籍であったりする」人のことを指すとして、統計をとっている。

このような背景を前提に横浜市教委や同市鶴見区はどのような対策を講じているのだろうか。同報告書によると、横浜市教委としては、国際教室、日本語教師の派遣制度、初期適応支援、母語支援サポーターの配置などを行ってきている。

《表２》

横浜市教委による主な制度（2012年度）

（制度）	対象校	講師・サポーター等	回数
国際教室	日本語指導が必要な外国籍児童生徒の数が５人以上の学校	国際教室担当教員	鶴見区内では小学校22校のうち12校、中学校９校のうち５校に設置（2012年度）。
日本語教室	すべての小中学校	市内集中教室に日本語教師を派遣、もしくは小中学校に派遣	集中教室１回１時間半、週２回、40～60回、派遣１回２時間20～35回、いずれも１年以内
初期適応支援	国際教室が設置されていない小中学校など	各学校が国際交流ラウンジ等に相談して探す	１回２時間程度、３か月以内、15回まで
母語支援サポーター	国際教室設置校のうち市教委が認定した学習支援推進校	各学校が国際交流ラウンジ等に相談して探す	１回２時間、上限は学校ごと異なる

横浜市鶴見区振興課「2012年度　外国籍及び外国につながる児童・生徒に関する調査事業　報告書」より抜粋

一方、横浜市鶴見区独自には、①学習支援サポーター制度、②つるみ学習支援教室、③鶴見国際交流ラウンジにおける相談窓口、④ガイドブック作成、その他プレスクールなどを行っている。

《表３》

横浜市鶴見区で行われた支援策の一例（2012年度）

（制度）	（対象）	（講師・サポーター等）	（回数）	実施主体
学習支援サポーター	区内全小中学校	各学校が区役所や国際交流ラウンジに相談して探す	１回２時間程度、通年	区役所
つるみ学習支援教室	区内全小中学校の児童・生徒	地域住民や学生ボランティア	月２回土曜日、10時～12時	鶴見国際交流ラウンジ
鶴見国際交流ラウンジ	日本語、英語、中国語、ハングル、スペイン語、ポルトガル語、タガログ語で相談対応	―	―	―
プレスクール	来年度、小学校に入学する外国につながる子どもと保護者	―	年３回	区役所、NPO 法人

横浜市鶴見区振興課「2012年度　外国籍及び外国につながる児童・生徒に関する調査事業　報告書」より抜粋

このような現地における「外国籍及び外国につながる子ども」の支援を行いながら、同報告書では支援策を提言している。提言の主な要旨は以下の通りである。

《表４》

横浜市鶴見区による外国籍及び外国につながる子どもに対する支援の提言

提言No.	提言の主な要旨
提言１	行政や学校は、鶴見区内において、海外で生まれ育ち日本語能力が不十分な子どもだけではなく、日本で生まれ育ち日本語に問題がないようにみえても支援が必要な子どもが相当数存在することを認識するべきである。
提言２	行政や学校は、外国籍・外国につながる子どもが上記のような家庭に由来する要因によって学業成績を向上させる機会を奪われることがないように適切な支援を行うべきである。

提言3	外国籍・外国につながる小学校就学前の子どもがいる家庭、とりわけ経済的に不安定な家庭に対して、日本の学校での学びに必要な日本語能力や学習・生活習慣などを身につける機会を提供するべきである。
提言4	行政や学校は、外国籍・外国につながる児童生徒の学校における指導のノウハウをモデル化するとともに、学外の支援制度や支援者の情報や連携方法に関するガイドラインを整備し、多くの学校・教員が共有できるようにすべきである。
提言5	行政は国際教室の設置基準や目的、高校入試における在県外国人特別募集のあり方を、外国籍・外国につながる子どもたち、とくに日本生まれ・日本育ちの子どもたちの抱える課題に対応できるように柔軟に改善していくべきである。
提言6	行政や学校は、市民や学生などの支援者が外国籍・外国につながる子どもたちの置かれた状況や心情を理解し、寄り添い語り合う存在となりうることを重視すべきである。
提言7	行政は市民活動との協働のもとに、家庭や学校でさまざまな事情を抱える外国籍・外国につながる子どもが気軽に集まれる「居場所」づくりに取り組むべきである。
提言8	行政や学校は、保護者や支援団体の協力のもと、外国籍・外国につながる子どもたちが親の母語や文化を学ぶ機会を、子どもたちの居場所づくりや学習支援の一環として積極的に推進すべきである。
提言9	行政は、外国籍・外国につながる子どもの支援者が適切な情報や助言を得られ、また行政や学校に意見や要望を伝えて話し合えるように、行政・学校・支援者間の対話の機会を増やすように努めるべきである。
提言10	行政は支援者・支援団体の専門性を高めるために可能な限り予算を配分し、支援者の活動に関する人件費を増大・安定化させるべきである。
提言11	行政は、各学校における外国籍・外国につながる子どもの数や支援ニーズを常時把握し、情報提供や通訳、学習支援サポーターの派遣といった取り組みを促進することで、行政・学校・市民活動間の連携・協働体制を構築していくべきである。

横浜市鶴見区振興課「2012年度　外国籍及び外国につながる児童・生徒に関する調査事業　報告書」より抜粋

これらの提言をみると、まず行政が在留外国人の支援を率先して行う認識をもつことを前提としている。そして、学校において、在留外国人の子どもたちに対する支援体制を構築していることがわかる。さらに、政令指定都市である横浜市の一行政体としての鶴見区役所を中心として、地域における在留外国人を日本人と同じ「生活者」とみて、不自由のない生活を送ることができるよう支援をしていくことが提言されている。実際、提言年次から８年が経過している昨今、提言の多くが実施されていることが推察できる。こうしたことから、本書の課題である教育確保義務については、市役所などの行政体が一義的に役割を果たしていることが推察できる。

確かに鶴見区の場合、提言の「主語」は、その大半が「行政」であることがわかる。しかし、その中には教育行政としての学校も含まれ、事実上の行政主導ではあるものの、学校主導型の在留外国人向けの提言も含まれている。そのほか通訳や「学習支援サポーター」など住民参加も含まれている。こうした動きはすでに鶴見区に在住している在留外国人の学習権が行政だけではなく、住民ボランティアも含めた地域全体に包摂される契機となっているのではないかと考えられる。

これは、学校と住民ボランティアに行政が連携した多文化共生社会を実現してこそ、誰も取り残さない、排除しない、多様性を尊重した社会包摂が生まれるのではないか、とした本書の仮説を裏付けるものであり、また在留外国人が多い都市の現場の実態としても、先進的な事例ではないかと思う。

「多文化共生」という言葉は見当たらないものの、横浜市鶴見区が1991年以降に在留外国人が増えている臨海部の特徴をいち早く捉え、「支援」という形で共生社会および社会包摂の実現に向けてこうした提言を公表したことは、多文化共生社会の構築に向けた先行事例と言えるのではないだろうか。

（2）夜間中学の現状をまとめた先行研究

本書では多文化共生社会の拠点としての狭義の学校、とくに公立中学夜間学級およびボランティア住民による「自主夜間中学」の事例を次章以降に取り上げる。

いわゆる夜間中学に通う生徒の特徴として浅野は４つの共通点を見出している。[(51)] 第１に、ほとんどの生徒が経済的貧困層であることだ。第２に、生徒の多くは、文字と言葉（識字または日本語）の壁、及び、基礎学力（計算、日本社会に関する知識等）の不足により、日常生活で様々な困難に直面している。第３に、生徒の多くは社会関係が希薄で、孤立しがちである。相談相手は家族以外ではほとんど夜間中学関係者（生徒・教師）に限られている。第４に、学ぶ意欲が旺盛であること。生徒達は誰に強制されることなく、自らの意思で夜間中学に入学した。卒業後の進学・学習継続にも、高い意欲を持ち続けている、としている。

まず、浅野の調査結果は、前述した横浜市鶴見区のような在留外国人が多く住む都市に該当する調査結果と言えるのではなかろうか。確かに、夜間中学の存在の有無も含めて、横浜市鶴見区に浅野の調査結果をそのまま当てはめるわけにはいかないが、在留外国人を包摂している先行事例として、横浜市鶴見区を取り上げた場合、浅野の調査のような都市の側面を共通点として見出すことは、必ずしも無理があるとは言えないのではないだろうか。

それでは浅野が調査した結果をもとに、夜間中学生がどのような多様性をもっているかを以下、表にまとめてみたい。

《表５》

夜間中学生の多様性

(地域・属性)	(全体の割合)	(話しやすい言語)	(主な特徴)
①「日本系」	24.1%	日本語	自らを「日本人」と認識し、60歳以上の女性、非識字者が多い。学校の遠隔地に分散して居住し、居住地での社会関係は希薄。
②「在日コリアン系」	22.7%	韓国または朝鮮語または日本語	多くは韓国または朝鮮籍で、朝鮮半島または日本で生まれる。60歳以上の女性が多く、非識字または日本語の不自由を感じる。学校周辺に居住し、比較的緊密な社会関係を有している。
③「中国帰国系」	19.7%	中国語	10代から70代と多様で男女比は拮抗。自らを「中国帰国者」と認識し、国籍・出身地は中国。日本語は会話、読み書きとも不自由を感じ、中国語話者だけで閉鎖的な社会関係の中で生活している。
④「新渡日系」	33.3%	さまざま	国籍・出身地はさまざま。年齢も多様だが、10代の若者が多い。男女比率は拮抗。自らに対する認識は「在日外国人」。「日本人」も含めて多様に分散している。日本語に困難を感じている人も多いが、逆に最も話しやすい言語が日本語であったり、いずれの言語も中途半端であったりとセミリンガルの人もいる。小規模なエスニック集団ごとにモザイク的に棲み分け、居住地・職場での社会関係は希薄である。

【注】前掲、浅野慎一「ミネルヴァの梟たち」P128-129より抜粋し、筆者が表組みにした。属性の「系」の使い方は浅野の分類の仕方をそのまま引用した。

浅野の調査・分析によると、現在、夜間中学を中心とした学習拠点には、多種多様な在留外国人が集まっていることがわかる。本書では第３章以降で論じるが、夜間中学という場合、浅野の調査対象となっているのも本書同様、公立中学夜間学級および日本語ボランティアによる「自主夜間中学」と呼ばれるものの総称とみてよいだろう。こうしたさまざまな出身地や「母国語」と認識している言語、年代、日本社会での生活形態や社会的な位置づけがさまざまである。しかし、公立中学夜間学級はもとより、自主夜間中学においても在留外国人に対しては「学校」を拠点とした社会生活が営まれており、公立中学であれば教育行政機関である教育委員会の管轄のもと開設され、また、日本語ボランティアによる自主夜間中学であれば、たいていは地元やその周辺地域から集まる住民有志により成り立っているのが通常である。

こうした浅野の調査・分析はとても興味深いものである。在留外国人の学習権を学校や地域住民が保障し、教育行政が主体となった教育機会確保の義務も果たされているとみられるからである。期せずして、前述した横浜市鶴見区の状況を、その土地に在住する外国人の属性など別の側面から分析しているとも言えるのではないだろうか。

そして、本書の学校と住民ボランティアに行政を加えた多文化共生社会を実現してこそ、誰も取り残さない、排除しない、多様性を尊重した社会包摂が生まれるのではないか、とする仮説を裏付けることになるのではないだろうか。

その社会的な背景として浅野は前述したような４つの共通点にみられるように、在留外国人は経済面や学習面における権利の行使がはばかられ、一つ間違えば社会的に排除されてしまう弱者の状態に置かれていることがわかる。浅野の調査・分析および本書の方向性には親和性があり、本書においても多文化共生社会を築くための課題は何かについて、次章より実際の夜間中学の現状を踏まえながら論じていきたい。

【第３章】

「夜間中学」に関する先行研究の考察

（１）「夜間中学」という語の使用の是非について

本書においては、多文化共生社会を実現するために、「夜間中学」がどのような社会的役割を担っているかを考察する。その際、先行研究の中には「夜間中学」とか「夜間学級」という語が混在している現実がある。そこで大多和は、自身の研究の中では、公立中学校において夜間に授業が行われる形態として成立する学級の教育的独自性に着目し、「夜間中学校」という表記を用いて示す、としている。しかしながら大多和自身が「いわゆる通称・呼称の類であり、（中略）今日では、その開設校においては「夜間学級」と呼ばれることが一般的である」ことを認めている。[52] 大多和によると、旧文部省の文書においても「夜間中学」という言葉があるものの、「夜間に授業を行う学級」と「夜間学級」が混在しているほか、夜間中学の教諭らで構成される「全国夜間中学校研究会」の研究発表においても、「二部学級」「中学校夜間部」「夜間中学校」「夜間中学」「夜間学級」という名称が混在しているとのことである。

夜間学級は昼間開設される二部授業の位置づけであり、本書で取り上げる埼玉県川口市の公立中学夜間学級や在留外国人向けの日本語教室を運営する市民団体である自主夜間中学が存在する地域においても、夜間中学校ではなく、公立中学夜間学級を意味する「分校」という意味合いの名称がつけられている。ただ、大多和は、夜間中学は小学校卒業資格を有していないからといって入学を拒否することはなく、個別の事情に合わせ、ときには「読み書き」から始め、画一的な対象や目的が定められ制度化されていない分、常に現場の教員が生徒の実情に対応するなかで教育が行われていることを挙げても、教育的な独自性があることから「夜間中学校」という名称にこだわる立場で論を進めている。

しかし、私は現実問題として、夜間中学校と呼ばれる公立中学は、本書の調査研究および執筆段階では存在せず、後述するように「昼間に通学する中学の二部授業」との位置づけから「夜間学級」とか「分校」という名称で設置されている現状を鑑みても、大多和の論はそのまま受け取らずに、本書においては、あくまでも「夜間学級」という現実の名称を用いながら、その課題を考察していくことが妥当ではないかと考える。

（2）夜間中学と夜間中学生の経緯と現状

関本によると夜間中学校は戦後、昼に仕事をして家計を支える学齢の子どもたちのため開設された[(53)]。1965年の日韓基本条約締結に伴う韓国引揚者、1972年の日中国交回復に伴う中国引揚者、1975年のベトナム戦争終結に伴うインドシナ難民を受け入れてきた。1970年代以降、成人の日本人や在日の人たち、元不登校・引きこもりの若者も入学。1990年代以降は新渡日外国人が増加し、現在につながるとされる。

関本はすでに８校の夜間中学がある東京都を例に挙げ、新渡日外国人等の夜間中学校での学びについて、５校に設置されている日本語学級において、多くの生徒は１年間日本語を中心に学び、様々な学校行事や実技教科を受けながら日常会話を習得する。その後、普通学級で９教科を学び、多くの若者は定時制高校等に通学していく。義務教育なので授業料は無償である。関本によると夜間中学校の卒業生たちの中には、複数の言語・文化を持つ自分を日本社会で活かし、社会貢献しようと考える者も少なくない。地域に開かれた日本語学校を経営する者、スペイン語や中国語の教室の講師をする者、中華料理店を開き地域の雇用に貢献する者、2021年の東京オリンピックの通訳をめざして大学で熱心に学んでいる者等もいる。こういった例は本書で口述する、埼玉県川口市におけるフィールドワークのインタビュー調査結果における夜間中学および自主夜間中学における分析を裏付ける理論とも言える。

（3）「二部授業」としなければならない夜間中学の経緯の考察

全国の夜間中学関係者が集う組織として現在まで継続しているのが「全国夜間中学校研究会（全夜中研）」であるが、江口によるとそこで1950年代に訴えられたのが、夜間中学が単独の中学校ではなく、「二部授業」としなければならない実態であった。(54)

これは学校教育法施行令第25条における「二部授業」の規定が設置根拠とされてきたが、文部官僚の国会答弁などでは情勢の変化に伴い、解釈変更がなされるリスクが常に存在してきたとされる。

一方、研究会の全国大会で配布された文書では「二部学級という既成事実から生ずる諸問題、例えば、定員の確保、予算の獲得、施設・設備の充実、就学の奨励等について、各都道府県・市教育委員会の実施を更に助成し、之が吾々運営に支障なからしめるためには、自ら関係現行法の不備を是正したり、或は新しく法制の裏付を確立することが先決となる」としている。つまり江口によると、学校内で実際には独自の運営を行っていながらも独立した予算措置がなく、自治体の裁量に頼らざるを得ない状況を解決することが真っ先に求められたということである。

また、1970年代になると自治体任せであった旧文部省も夜間中学について一定の政策的な包摂を行った。1970年から71年にかけて例えば「中学校夜間学級実態調査」などを実施し、「研究委嘱」という名目で公立夜間中学に対して毎年若干の財務援助を行い、基本数値等を報告させるようになった。

一方、中学校卒業証書を得ながらも実質的に基礎的な学習が保障されてこなかった「形式卒業者」の問題も浮上してきた。全夜中研の大会でも当事者により「形式卒業者」の正式入学を可能にするよう主張したという出来事もあった。

本書でも後述するが、2014年ごろになると、「(多様な) 教育機会確保法案」制定に向けて超党派の国会議員による議員連盟などが発足するに至る。しかし、それまでは、法的根拠の不安定性は、夜間中学の増設を求める住民運動にとり大きな壁であり続けてきた。多くの自主夜間中学は、「法律にない」ことを理由に自治体から（公立夜間中学の設置の）要求を拒絶される経験を長く続けてきた。また、国会議員レベルの議論になって以降も、自治体によっては夜間中学の政策意図は、存立根拠の曖昧な夜間中学が政策的に包摂される際は、常に国家統治との整合性に言及がなされてきた。

同時に、学齢時の受け入れだけに限らず、引揚帰国者や新渡日外国人への日本語保障はそもそも誰が担うべきなのか、義務教育未修了の障害者の学習保障はどこで行うべきなのか、在日朝鮮人に対する教育は民族文化の尊重と日本語の基礎学力の保障との間でどのように行うべきなのかといった形で、常に様々な形で噴出し続けてきている。江口は夜間中学の問題を考える際、現在が夜間中学の転換点と位置づけ、夜間中学そのものよりも、夜間中学や義務教育未修了者等の状況に目をふさぎ続けてきた、私たちの社会そのものが問われていると主張していることに、本書でも賛意を示しながら、後述する夜間中学についての論考に結び付けたい。

（４）夜間中学の存在意義に関する先行研究の考察

江沢は夜間中学校を「疎外された人々の宿り」と定義づけている。[(55)]江沢は研究当時の東京都を例にとり、その生徒たちの層は、義務教育未修の若者・中高年、国籍としては日本以外に中国、ブラジル、在日韓国・朝鮮人、ベトナム、カンボジアなど15カ国にまたがり、その入学動機は実に多様であるとしながらも、二つの大きな流れがあるとしている。まず、過去に受けることのなかった義務教育の権利を、いま行使することを望む人々を挙げる。戦争、家庭の事情、健康状態、経済的理由など、さまざまな原因で教育の機会を逸した中高年、若者、子どもはたくさんいるとしている。そして、それは日本人であるとは限らず、たとえば韓国・朝鮮の女性高齢者のように、過去の民族差別・性差別のなかで勉学の機会を失っていた人たちが、「夢にまでみた教育」を求めて入学してくる場合も一例である。

「義務教育を受ける権利」を広く解釈すれば、中国からの引揚者やその関係者も権利回復の該当者であるということができるとしている。これは本書でも扱う「学習権」の問題にもつながり、誰も排除しない、社会的包摂の考え方を受け継いでいるのが夜間中学の考え方であると言えるのではないだろうか。

もう一つの流れとして江沢は、日本の社会に生きるための知識を求める外国人の存在を指摘している。ベトナムやカンボジアからの難民、日本人と結婚した外国人などは、卒業資格よりは、まず言語力の習得を目標にしているため、義務教育の保障を第一義とする今の夜間中学校のシステムでは、適当であるかどうかわからない。夜間中学の対応力が要求される新しい局面が始まっていると指摘している。これは後述する、広義の意味での「学校」として「学びの場」である公立中学夜間学級に加え、住民団体である自主夜間中学の存在が意義をなすのではないかと考えられる。

こうした江沢の考察は1990年代という、改正入管法により、日系ブラジル人など日本にルーツをもつ南米系の人々の来日が緩和された時期と重なり、先行研究としては当時の先端を行っているものと思われる。もう一つ注目したいのが、夜間中学に関する対応として、あくまでも学校は昼間に通学するべきで夜間中学は弊害がある、とする立場を崩さない行政側の姿勢に対し、江沢は「根底のところでは、社会の人権思想の進展に歩みを合わせることができたからだ」と指摘している。本書で後述する公立夜間学級や自主夜間中学で日本語を学習する、とくに在留外国人の学習権の存在意義を、すでに1990年代から指摘していたといえるのではないだろうか。

（５）現場教師による夜間中学の理論の考察

小尾は関西地域の夜間学級の職員の経験から、昼間の学校と比較して「教員文化」が違うことを指摘している[56]。「教員には『教室では教えなければならない』という思い込みがある。その影響か、学校を経験していた教員が夜間中学に来ると、教室で教えなければという意識が出る。教室で教員が話す時間がどうしても長くなる。私は数学の教員である。子供に対する学習でも、数学では教員が話す時間は長くない。教科によっては多くの時間を話すので、そうはいかない。(中略)生徒さんと一緒に学習するという姿勢が必要である。生徒さんが話す時間を確保し、生徒さん自身から引き出すことをするのが必要になる」としている。現在、文部科学省では生徒や児童の能動的、主体的な学びとしてグループワークなどのアクティブ・ラーニングが推奨されているが、夜間中学ではそうした言葉が教育行政で使われるようになる以前から、当然のこととして行われてきたものと考えられる。

しかし、能動的、主体的に学習するためには意欲が必要である。小尾は「夜間中学に対して、おおむね12歳から15歳の子どもたちが学ぶ中学校を『昼の中学』と夜間中学関係者は表現することがある。昼の中学は『荒れ』、管理教育、不登校などさまざまな問題があった。(中略) 夜間中学の状況は昼の中学のとは異なる。文字の読み書きができないために苦労してきた人が多い。(中略) 何らかのつらい思いや差別された体験を持つ人が夜間中学に来ている。そのような人が、自分と同じ体験をした人が夜間中学にいることで共感を持ち、心を開き、精神的に開放されていくことがある。子どものときに勉強したくてもできなかった、文字の読み書きができるようになりたいなどの理由で、懸命に勉強する。夜間中学や識字学級の第一印象として、勉強する人の姿に感動する。教職員としても感動する。しかし、それは夜間中学の問題の入り口にすぎない」と指摘している。

このような実践的な理論は、本書でも扱う夜間中学および自主夜間中学における生徒にも、その年齢や学習意欲の面で大いに通じる点があると考えられる。

【第4章】

公教育と教育機会確保法成立における学習権の考察

（1）公教育の定義

1．コンドルセ理論の考察

本書では前章まで、とくに日本語を学習する拠点を含め、在留外国人が暮らす日本社会全体を広義の「学校」と位置づけ、学校と住民ボランティアに行政を加えた多文化共生社会を実現してこそ、誰も取り残さない、排除しない、多様性を尊重した社会包摂が生まれるのではないだろうか、という仮説に基づき、多文化共生理論の検証と先行事例となる実証研究を検証してきた。その中で、広義による「学校」について、本来の教育施設である公教育としての学校に加え、自主夜間中学のような住民ボランティアによる組織および人々が住む社会そのものも在留外国人にとっては「学校」になりうると仮定し、在留外国人の学習権は存在可能なのかについて論を進めてきた。自主夜間中学においてもボランティアによる教育が行われ、在留外国人にも日本に生活者として住む限りは国籍や出自にかかわらず、日本国内においては学習する権利、とくに日本語教育を受ける権利があるのではないかと考え、引き続き公教育と学習権について先行研究に基づき論じていきたい。

論を展開するにあたり、そもそも学校とは何か、「公教育」とは何かを検証する必要があると考える。例えば阪上は、コンドルセの公教育論に関し、「公教育の確立は、フランス革命の大きな目標の一つであった。1791年憲法は、『すべての市民に共通で、不可欠な教育の部分について、無償の公教育が組織される』とし、1791年9月に、タレイランが公教育についての報告を行った」とし、報告の内容を紹介している。実際は、立憲議会の解散により審議されず、コンドルセが心血を注いだ公教育案は審議されずに終わった、とされている。(57)

同書の阪上の日本語解説によると、コンドルセは、人間には無限の自己完成能力があること、自由で平等な社会の実現には、自分で考え判断することのできる自律的市民を育てることが不可欠であること、科学研究の進歩が人類の解放をもたらすこと、を確信していた、という。そして、コンドルセ理論の特徴は、この確信に基づいて、知育重視の教育体系、教育の政治権力と宗教からの独立、教育の機会均等を主張した点にある、としている。そして、コンドルセ案は、知育中心主義と国立学術院に関して批判を受けたが、革命期のすべての公教育論の基礎となったとされる。この阪上の解説だけでも、コンドルセが公教育論の基礎をなす作業を行っていたことが窺える。とくに教育の機会均等については、在留外国人を念頭においた多文化共生社会の構築につながる理論ではないかと考える。以下、コンドルセの「公教育の全般的組織についての報告と法案」の一部を考察したい。(58)

《教育の目的　諸君、人類に属するすべての個人に、みずからの欲求を満たし、幸福を保証し、権利を認識して行使し、義務を理解して履行する手段を提供すること。

各人がその生業を完成し、各人に就く権利のある社会的職務の遂行を可能にし、自然から受け取った才能を完全に開花させ、そのことによって市民間の事実上の平等を確立し、法によって認められた政治的平等を現実のものにする方策を保証すること。

これらのことが国民教育の第一の目的でなければならない。そしてこの観点からすれば、国民の教育は公権力にとって当然の義務である。

教育を組織して、諸技術の完成が市民全体の喜びとそれに携わる人々のゆとりを増進させるようにすること。教育を組織して、大多数の人々が社会に必要な職務を果たすことができるようになり、知識の絶え間ない進歩がわれわれの必要を満たすこのうえなく豊かな泉を開き、災厄から救い、個人の幸福と共同の繁栄の手段となるようにすること。

最後に、各世代の肉体的・知的・道徳的能力を培い、それによってあらゆる社会制度が向かうべき究極目標である人類の全般的で斬新的な感性に貢献すること。

こうしたこともまた教育の目標であり、社会の共通の利益と人類全体の利益によって公権力に課せられた義務である》

これらの記述については、「国民教育の第一の目的」と記しているものの、現代の日本社会において在留外国人が増加し、社会構成員の一部を担っていることを考慮すれば、彼らに対する学習権を保証することもコンドルセの考え方に結び付くのではないだろうか。さらにコンドルセは教育機会確保にも結び付く記述を行っているので、以下、示したい。

《われわれの基本的立場　教育の全般的組織の計画において、まず、配慮すべきことの一つは、教育を平等で全員に行き渡るようにすることであり、もう一つは状況の許すかぎり完全なものにすることだ、とわれわれは考えた。さらにわれわれは、すべての人が受けることのできる教育を全員に平等に与えなければならないけれども、すべての個人がより高度の教育を受けることが不可能だからといって、いかなる階層の市民にたいしてもそれを拒むということになってはならない、と考えた。あらゆる教育の第一条件は真理のみを教えることにあるから、公権力が教育にあてる諸機関は、あらゆる政治的権威から可能なかぎり独立していなければならない。しかし、この独立は絶対的ではありえないから、同じ原則から、それらを人民の代表者で構成される議会のみに従属させなければならないという結論が出てくる。というのは、議会はあらゆる権力のうちでもっとも腐敗しがたく、個別利害にもっとも左右されにくく、見識のある人々の世論の影響にもっともよく従うからである。とりわけ、議会の本質はすべての変革を生み出すことにあるのだから、知識の進歩に敵対することがもっとも少なく、この進歩がもたらすはずの改革に反対することがもっとも少ないからである。》

このようにコンドルセは、教育機会確保のためには、議会からの公平性、つまりはあらゆる政治から独立しているべきであることを強調している。そして、どのような社会的な立場や性格の人々にも同じ教育機会の確保をすべきであると説いているのが次に挙げる項目である。

《最後にわれわれは、教育は人々が学校を卒業したとたんに彼らを見捨てるようなことがあってはならず、あらゆる年齢の人々に及ぶべきであること、どんな年齢であっても学ぶことは有益であり、学ぶことができること、また幼年期の教育が非常に狭い範囲に限られているために、それだけいっそう次の段階の教育が必要であること、に注意を払った。まさにこの点に、社会の貧しい階級が今日投げ込まれている無知の主な原因があるからである。彼らには、初等教育を受ける可能性よりも、その利点を保持する可能性の方がはるかに不足しているのだ。》

以上の点からコンドルセは、教育は普遍的であらねばならず、すべての住民に広める必要があるとし、公権力側の義務であるとも述べている。そして教育は全く平等に分け与えられなければならず、教育はそのさまざまな段階をつうじて人間の知識の全体系を包括し、どんな年齢の人にも彼らの知識を保持し、新しい知識を獲得する便宜を保証しなければならない、としている。さらに、いかなる公権力も、新しい真理の展開を妨げたり、個々の政策や一時的な利害に反する理論の教育を妨げたりするほどの権威や影響力をもってはならない、と指摘する。これは今日の先進国、とくに日本における在留外国人に対する教育を取り巻く現状に対して、あてはまる点もあれば、警告を発している文言とも読み取れる。とくに議会について、「議会はあらゆる権力のうちでもっとも腐敗しがたく、個別利害にもっとも左右されにくく、見識のある人々の世論の影響にもっともよく従う」と表現している部分は、日本国内における数多くの国会議員の汚職事件などを顧みれば、むしろ評価よりも警告といえる表現であると評価できるだろう。さらに、教育に対しても、あくまでも住民に対して施されるものであり、権力者のための利害に結び付くことが教育ではないと明確化している。

このようなことが実現できてこそ、在留外国人に対する学習権が保障され、さらには、権力者に都合のよい状況、つまりは「上（政府）からの」教育機会確保、もっと言えば、社会包摂とは程遠い社会統治につながる教育機会確保、日本語教育が生まれ得ない教育機会確保を行政も含めた地域社会全体が目指すべきではないだろうか。

果たして、コンドルセの時代から２世紀以上の年月を経た日本の現代社会において、公教育はどのように定義づけられているのだろうか。

例えば、中澤は、「公教育とは、一部もしくは全体が公費によって運営され、広く一般国民が受けることのできる学校教育を指す」としている。[(59)] そして「その対象は、日本の法律に照らせば、学校教育法第一条の「幼稚園、小学校、中学校、義務教育学校、高等学校、中等教育学校、特別支援学校、大学及び高等専門学校である」としている。また、「この第一条で明示されていない短期大学、大学院、専修学校・各種学校も学校教育法が示す学校の一部であり、これらの学校を管轄しているのは文部科学省である。また、厚生労働省の管轄である保育所も、乳幼児の保育を担う公的機関であり、文脈によって（筆者の著書では）公教育の対象に含めたい」と定義づけている。

こうしてみると、中澤によると、公教育とは文部科学省などに認可されたいわゆる狭義の「学校」で行われている教育ということが言える。しかし、中澤は今後の公教育を担う学校という立場に注目し、「学校は同一年齢集団という理由だけで、人々が人為的に集められた不自然な空間である。しかし、そうした人為的集団であるがゆえ、価値観も異なる多様な人々と交わり、そこで他者との信頼関係を構築したり、共感や協力をしあったりすることで、一つの社会空間が成立できる。学校はそうした社会空間構築の練習の場といえる」としている。

これは現在の学校現場において、日本人だけではなく在留外国人の子どもたちも含まれることから、他者との信頼関係はもとより、在留外国人をも含めた新しい日本社会の構築の一部として「学校」が存在することが考えられる。中澤は在留外国人の学習権と教育機会確保について、このような表現で広義の「学校」が実現可能であることを論じているのではないだろうか。

また、社会の抱える問題と「学校」の役割について、「個人化が進んだ現代社会では、プライバシー観念の浸透により、個別の事情は見えにくくなっている。未成年の子どもは保護者の庇護にあることが建前だが、実際には子どもたち皆がしっかり守られているわけではなく、保護者との関係などによっては、社会のセイフティ・ネットから漏れるリスクも出てくる」としている。そこで「学校は、そうした包摂（インクルージョン）の場として存在しうるし、実際にその役割を引き受けるのが現実的である。仮に、子どもたちが、プライベートで不利を被っていたとしても社会として包摂し、掬い上げることは、その子もこの社会のメンバーと認めているという意思表示になる。こうすることで、彼ら彼女らも将来社会の一員として貢献してくれるだろう」と考察している。

在留外国人の子どもたちについても、日本語が話せるか話せないかを抜きにして、日本における社会のメンバー（構成員）として立場を維持するセイフティ・ネットとして学校があるのだという理論に賛意を示したい。これは前述した、その国に住んでいる人はすべて国民とみなすといった理論にも通じるものがあるのではないだろうか。

さらに、本書で扱う多文化共生社会の観点から興味深いのは、中澤が著書の締めくくりの部分において、「教育を受けない人を放置しておくことは、それだけ社会の仕組みや基本的な知識・技能を理解しない人をそのままにしておくことを意味する。そうなれば、まともな政策決定の議論が成立せず、社会全体を混乱に陥れるリスクも発生する。だから教育のあり方は、日本社会の将来を占うものとなるのである」と締めくくっている。この結論は、誰でもが教育を受ける権利を有することにつながる、公教育の根本的な意義に結び付くのではないだろうか。つまりは、日本社会の構成員になっている在留外国人に学習権を認め、教育機会確保の義務を行政が負うことは、社会的なリスクを回避することにつながるとみてよいのではないだろうか。このような観点からも、単なる行政機関が設置する狭義の「学校」ではなく、社会全体を広義の「学校」とみなす必要性が見出されるのではないだろうか。

現在の日本社会では格差が広がっている。この件に絡んで志水は格差社会の中で公教育が果たす役割は、これまで以上に大きいものになるに違いない、と述べている[(60)]。志水は近代の学校教育制度に込められた理念を「４つの夢」と定義づけ「能力主義」、「平等主義」、「統合主義」、「民主主義」を挙げた。とくに最初の「能力主義」については「メリトクラシー」と呼ばれているということである。

志水は「学校制度のない封建社会においては、生まれながらの属性（身分・家柄等）によって、人の人生はほぼ決まっていた。それに対して、近代社会においては、何ができるか（能力）、あるいは何をなし得たか（業績）によって諸個人の人生は切り拓かれていくことになる。それがメリトクラシーの社会である」と定義づけている。そして、「その社会の中核をなす制度が、公教育と呼ばれる学校教育制度である。そこで獲得した学力・学歴によって、個人の人生が展開されていくことになる」としている。

逆に考察すると、日本国籍を取得しているのか、在留外国人として日本国籍をもっていないのかというだけの差で、学校教育を受けられるか否かが、さらには社会的な立場が決まるとしたら、志水理論は現代日本の社会に適応しない考え方であると言えよう。志水理論を構築させるためには、在留外国人の学習権を社会が認め、教育機会確保を行政が認める相互作用によって、国籍に関係なく誰もがその存在を認めあえる社会包摂の多文化共生社会が成立するとも言えよう。

さらに志水は、格差社会だからこそ、公教育の役割がこれまで以上に大きくなる、としている。まず「公教育は、格差社会の荒波を泳ぎ切るだけの力（＝学力）を、そこで学ぶ一人ひとりの子どもたちに獲得させる必要がある」とする。つまり、「『できない』状況にある子どもたちを『できる』ようにさせるのが、学校教育の第一の使命である」としている。

また、「第二に、それと同時に『平等主義』『統合主義』『民主主義』といった諸理念の再生が図られなければならない。健全なメリトクラシーを取り戻し、『できる子どもたち』を創り出すことだけではやはり不十分である。21世紀を迎えた現代において、おそらくそれ以上に重要な学校教育の目標は、『よりよい社会をつくっていこうとする人間を生み出す』ことにある」と考察している。そして志水は「キーワード」として、「『自立』に対する『連帯』ということになろうか。異なる立場や境遇にある諸個人が、そのちがいを超えて、力を合わせて何かを成し遂げようとするとき、その姿を『連帯』と呼ぶことができる」としており、本書における在留外国人との「多文化共生」を

「連帯」という言葉に置き換えることも可能な課題といえるのではないだろうか。

確かに、志水理論は、「『できない』状況にある子どもたちを『できる』ようにさせる」など、学力至上主義のようにも受け取れる。この場合の「できる」というのは決して学校の成績が上位であり、偏差値が高い子どもという意味に受け取ってはならない。その文脈から「できる」という意味を偏差値が高いなどと狭義に受け取りがちである。こうした考えは多文化共生社会の実現には、後述するような埼玉県川口市におけるフィールドワークからも現実的であるとは決して言えない。

ただ、多文化共生の前提として学校現場における自立に対する「連帯」という考え方も、在留外国人と共生していく「社会包摂」の意味をも含むという点からすれば、現代社会が求めている考え方であるとも解釈できる。

その証左として、志水はそれに関して注意喚起をしている。「そうした個人が、さまざまな『ちがい』を超えて他者と連帯しようとする志向性や感性を同時に持ち合わせていなければ、社会は弱肉強食の殺伐とした世界と化してしまうだろう。筆者が主張したいのは、公教育こそが、その両面を備えた『人』を育成することができる、頼りになる社会制度であるという考えだ。つまり、公教育が「みんな同じ」生徒を量産するのではなく、違いを認め合う価値観を共有しなければ、これからの社会に貢献していけるとは言えないのだと考えるのである。こうした仮説を裏付けるためには、本書で述べるような多文化共生による社会包摂の概念が必要である。

例えば、在留外国人が比較的多く住み続けている地域などでは、地方自治体において、外国人の子ども達について、それぞれ工夫をしてカリキュラムや授業内容を決めている。いや、工夫せざるを得ない状況に置かれているとも言える。これらは、公教育において正規の授業またはその枠を越えた放課後の補習授業などを通じて、小中学校を中心とした義務教育施設内において実施されていることになる。

コンドルセなどの考察を踏まえながら、「公教育」を振り返るとどのように言えるのだろうか。中世ヨーロッパにおいては寺院などで読み書きを教える機会があり、市民革命期のヨーロッパではこのような「私教育」に代わりすべての国民に対して必要な基礎教育（普通教育）を公的に保障する「公教育」が成立した。[(61)]

そして、公教育のあり方は、国や時代により大きく異なるが、個人の教育を受ける権利を公的に保障する公教育と、国家を構成する成員を教育することを目的とした国民教育という２つの考え方が存在し、実際の公教育制度には、両方の意図が反映されている。

これらの考え方からすると、外国人集住都市における日本語授業や「特別の教育課程」としての課外授業などは、外国人の子どもといえども日本に「生活者」として移り住む限りは、「教育を受ける権利」を保障していることが第一に挙げられる。こうした考えからすると「教育を受ける機会を与える」ことにつながり、国および政府は、在留外国人の学習権を保証しなければならなくなり、在留外国人の多文化共生社会における社会包摂の一つととらえる本書の主張につながる理論と言えるのではないだろうか。

また、現在の在留外国人は、かつて言われたように一時的に仕事をして賃金を稼いだら短期間のうちに母国に帰国することを前提として来日していた「デカセギ労働者」ではなく、家族ともども長期に滞在する外国人とその子ども達が多数来日しているケースが大多数であることから、国家を構成する成員を教育することも含まれているのではないかと考えられる。

具体的には、戦後の教育改革は、新たに制定された日本国憲法と教育基本法に基づいて進められた。日本国憲法第26条では、親が子どもを就学させる義務を規定すると同時に、すべての国民に与えられた権利として教育が保証されている。[(62)]

こうした日本国憲法の考え方からしても、各自治体の取り組みは、子どもを就学させる義務と教育を受ける権利に則ったものであるといえ、結果的に在留外国人の教育機会を確保し、学習権を保証する必要性が生じるのではないだろうか。

確かに、日本の義務教育は日本の国家社会の形成者の育成という役割をもつことから、就学義務は日本国籍を有する保護者に課されており、外国人の保護者には就学義務がないとするのが政府の見解とされる。文部科学省は当初は「外国人の子供たちが公立学校に就学しやすい環境の整備のために」、市町村教育委員会において「日本の学校制度や無償で就学できることの情報の提供など様々な支援を行って」おり、今後もそれを支援していく、と述べるにとどまっていた。[(63)] しかし、すでに時代は動いており、実際、埼玉県川口市や千葉県松戸市に2019年４月に公立中学夜間学級が新設された。今後も全国の各自治体において公立夜間中学新設の動きがあることは、外国人の保護者に対し、自分の子どもに教育を受けさせる義務は負わないが、必要であることを主張することにより、そこに通学する希望をもつ在留外国人らの学習権を保証することには変わりがないのではないかと考えられる。

ところで、1990年の改正入管法の施行により「ニュー・カマー」に分類できるような、南米系日系外国人が大幅に増え、さらに、さまざまな国や地域から移り住んでいる外国人の子どもたちの中には、日本で生まれ育ち、日本の小中学校に通学する子どもが増えていることは、明らかに中長期にわたり日本で家族ともども暮らしている在留外国人たちは、日本の国家社会の形成者と言え、義務教育の精神に則るべき課題となっているはずである。少なくとも「教育を受ける権利」および学習、とくに日本語学習の権利については、日本の行政により保証されるべきであることはもちろん、自主夜間中学のような地域の住民団体が「日本語を話せるように」と支援することも、彼ら在留外国人の学習権を保障することになるのではないだろうか。

２．国連人権規約からの解釈

国連人権規約（1966年12月16日国連総会採択）は、①「経済的、社会的及び文化的権利に関する国際規約（Ａ規約）」、②「市民的及び政治的権利に関する国際規約（Ｂ規約）」、そして、③「市民的及び政治的権利に関する国際規約の選択議定書」の３種類の文書から成立しており、日本は①と②に批准し加盟している。
①のＡ規約13条は「教育についてすべての者の権利を認める」ことを規定した上で、初等教育（義務制・無償制）、中等及び高等教育（無償教育の漸進的導入）、奨学制度の整備等の具体的目標を明示し、その実現を締約国に課している[(64)]。

ところが、日本政府は外国人学校の設置認可に関し、戦後一貫して否定的な態度をとり続けてきた。いずれの場合も正規の学校（いわゆる学校教育法による「一条校」）としては認めない立場をとってきている。実際には学校教育法83条の各種学校として運営されているケースがかなりあるが、それは監督官庁としての都道府県が認可しているのであり、文部科学省（旧文部省）は否定的でありつづけてきた実情がある[(65)]。

外国人学校についての考察は別の機会に譲るが、確かに公立小中学校の日本語補習時間について在留外国人が多く住む都市を中心に実施されてきた、住民ボランティアやNPO法人などが運営する日本語教室などについても、実質的には地方自治体が予算面で運営を支援しているものの、実際は文科省などの国家予算を組んで行われていることも少なくないことから、政府も外国人の子どもに対する教育の義務や権利について全く関知していないとは言い切れない。むしろ、公教育の役割として、昨今、文部科学省を中心とした政府レベルの行政機関においても議論されるようになってきており、前述した「漸進的な」進歩が在留外国人に対する教育機会確保の面においてもみてとれるといえるのではないだろうか。

それに関して2017年２月、教育機会確保法が施行されたが、その中には現在、外国人の子ども達が多く通学している、いわゆる夜間中学（本書では「公立中学夜間学級」と表記）に関する記述が存在するとともに、公教育としての夜間中学における多文化共生の実践が法的に裏づけられているといえる。現在の夜間中学がどのような状況なのかについては本書で後述するが、在留外国人の教育について、学校、とくに公教育がその役割を担うべきかについて、どんな議論が生じるだろうか。以下、学校、とくに本論における狭義の「学校」そのものの意義について論じていきたい。

（２）学校とは何か

１．デューイの理論からの考察

デューイによると、学校と社会を関連づけた上で、「社会がそれによって自らの存続を維持する諸過程の典型として、社会生活の第一義的な必要条件のいくつかの子どもに納得させる媒介として、そしてまた、それらの必要が人間のしだいに成長する洞察と工夫とによって充たされてきた道程（の典型）として、要するに、それによって学校そのものを、そこで課業を学ぶための隔離された場所ではなく、生きた社会生活の純粋な一形態たらしめるところの手段として、考えねばならないのである」としている。

そもそも社会とは、「共通の線に沿い、共通の精神において、また、共通の目的に関連してはたらきつつあるが故に結合されている、一定数の人々ということである」と考察している。[(66)] デューイのこの学校と社会の関連について、訳者である宮原は、同書の日本語解説において、「（デューイの）いわゆる小社会としての学校には、つぎの二つの基本的なすじみちが託されていた。第一に、学校は、暗記と試験による受動的な学習の場ではなく、そのなかで子どもたちが興味にあふれて活動的な社会生活をいとなむ小社会にならなければならない。第二に、この小社会は、たんにそこで子どもたちの自発的な活動がおこなわれる小社会であるばかりでなく、現代の社会生活の歴史的進歩を代表する小社会でなければならず、そのために学校と社会とのあいだに活発な相互作用がおこなわれなければならない。学校はこの二つのすじみちにおいて『単純化され、純粋化され、均衡化された』特別の環境となるべきである。そして、子どもたちがこのような小社会の成員として編成され、そこで各自の経験を発展させるとき、大なる社会の進歩のもっとも確実な保障が得られる」と論じている。(67)

さらに宮原は、デューイの学校に対する見方について、「学校は、社会にすでに存在している欲求や目的に奉仕する技術的手段を青少年にあたえているのであって、社会的活動がそれによって選択され決定されるところの根源である欲求自体、目的自体を形成することは、じつはほとんどあずかっていないのだ」と解釈している。つまりは、学校は社会そのものであっても現実社会から隔離された社会なのではなく、現実社会の縮図となりうる存在である必要があると解釈できる。つまり、在留外国人が多く住む日本社会の中の学校である限りは、その縮図として、日本人に混じる形で、在留外国人が共存する社会が想定できる学習環境であることが求められるといってよいだろう。

要するに、本書の仮説として取り上げているように、学校は必ずしも公立中学でなくとも、とくに日本語を学習する拠点として、広義による「学校」と位置づけ、学校と住民ボランティアに行政を加えた多文化共生社会を実現する考え方につながるのではないだろうか。そして、在留外国人には学習権が与えられるべきであり、そのこと自体、行政面での管轄も含め、教育機会の確保を公立中学という狭義の学校を設置している行政機関が行っていることになるのではないだろうか。

2. 戦後の日本の学校と教育の変遷

教育哲学の面からは前述したようなデューイの考え方がみてとれるが、現実の日本国内の学校、とくに戦後の状況はどうなっているのだろうか。

木村によると、「戦後の学校は、民主主義的な人間形成の課題から、経済的な能力の開発へと課題を移しながら、日本型の循環社会のなかに埋め込まれていった」と位置付けている[(68)]。そして、さらなる特徴的な問題として、「子供たち自身のみならず、課題を受け止める学校の土台、すなわち子どもの居場所として機能しづらくなっている学級・学校それ自体を対象にせねばならない点にある。このような状況において、家庭や子ども、社会からのさまざまなニーズが示され、それに対応しようとしているのがこんにちの学校である」としている。さらに「学校は、日本においてはすべてのひとが共通に経験するほとんど唯一の場であり、公共社会や職業社会を生きる力の養成の場として、さらに幅広い文化と出会う場として、その範囲を広げながら役割を大きくしていく」としている。

戦後については、1945年の終戦以来、「欧米に追い付け、追い越せ」の掛け声のもとに、日本という国は高度経済成長を遂げてきた。日本が先進国の仲間入りをするまでは、外国人との共生などは、せいぜい住民を中心としたイベント交流の概念にとどまっていた。それが、1990年代以降、多文化主義に基づく政策、とくに子どもの教育政策の必要に迫られるようになってきた。木村の言うように「公共社会や職業社会を生きる養成の場」が学校であり、さらに「幅広い文化と出会う場」であるならば、在留外国人が増えている日本社会の現状は、学校現場にとって日本社会の縮図とならなければならないはずである。

しかし、宮島はこれまでの日本の学校現場を振り返り、「文化的・社会的背景を異にする移民・外国人の子どもたちへの適切な教育の保障、この課題はなにもここ二〇年来のことではなく、戦前来、朝鮮、中国からの移住者、定住者があって、同じ課題があり続けてきたはずである。それが潜在的にとどまっていたのは、違いを違いとして認識するのをさまたげるイデオロギー（戦前は皇民化イデオロギー、戦後は単一民族論）と、同化を当然視する人々の意識が支配したからであろう」とみている。[69]「1940年、東京生まれ」の宮島の経験では、「小、中学生だった戦後期、クラスの同級生たちはほとんど日本名を使っていて、マルチ・エスニックな現実に気づかずに学校生活を送ることがありえた。横浜という彼の育った土地柄、『青い眼』の子どもたちを見かけたが、彼らが公立学校に編入してくる例は少なかったようだ。当時は、日本語の分からない外国人の子どもは「インターナショナルスクール」へ、という振り分けは自明視されていたようで、二つの学校体系は別世界だった」と振り返っている。

要するに戦前・戦中・終戦直後、とくに昭和時代に至るまでは、多文化共生社会などといった観念はないに等しく、江戸時代のような鎖国体制はとっていないものの、かといって、在留外国人と日本人が子どものころから交わることは何かしらの国際交流イベントでもない限り行われず、狭義の「学校」という教育現場においては、積極的に意識されていなかったとみてよいだろう。

終戦後、日本は戦争に負け、宮島の言うような「青い眼」をした外国人はいても、彼らと社会の縮図である「学校」で生活を共にすることはもちろんのこと、多文化共生社会を作るために、彼らに学習権を認め、教育機会の確保を日本の行政機関が積極的に行うことなどは想定外のことだったのであろう。

しかし、現在は、本書でも扱うように、当時に比べれば在留外国人の往来も激しく行われる時代となり、多文化共生社会、いや、多文化共生社会を目指せる状況になっていることから、在留外国人の子どもたちへの教育の場を提供することは、政府や地方自治体の枠組みを超えて教育行政側の役割ともなっていると受け取れる。そこで宮島は「外国につながる子どもへの教育の保障とはいったい何だろうか」と問題提起している。

宮島によると「ヨーロッパ諸国では、外国人・移民の第二世代への教育を、統合政策の一環と位置付ける考え方がある。当然とみる向きもあれば、批判的にみる見方もある」としている。そうしながらも「教育とは ── 主に初等教育を念頭に置くとき ── 国家が責任をもつべき、そして社会の存立と発展にかかわる営為だとされるとしても、つねに個人およびそのコミュニティのアイデンティティ、文化の伝達にもかかわり、さらには個としての親および本人の自己実現要求を妨げないものでなければならない。学ぶ文化として何が重要で、それをどのように生かすかを国家が決めうる、という考え方は一面的である。とすると、社会保障、医療、住宅などの政策と異なり、教育はほんらい多少とも多文化的であることが求められる営為ではなかろうか」としている。

政府や地方自治体が地域のアイデンティティや文化の伝達にもかかわりながら、多文化共生社会を築きあげることが、社会保障などとは違う学校教育、しいては教育行政あるいは日本の行政機関のあるべき姿なのだと考えられる。

さらに宮島は、文化的背景も異なる子どもたちへの教育は三つある、とする。[(70)]それは「①子どもたちがホスト社会の中で継続的に生きていく予定ならば、ホスト国言語の能力を含む必要な基礎的学力は身に付けさせなければならない。しかし、そのためには言語教育のメソドロジーが必要であり、日本の場合でいえば、国語とは別に『日本語』という教員免状の設置、日本語を母語としない者に教授することに向けた養成・訓練が必要となる。②子どもたちのアイデンティティのためにも、家族のアイデンティティのためにも、さらに、もう一つの言語資本を思考や認識のために有効に役立てさせるためにも、母語・母文化を維持させる教育が欠かせない。③異なる文化背景出身の子どもの教育の今一つの要件は、ホスト国の国民および社会がそれらの文化を異質視し、スティグマ化しない、文化尊重あるいは文化理解の環境がつくられていること」を挙げている。

日本語教師の教員免状については、中学や高等学校と同じような教員免許にするのか、現状のような民間機関における検定試験レベルを続けるのかについては議論が分かれるところではないかと考える。しかし、在留外国人の子どものアイデンティティを確立させるためにも、日本語教育は政府や地方自治体が責任をもって役割を担うべきであり、必ずしも中学や高等学校と方法論や価値観などが同レベルでなくとも、公的な資格として認めることが重要であると考えられるのではないだろうか。

前述したように、戦後の高度経済成長から21世紀に入ってからの「失われた20年」とされるバブル崩壊後、不況を経験した日本経済の変遷とともに、多文化共生を前提とした教育理念についても変化が生じてきているようだ。

宮崎は「外国籍の子どもが移動を繰り返しながら、様々な文化を経験していることを踏まえると、従来の多文化主義が『多文化共生』を問題としてきたように、当該社会におけるマイノリティという前提にたってその機会均等を保障するという従来の多文化教育だけではなく、対象そのものが変化することを踏まえた多文化教育が求められると考えられる」と考察している。(71) もちろん、宮崎は「日本の公立学校及び外国人学校のいずれにおいても、外国籍の子どもたちがより良い学びを享受できるように、日本語教育支援や制度の拡充を図ることは重要である」としながらも、「移動による越境経験を経る中で、外国籍の子どもたちのアイデンティティそのものが変化する可能性があり、あるいは彼ら・彼女らにとっての言語の意味づけ自体もする可能性がある。『資産』としての言語という考え方にたてば、時に母語よりも、当該社会での就職や進学など生活により有利な言語を習得する方が優先されることもある」と指摘している。

日本国内において、在留外国人の子どもが日本以外の国や地域を１か所以上越境してきているならば、まずは日本語学習の機会を与えて、日本社会に馴染める環境づくりが必要であるとともに、そうした越境経験を尊重した教育環境づくりも必要になってくるのではないだろうか。こうしてみると、単に公教育だけにこのような課題を押し付ける訳にはいかなくなる。住民ボランティアも含めた多文化共生の重要性と公教育以外も含めた在留外国人の学習権の確立の問題を解決せねばならないことが想定できる。

さらに、矢野は「マイノリティの居場所が創る生涯学習の基底となる教育原理は、反差別の教育学に貫かれる『多文化共生』教育であり、その取り組みは、地域のなかの学校はもとより、地域内外のさまざまなリソースが協同する教育実践である。肝腎なのは、実際に展開されている『多文化共生』の教育において、国籍や民族などの違いにより、中心と周縁という支配的関係が生まれていないかどうか、問い直し批判することである」と考察している[(72)]。

そこで必要なのが、次に挙げる学習権になる。「誰もが平等に受けることができる教育機会」が、現代社会においてこそ必要になるのではないだろうか。学習空間が公教育の場であれ、住民ボランティアによるものであれ、教育機会確保は単に昨今、教育機会確保法が成立したことをもって認識するのではなく、本来、日本人でなくとも国籍に関係なく、日本で暮らす人々すべてがもっている権利とも言えるのではないだろうか。

3．学習権の考察

これまでみてきたように、多文化共生社会を実現するためには、外国人住民に対する教育、つまり学習する権利も充実させることが時代の要請として求められていることが考えられる。確かに、日本国憲法においては親の教育の義務については掲げられているが、これは日本国籍をもつ日本人が対象と言え、外国籍の者にはあてはまらない。現状では、在留外国人について教育行政側は「(自分の子どもの就学について）希望すれば拒否はしない」といった立場である。そこで考えられるのが、学習権の考え方ではないだろうか。例えば笹川は、「『社会教育』が対応する際、外国籍の人々も『住民の学習権』の主体であり、民族的マイノリティの学習権には特別な配慮が必要なことを、まず確認すべきである」と外国人住民の人々も学習権をもっていることを強調している[(73)]。笹川はさらに1985年に開かれたユネスコの「第４回ユネスコ国際成人教育会議」で採択された「学習権宣言」に触れている。

同宣言では、「学習権を承認するか否かは、人類にとってこれまでにもまして重要な課題となっている。学習権とは、読み書きの権利であり、問い続け、深く考える権利であり、想像し、創造する権利であり、自分自身の世界を読み取り、歴史をつづる権利であり、あらゆる教育の手だてを得る権利であり、個人的・集団的力量を発達させる権利である」としている[(74)]。

これに対し笹川は学習権に関し、「すなわち、外国籍や民族的背景の異なる人々の、日本語や母語の読み書きの権利。日本社会や故国について情報を得て自分の生活に関して適切な判断をする権利。民族的少数者としての自分たちの歴史を書く権利。外国籍の人々が職業訓練を受ける権利等々である」と解釈している。

さらに笹川は、学習権に関連し、地方自治法も考察に加えている。つまり同法第10条[(75)]には、「住民」についての記述がある。つまり「市町村の区域内に住所を有する者は、当該市町村およびこれを包括する都道府県の住民とする」という部分である。これについて笹川は、「この規定によれば、『住民』とは『区域内に住所を有する者』で、それは国籍とは無関係のものである。つまり『フィリピン籍村民』『朝鮮・韓国籍町民』『ブラジル籍県民』など、総じて『外国籍住民』という概念が成立する」とし、さらに、同条第二項の記述部分「２．住民は、その法律の定めるところにより、その属する普通地方公共団体の役務の提供をひとしく受ける権利を有し、その負担を分担する義務を負う」という記述に注目している。つまり笹川によると、「外国籍住民も自分が居住する自治体の『その負担を分担』＝納税の点では日本人と同様に扱われている以上、自治体が行うべき『事務』による『役務』＝サービスを受ける権利もきちんと保障されるべきである。それは『住民および滞在者の安全、健康及び福祉を保持する』こと、『学校（中略）図書館、公民館、博物館、体育館、美術館（中略）その他の教育、学術、文化、勧業に関する施設（中略）事務』、『病院（中略）住宅（中略）授産施設、教護施設等の保護施設、保育所（中略）児童養護施設（中略）その他の保健衛生、社会福祉等に関する施設』などである。要するに外国籍住民も『住民の権利』『住民の学習権』の主体である点で、日本籍住民と同等なのである」と考察している。

こうした考え方は、公立の中学・高等学校における学習権はもとより、日常生活の環境や慣習、仕事の都合などから公立中学夜間学級や自主夜間中学に通う在留外国人の学習についての保障を裏付ける考え方ではないだろうか。

確かに、笹川は、この場合の学習権の範囲は、公教育である狭義の「学校」を念頭に置いていると推察できる。しかし、在留外国人にとり、日本国内どこにいても学習権は存在し、保証され、守られるべきなのであり、この考え方は例えば、行政機関の職にある人だけが意識していればよいものではなく、住民も含めたすべての人々が共通認識としてもっているべきものであることから、本書で扱う、住民ボランティアによる自主夜間中学においても同様の考え方をあてはめる必要があるものと考えられる。それは本書で述べるように、公立中学夜間学級は、中学卒業資格を与えることを前提にした狭義の学校であり、また、自主夜間中学は中学卒業後、日常に近い日本語を「より学びたい」と考える在留外国人の利用が大半であることから、日本国内の現状から公教育とボランティアの役割分担をした上で、社会全体を広義の「学校」と考えた上で、住民の学習権の必要性を認識する必要があるものと考える。

さらに、笹川は、「『外国籍住民の学習権』実現を自治体の基本方針に組み込む努力として、大阪・神奈川を中心とする二〇あまりの自治体の『外国人教育方針』が注目される。そこでは、外国籍住民が民族の歴史や文化を学ぶことの保障とともに、多数派である日本人住民側の外国籍住民の歴史・文化の理解・学習が重要だとされている。これは『国民統合』の論理から民族教育を容易に認めない日本国政府の方針枠を、住民＝生活者の論理に立脚する地方自治体の立場から弾力化しようとする試みといえよう」と考察している。

こうした考え方は、例えば、学習の権利というと在留外国人側の権利が主眼とされることが多いが、日本人の側も外国人についての歴史や文化を学ぶ義務というよりも、在留外国人の学習する権利を認める存在するということになる。

例えば、神奈川県教育委員会の場合、「在日外国人（主として韓国・朝鮮人）にかかわる教育の基本方針（1990年３月23日）」を公表している。[(76)] それによると、「神奈川の子どもたちが多様な文化と個性を尊重し、たがいに認め合いながら、正しい認識のもとに、身近に存在する差別や偏見を克服していくことは、国際社会において、健全な国際人として認められ、よりよく生きていくためにも大切なことである。また、県内に居住する外国人が本名を名乗り、民族的自覚と誇りをもって生きるとともに、県民として、共に住みよい神奈川の創造をめざすことのできる環境づくりも必要である」と前置きしている。

そして具体的には、「１、学校教育では、人間尊重の精神を基盤にした国際理解教育を深め、正しい認識に立って差別や偏見を見抜く感性を養うとともに、差別や偏見を批判し排除しようとする勇気ある児童・生徒を育成する。また、在日外国人児童・生徒に対しては本名が名乗れる教育環境をつくり、民族としての誇りをもち、自立できるよう支援する」としている。[(77)]

神奈川県教委の例の場合では、学習権は国籍などには関係なく、その土地の住民であればだれでも享受でき、そのこと自体を地元住民も理解する必要があると解釈できる。いずれにしても、学習権は日本国内においては、在留外国人の日本語を中心とする学習権はもとより、日本人が在留外国人の立場を尊重し、文化を理解することが、義務というよりも権利とする立場が笹川の理論であり、本書としても多文化共生の理念に基づく社会包摂を実現する立場から賛意を示すものである。

しかし、学習権は正式な法律には定められておらず、後述するような国民の「知る権利」のようなレベルである。前述した神奈川県教委の見解についても、あくまでも地方自治体レベルでの解釈に終始しており、日本全体にその考え方が浸透していないことが、公立中学夜間学級を設置するよう求める市町村や都道府県、政府・文部科学省への住民活動につながり、地域によっては教育行政側の都道府県や市町村の教育委員会と市民活動としての日本語教室が対立している図式が描かれている現状がみられるのではないだろうか。しかし、学習権は地方自治体などのレベルに収まるものではないことを、堀尾は述べている。

堀尾は、学習権というものは人権の大きな柱である、といった趣旨の論を展開している。堀尾は「たしかに知る権利・学習の権利というのは憲法には書いていないけれども、憲法に書いてあるとかないとかいう以前に、人間にとって、学習すること、あるいは真実を知るということは、ある意味では生きることと同じわけで、とりわけ子どもは、生まれたときから学習を始め、その活動即学習といってもよい。生存することと学習することとは、まさに表裏一体、学習をとおしてはじめて人間的な生存が可能になるということはまったくあたりまえのことであり、自明のことであるわけです。ですから、学習の権利というのは、そういう意味では、まさに人間の生存、生きることと結びついて、だれもが否定することのできない、まさに自然的な権利だ、人間であるから当然の権利だといってよいと思います」と主張している。[78] 学習権については、憲法第23条の「学問の自由」であり、第26条の「教育を受ける権利」が関わるとされている。[79]

こうしたことと、前述した笹川の理論からすると、日本国憲法のもとでは、国籍に関係なく、日本に住む限りは、在留外国人にも学習権は存在すること、そして、在留外国人の学習権の存在を多数派である日本人も理解する義務および支援する権利があると考えられる。こうした行為が尊重される社会こそ、多文化共生社会であり、行政側の教育機会確保の義務も存在するのではないだろうか。

さらに堀尾は「歴史的に現れる過程には、子どもの発達と子どもの権利の思想が前提とされています。発達の可能態としての子どもにとって、学習の権利は欠くことができず、それが満たされなければ、その子の現在と未来をとおしての、その他の人権も空虚なものになるという意味で、発達・学習の権利は、基本的人権のなかでも基底的な権利であるといえます。そして、このような子どもの権利の思想が、教育を受ける権利としてその具体的な保障を求める実定法的既定をささえる思想なのです」と意義を述べている。

そして、「学習」とは何かという点に対して堀尾は「『探求の自由』ないしは『真実を知る権利』と表現したほうがいいのかもしれません」と述べている。

このような学習権は、日本の子どもたちの権利について述べられているものと推察されるが、時代が移り変わり、在留外国人の子どもたちが、別項で述べるような日本の公立中学夜間学級や自主夜間中学に通う時代になれば、当然、日本の国民に準じる形で、いや、同等にこの権利の恩恵を受けることができるはずであり、また、国や政府および地方自治体などの行政もそれが滞りなく実現できるように配慮する義務、すなわち教育機会確保を実現する必要があるのではないかと思われる。

堀尾は、さらに「その生存の権利、子どもにとって生存の権利というのは、子どもが将来にわたって人間的に成長する権利にほかならないわけで、それぞれの発達の段階で、それにふさわしい学習が保証されることによって、はじめてその子どもの人間的成長も可能だし、将来にわたっての人権の主体としてさまざまな権利を行使するその内実も、それぞれの発達の段階にふさわしい学習がおこなわれていて、はじめて意味を持つという関係がありますから、子どもにとっての学習の権利というものは、まさにその子どもの権利のなかできわめて重要であると同時に、じつは、人権全体のなかでも基本的である」としている。これは日本の構成員になりつつある在留外国人の子どもたちの権利であるといってもよいのではなかろうか。

一方、兼子は「たしかに教育を受ける権利は子どもだけでなく、社会教育などについて成人の人権でもある。しかし、教育のあり方にかかわって教育をうける権利がどんな人権であるべきかをはっきりさせていくためには、やはりまず子どものそれを基本としておさえることが必要であろう。それをふまえてこそ、成人の教育をうける権利も発展的に理解できるように思われるからである」としている[(80)]。

しかし、兼子によると、「子どもをはじめ国民の教育をうける権利がなぜ保障されるのかの理由について、見方が分かれているのである」という。つまりその理由の一つとして「普通選挙制をとる民主国家ではどうしてもすべての国民が民主政治的能力を身につけている必要があるからである。このいわば『公民権説』は、教育による主権者国民の再生産を重視する立場につながり、子どもの学校教育だけでなく、成人の社会教育でもまさに『公民教育』を主に考えることになる」という政府、あるいは権力者側の都合も含まれていることを示唆している。さらに兼子は「もう一つの理由は、現代において教育を受けることは生活能力をみにつける不可欠の手段であり、したがって『安くひとしい条件で』教育を受ける権利は国民の生存権の一種にほかならないということである。この『生存権説』も、日本の公教育観を変えていくこの権利の性質をとらえていよう」としている。

本書では公教育についても触れているが、あくまでも在留外国人の子どもに公立中学夜間学級での広義の学校、つまりは「学びの場」を提供することは、兼子理論によると後者の理由の比重が多くを占めているものと考えられる。しかし、笹川が述べたように、国籍に関係なく、日本国内に住んでいる住民はみな学習権が保障されることを鑑みれば、兼子理論も年齢に関係なく、日本社会で生活者としてうまく生きる力を身に着けることが前提として考えられるのではないだろうか。そのためには、本書では、在留外国人の学習権については、意思疎通や日常生活を無難に過ごすためには、まず年齢に関係なく日本語学習の必要性が挙げられるため、以後も在留外国人に対する日本語学習の提供こそ、在留外国人も含めた広義の「国民」の教育を受ける権利、つまりは学習権を行使する広義の「学校」つまりは「学びの場」であるという観点で論を進めていきたい。

実際、本書で取り上げる公立中学夜間学級や自主夜間中学は在留外国人の子どもに限らず、学齢期を過ぎた成人も学習しており、国籍だけでなく世代にも関係なく学習権を与えることこそ、公教育、やがては生存権を与えることになるのではなかろうか。

４．前川論文にみる夜間学級と学習権の関係性

これまでは、国籍や世代に関係なく、在留外国人をも含めた学習権の必要性について考察してきた。前川は、それをさらに理念的な観点から考察している。

前川は、「憲法には『能力に応じて、ひとしく教育を受ける権利を有する』（第26条）と書かれています。能力というと、つい、ある、ないととらえがちですが、ここはさまざまな能力に応じてと解釈すべきだと思います。（中略）それぞれの個性に応じてひとしく、このひとしくということばはもれなくという意味で、誰もが同じ内容・形式の教育を受けるということを意味するものではありません」と教育観を論じている。[(81)]

そして、公立中学夜間学級については、「学齢のときに義務教育を受けられなかった人たちが学齢を過ぎたあとに学ぶ場として役割をはたしてきました。現在は、日本に生まれて育っていながら義務教育をきちんと受けられなかった人たちと外国から来て十分な教育を受けていない人と二通りのニーズにこたえることが求められています。これから夜間中学の機能をどうやって充実させるかという問題に直面しています。まずは、数が圧倒的に足りないので、増やすことが先決ですが、中身も同時に見ていかないとなりません」としている。前川の理論では、夜間中学、つまり実際は、公立中学夜間学級と呼ばれているものの定義として、日本に生まれながら義務教育を受けられなかった人と、外国からきて十分な教育を受けていない人を対象とする広義の「学校」つまりは「学びの場」であると、二通りに分類できる。

確かに、前者の日本人の中にも比較的高齢者で、朝鮮半島から来日した人や、若い世代でもいじめや不登校を経験していたり、メンタル面の不調などで学校不適応の状態だったりなど、さまざまな種類の人々がいることはわかる。しかし、夜間中学についての先行研究は多いものの、どういう人々が通学しているのかについて、国内の社会情勢などの現状を踏まえ、分類した上で考察を加えた研究が少ないのが現実であり、前川の定義づけをもとに、序論でたてた仮説も踏まえながら、さらに考察を進めていくことにする。

特に夜間中学において多数を占める在留外国人について、前川は「外国につながる子どもの話は、日本の社会が多国籍に変化していくという方向性のなかでの課題だと思います。日本でも遠い将来には、外国にルーツをもつ人のほうがマジョリティになるかもしれない」と論じている。そこで多文化共生社会を築くための方策として前川は、「夜間中学に来る外国人の３割くらいは日本語を学ぶためだけに来ています。夜間中学ではないところで日本語教育の機会をちゃんとつくらなければなりません。私は待ったなしの課題だとみています」としている。ここで前川が「夜間中学」と表現しているのは、本書で統一して表記している公立中学夜間学級のことである。

それでは「夜間中学ではないところ」というとどこになるのか。これは現状では各地で存在し、本書でも取り上げた住民ボランティアによる「自主夜間中学」、および自主夜間中学とは呼ばなくても在留外国人などを対象とした住民ボランティアによる「日本語教室」が該当するのではないかと考えられる。

そして前川は、「ダブルアイデンティティ[(82)]をもつ人が日本のなかで増えていかなければならないし、実際、増えていることはまちがいない。そういう人たちが橋渡しになって多文化共生社会が作られていくでしょう。そうやって多文化共生の条件をどう作るかを真剣に考えていかなければなりません。夜間中学に来ている外国人、小中学校のなかの外国につながる子どもたちの問題はどんどん大きな課題になっていくでしょう」と多文化共生社会が本格化していくことを推察している。

そして、前川は「学習権は、複合的な人権」と位置付けている。一つ目に「自由権」を挙げ、「国家権力から自由に学ぶ権利」を提示している。そして、「学習権はさらに社会権であり、平等権であり、参政権でもあります。社会権は国に対してちゃんと学ぶ場をつくれ、学びに財政的支援をしなさいという権利です。平等権は教育の機会均等ということです」と述べている。

これらの前川の理論からは、本書の仮説であった、外国人の子どもの教育に関し、現状のようなグローバル社会における「公教育」と住民による日本語教室などの活動を軸として、これらをとくに日本語を学習する拠点として、広義による「学校」である「学びの場」と位置づける理論につながるのではないだろうか。

つまりは公教育や住民による日本語教室などの活動を通して「学びの場」を提供してこそ、在留外国人に対する学習権の確立ができ、多文化共生社会が実現できるのではないだろうか。その土台となるのが「学びの場」の一つである夜間中学であり、その活動内容が多文化共生を実現する成果となるのではないだろうか。

5．教育機会確保法と学習権の関係性

学習権を行使する一環として、後述する2017年の教育機会確保法の成立に結び付くわけだが、児島はまず、「個々人が人生において潜在能力の発揮を阻害されることなく、その機会を公正に享受できる教育環境や社会環境を整備していくことは、ライフコース形成における公正性の確保という意味で、時間軸を重視した社会的包摂の追求といえる」と述べている。[(83)] そして、本書でも別に述べる公立中学夜間学級について、文部科学省が全国の都道府県に設置の動きをみせていることに関して児島は、「夜間中学の拡充は、学び直しを必要とする外国人青年の潜在的ニーズにも応えるものとなるだろう」としている。その上で、教育機会確保法の法案成立に関して、「『様々な事情により義務教育諸学校で普通教育を十分に受けていない子供や学齢超過後に就学を希望する者が、年齢又は国籍にかかわらず、義務教育の段階における普通教育を受ける機会を与えられるようにすること』という教育理念も、それ自体は外国人青年の教育保障の一環として評価しうる」としている。

念のためではあるが、教育機会確保法は不登校やひきこもりなどを理由として学齢期に十分な教育を受ける機会を逃したまま卒業した日本人の成人らも含まれるわけで、在留外国人だけが対象とはされていない。メンタル面に直結する不安要素を抱えながら長期欠席し、事実上「形式卒業」した人が、公立中学の昼間の学級に年齢を超過してから再度編入学することはできないばかりか、そもそも留年も認められていない。そこで日本国籍を有する人で、中学レベルの学習の機会を再度受けたい、「学び直し」を希望する人は、夜間学級に行くことが第一に考えられる。しかし、後述するが、現状では公立中学夜間学級の大半が外国籍の人々で、日本語学習を必要としている人であること

から、本書では在留外国人を夜間中学の一義的な構成員と位置づけて論を展開している。それでは、教育機会確保法とはどのような法律で、どういった点が在留外国人の学習権を保障することになるのであろうか。

本書の仮説である、とくに日本語を学習する拠点を広義による「学校」つまりは「学びの場」と位置づけるとすると、学校と住民団体に行政を加えた多文化共生社会を実現してこそ、誰も取り残さない、排除しない、多様性を尊重した多文化共生を基にした社会包摂が生まれるという考え方を、教育機会確保法はどういった点で実践しようとしているのであろうか。

6．子どもの権利条約に関連した日弁連の決議と教育権の考察

教育機会確保法がどのような内容かを論じる前に、日本弁護士連合会（日弁連）が教育について見解を表明していることにも触れておく必要があるだろう。

日弁連は2012年、「子どもの尊厳を尊重し、学習権を保障するため、教育統制と競争主義的な教育の見直しを求める決議」を出した。「決議」によると、まず、「子どもは、一人の人間としてその尊厳を尊重されるべきであり、人格及び能力を最大限に発達させ開花させるための学習権を保障されている（憲法第13条、26条、子どもの権利条約6条、29条1項）」ことに注目している。

そして、「この学習権は、教師と子どもとの間の人格的ふれあいを通じた教育によって実現されるべきものであり、そのため教師は、教育の専門性に根ざした教育の自由が保障されるべきである。憲法は教育の自主性を尊重し、教育基本法は政治や行政による教育への不当な支配を禁止している」と背景を説明している。

さらに、5か条の要請のうち「1、国、地方自治体及び教育委員会は、教育行政全般に渡り、憲法・子どもの権利条約・教育基本法に定

められた、子どもの学習権・成長発達権の保障、教育の自由の尊重、教育への不当な支配・介入の禁止等の教育上の諸原則を遵守するとともに、子どもと教師の思想良心の自由を始めとする精神的自由権を尊重すべきこと」と「5、国は、公立小中高等学校の完全無償化など、子どもの経済的条件にかかわらず、全ての子どもに必要かつ十分な教育を受ける権利が実質的に保障されるよう、積極的施策を講ずること」が本書の在留外国人に対する学習権を論じる上で該当する箇所として注目できる。

確かに、日弁連の「決議」には在留外国人とか、外国につながる子どもといった言葉は出てこない。しかし、長期にわたり日本に在住し、しかも本書でも触れるように、日本の公立中学夜間学級には外国籍の子どもたちが多数在籍しており、学習権の議論に相当する存在となっていることは、この決議にも結び付く現象ではないかと考える。これは前述した「決議」が「子どもの権利条約」に論拠の一部を求めていることからも判断できるのではないだろうか。

例えば「子どもの権利条約」の中で第29条1項は、「締約国は、児童の教育が次のことを指向すべきことに同意している。

(a) 児童の人格、才能並びに精神的及び身体的な能力をその可能な最大限度まで発達させること、
(b) 人権及び基本的自由並びに国際連合憲章にうたう原則の尊重を育成すること、
(c) 児童の父母、児童の文化的同一性、言語及び価値観、児童の居住国及び出身国の国民的価値観並びに自己の文明と異なる文明に対する尊重を育成すること、
(d) すべての人民の間の、種族的、国民的及び宗教的集団の間の並びに原住民である者の理解、平和、寛容、両性の平等及び友好の精神に従い、自由な社会における責任ある生活のために児童に準備させること、
(e) 自然環境の尊重を育成すること」としている。

さらに、第30条は「種族的、宗教的若しくは言語的少数民族又は原住民である者が存在する国において、当該少数民族に属し又は原住民である児童は、その集団の他の構成員とともに自己の文化を享有し、自己の宗教を信仰しかつ実践し又は自己の言語を使用する権利を否定されない」と示している。

これらの項目は、「多文化共生」などといった言葉は入っていないものの、多文化共生の精神に結び付く考え方がすでに打ち出されているものと解釈でき、外国人住民が多く集まる都市ばかりではなく、多文化国家となってきている日本の政府や地方自治体はもちろん、住民に至るまでが意識すべき項目といえるのではないだろうか。

一方、1960年にはすでに第11回ユネスコ総会で、「教育における差別待遇の防止に関する条約」を採択している。[(84)] 条約の中では、「国際連合教育科学文化機関が、その憲章の条項のもとにおいて、人権の普遍的尊重及び教育の機会均等をすべての人のために助長するための諸国民間の協力の関係をつくる目的を有することを考慮し、したがって、国際連合教育科学文化機関が、各国の教育制度の多様性を考慮しつつも、教育における差別待遇はいかなる形態のものも排除する義務だけでなく、教育の機会及び待遇の平等をすべての人のために促進する義務も有することを認識し」と宣言している。これはまさに、現在の日本社会が求められている、在留外国人に対する教育を施す義務、社会から排除しない義務を明文化したものといえよう。

確かに、近代教育そのものは、持田によると「人間尊重の教育であり、そこにおいては、教育は国民の権利としてとらえられる」としている。[(85)] 近代教育の考え方としては、「教育は『私事』であり、『家庭教育』こそが教育の基本とされる」という側面もあった。しかし、持田は「人間はもともと個人的存在であるとともに、社会的存在であるから、以上のような体制に限界があることはいうまでもない」と指摘している。

こうした理論は、家庭教育から学校および社会教育が主流となっている現代にあって、多文化共生社会の構築に向けて、在留外国人が取得できる学習権を保障するものといえるのではないだろうか。そして、「近代国家は、国民個人の教育権を確認し、私人私的団体の教育の自由を保障するとともに、他方、私教育活動に一定の法的規制を加えたり（私立学校の制定)、補助金の交付や指導助言活動を通して一定の助成活動を行なったりして、教育機会を均等化し、教育の公共性を保持するための措置を講じている。さらに、国家その他の公権力がみずから主体となって教育事業を運営し、一定期間親の私教育権の一部を制限し、子どもを公教育学校やこれに準ずる学校に入学させることを親に義務づけ、そのために必要な施設設備を整え、教職員を配置することを地方公共団体に義務付ける（義務無償教育の実施）などの措置をとっている」としており、地方自治体などが個人に教育を受ける権利を行使させることを指摘している。これは前述している通り、在留外国人が日本人と同じ日本の構成員となっている現代社会において、在留外国人の学習権にもつながる考え方ではないだろうか。

さらに牧は、「教育をうける権利は、国民の権利である」と主張している。[86]牧によると「この権利は、教育への権利、学習権と呼ばれるように、教育を与えられることを要求する権利である以上に、能動的に学び、自らを育てていく権利である。つまりは成長・発達のさなかにある子どもに、この権利の権利性がもっともはっきりとあらわれる。したがって、この権利は、国家からの自由を基本とする自由権の範疇において捉えられる内容が含まれている。教育的価値と教育内容・方法の決定を、国家にゆだねるのでは、おしきせの教育になってしまうからである。また同時に、教育には、人的・物的条件の整備も不可欠である。国家関与が、この面で適切に行われることなしには、教育保障も実体のないものとなってしまう。これを社会権的内容とよぶことができよう」としている。

また、牧は教育権を地域社会にまで広げて考察している。つまり、「教育をうける権利・学習権は、国との関係においてのみ理解さるべきものでもない。親子関係、教師をはじめとする専門的職員と子どもとの関係、またひろく、地域社会や企業内における大人と子ども・青年との関係においても、その関係を紀律する原理的意味をもっている」としている。

こうした国際条約などの考え方や先行研究の考察については、在留外国人に対する教育義務への直接的な言及はないものの、現在の日本の状況から在留外国人への学習権、教育権は侵害されてはならないものであることが推察できるのではないだろうか。

確かに家庭教育を重視する戦後直後の国や政府の方針は、現在の学校教育を重視する点からは異質な印象を受ける。しかし、牧らが述べていることは、本書の仮説である、とくに日本語を学習する拠点として、社会全体を広義による「学校」と位置づける本書の理論につながる考え方を示していたのではないだろうか。

（3）教育機会確保法の成立過程の考察

1．教育機会確保法成立の過程

本書において、外国人住民が増加していることに触れてきている。とくに本章では「公教育」および「学校」のあるべき姿を考察しているが、その空間に外国人が多数入ってきている。多文化共生における公教育はどのようにあるべきなのか。そして、現実問題として多文化共生を果たしている公教育の一部である公立中学夜間学級にはどのような種類があるのかをみていきたい。

2016年12月に「義務教育の段階における普通教育に相当する教育の機会の確保に関する法律（以下、「教育機会確保法」と表記）」が成立し、その第14条と第15条に夜間中学に関する記述がなされている。公立中学夜間学級の８割が、とくに外国籍の子どもであり、在留外国人の子どもあるいは学びなおしを必要とする成人向けの教育の機会を夜間中学で担う必要が出てきている。

法律によると、同法第14条では、第四章の「夜間その他特別な時間において授業を行う学校における就学の機会の提供等」との標題に基づき、「地方公共団体は、学齢期を経過した者（中略）であって、学校における就学の機会が提供されなかったもののうちにその機会の提供を希望する者が多く存在することを踏まえ、夜間その他特別な時間において授業を行う学校における就学の機会の提供その他の必要な措置を講ずるものとする」と定義している。そして第15条において「都道府県及び当該都道府県の区域内の市町村は、前条に規定する就学の機会の提供その他の必要な措置に係る事務についての当該都道府県及び当該市町村の役割分担に関する事項の協議並びに当該事務の実施に係る連絡調整を行うための協議会（中略）を組織することができる(後略)」としている。[(87)]

これら２つの条文を意識しながら、以下、文部科学省が2018年７月に出した「夜間中学の設置・充実に向けて【手引】(第２次改訂版)」をもとに論を展開したい。

そもそも公立中学校夜間学級（以下、夜間中学）は「戦後の混乱期の中で、生活困窮などの理由から昼間に就労又は家事手伝い等を余儀なくされた学齢生徒が多くいたことから、それらの生徒に義務教育の機会を提供する目的として昭和20年代初頭に中学校に付設された」とされている。同報告書が作成されていた2017年度現在、全国の８都府県25市区で31校が設置されており、近年は日本国籍を有していない生徒が増加しており、約８割が該当するとされる。[(88)]

一方、現在までに、例えば文科省は、2015年７月、不登校など様々な事情があり、実質的に十分な教育を受けられないまま学校長の配慮などにより卒業した者で、中学校で学び直すことを希望する者について、夜間中学での受け入れを可能とし、また、2016年９月には不登校の学齢期の生徒（文科省資料の原文では「学齢生徒」と表記）の夜間中学での受け入れが可能となった。[(89)] ここでいう「学校長の配慮などにより卒業した者」とは前述した「形式卒業者」としての日本人生徒のことである。

そうした背景の中で、2016年12月、教育機会確保法が成立し、学齢期を経過した者で、小中学校等における就学の機会が提供されなかったもののうちに、就学機会の提供を希望する者が多く存在することを踏まえ、全ての地方自治体に、夜間中学（本書では公立中学夜間学級に相当）における就学機会の提供等の措置を講ずることが義務付けられた。

そこで現在は、夜間中学に対し、義務教育を修了しないまま学齢期を経過した者、不登校などで十分な教育が受けられないまま中学校を卒業した者に加え、外国籍の者などの義務教育を受ける機会を実質的に保障するための様々な役割が期待されている。文科省は全ての都道府県に少なくとも一つは夜間中学を設置することを目指す方針を掲げている。

また、財源の面では義務教育費国庫負担制度[90]の中で、教職員の給与を負担する説明の中で、「（3）都道府県立の小学校、中学校、義務教育学校、中等教育学校の前期課程並びに特別支援学校の小学部及び中学部（学校生活への適応が困難であるため相当の期間学校を欠席していると認められる児童又は生徒に対して特別の指導を行うための教育課程、及び夜間その他特別の時間において主として学齢を経過した者に対して指導を行うための教育課程の実施を目的として配置される教職員に係るものに限る）」と公立中学夜間学級のことであると解釈できる表現も含まれている。

しかし、この制度面だけに注目すると、公立中学夜間学級は配慮されているように理解できるが、教育機会確保法の成立までには専門家の間で議論がなされ、法律施行後も「多様な」という言葉がなくなるなど、研究者の間でも疑問を呈する主張がみられることは、筆者の今後の研究を通して注目しておくに値すると思われる。

例えば、同法が成立するまでには、2012年以降、フリースクールの関係者らで「多様な学び保障法を実現する会」が運動を展開していた。そこでは、フリースクールや外国人学校、インターナショナルスクール、ホームエデュケーション等、既存の学校に通う以外の、多様な子どもの学びの在り方、育ち方を公的に認め、支援を求める運動だったとされる。[(91)] しかし、実際に施行された法律には「多様な」という言葉は入らないばかりか、法案を提案する政府側がどこまで日本の公教育に多様性を認めるのかが不明な点が見え隠れしていた可能性が高い。

例えば、日本教育政策学会年報編集委員会は、教育機会確保法が施行される前年度の2016年度の年報で「多様な教育機会の確保」を特集テーマとして取り上げた。その企画趣旨では、「現在、フリースクールなど学校外での学びが社会的な認知を得るようになるにしたがって、それを公教育のなかでいかに位置づけるかという課題が具体的に問われるようになってきている。超党派の議員連盟によってその法案提出の準備がすすめられている『多様な教育機会確保法案』はその象徴であろう。しかし、この法案をすすめようとする動きには、あい異なる文脈が存在していると言わざるを得ない」と考察している。[(92)]

まず、「この法案をもともとすすめようとしてきたのは、既存の学校教育制度に不信をいだいていた親などが支える、フリースクールなどの連携組織である」と定義づけている。例えば、2013年２月の日本フリースクール大会では、多様な学び保障法を実現する会として「子どもの多様な学びの機会を保障する法律」(多様な学び保障法）骨子案が発表され、「すべての子どもに学ぶ権利を保障するために、学校で学ぶ以外にも、多様な学びが保証される仕組みが必要」と主張されてきた。[(93)] 国会への法案提出に向けたその後の状況は、こうした取り組みの影響を少なからず受けているのではないかと思われる。

一方、「同時に安倍政権（当時）の構造改革政策に学制改革が組み込まれたなかで進行していることも事実である」と考察している。「すなわち教育再生実行会議が2014年７月３日に発表した『今後の学制等の在り方について（第５次提言）』では、学校外の教育機会の位置づけを公費負担の在り方を含めて検討することが明記され、また夜間中学設置を促進することも明記された。だが、学制を見直す目的は『日本の存在基盤である人材の質と量を将来にわたって充実・確保していくことができるかどうかの岐路に立っており、現在の学制が、これからの日本に見合うものとなっているかを見直すときである』というものであった」としている。[94]

さらに文科省は、2015年１月、「フリースクール等に関する検討会議」と「不登校に関する調査研究協力者会議」を設置した。[95] 2015年８月にはフリースクール等議員連盟総会にて、「未定稿　義務教育の段階に相当する普通教育の多様な機会の確保に関する法律案」（全21条）が発表され、2015年９月に座長試案としてまとめられた。[96] 不登校などを経験している保護者らがこの中の「個別学習計画」について、「それが家庭の中まで学校化させかねないものである」として批判が出た。さらに2016年２月に、「個別学習計画」が削除された新たな「座長試案骨子」が発表されたが、その段階で法案名から「多様な」の言葉が消され、「義務教育の段階における普通教育に相当する教育の機会確保等に関する法律案」とされた。

以上のように不登校の問題を抱える家庭や保護者の側と政府側の意見が対立しながら、法案ができた経緯が見受けられるとみられる。

教育機会確保法については、今後、見直しがなされる可能性が高いが、いずれにせよ、いじめやメンタル面での事情により昼間の学校に毎日通学できない日本国籍の生徒で学齢期の人、あるいはその時期を過ぎた人に加え、在留外国人の子どもたちにとり、学習する権利が認められ、また、夜間中学の存在意義を最大限に尊重した基本路線を貫く必要があることは否定できないだろう。そうしてこそ、これまで繰り返し述べている本書の仮説につながるのではないだろうか。そして教育機会確保義務が文科省や地方自治体などの行政側にも存在することは忘れてはならないだろう。

2．教育機会確保法の問題点と具体策と課題

このようにみてくると、本書の仮説を念頭に置いた場合、行政や住民が協力し合って順調に動いているかのように考えられる。確かに、浅野は教育機会確保法ができたことを機に、公立夜間中学の増設が進むことは間違いなく、従来の公立夜間中学から排除されてきた形式卒業者などに門戸がひらかれ、さらに、年齢・国籍を問わず、個々のニーズをふまえ、小学校段階の内容や日本語指導も含め、柔軟な教育課程が認められたことは、夜間中学が長年にわたって培ってきた教育内容の公認であり、さらに発展させる法的基礎であると評価している部分があることには違いない[(97)]。

しかし、浅野は当面する解決課題として懸念材料も挙げている。浅野は、今後、夜間中学では、形式卒業者、及び、学齢の不登校者の生徒が急増すると思われる。これに伴い、従来、通学していた生徒（高齢者・外国籍者等）との間で、学習要求、ニーズの違いが顕在化せざるを得ない。そこで対応を誤れば、双方から不満が増幅し、最悪の場合はいずれかが居づらくなり、夜間中学に自主的に寄り付かなくなりかねない。また、「普通の中学」と「日本語学校」への安易な機能分離論が台頭し、夜間中学の全人格的・普遍的な普通教育としての意義が見失われるリスクもある、と指摘している。

確かにニーズが多様化しつつあるのは、本論で取り上げている川口自主夜間中学において、筆者自身が在留外国人と面談しながらフィールドワークをしていてもすぐに気づいた点だ。すでに母国で大学まで卒業してから来日している人や、日本語が全くわからないまま来日している人、また、日本語は相当堪能であるが、日本国内での仕事場でさらにスキルアップしたいと願っている人など、さまざまな学習者が来訪している。人数が増えれば日本人学級も同じように学力や年齢などいろいろな面においてニーズが多様化するものと推察できる。

その解決策はないのだろうか。それによって本書の仮説の正当性が

証明できるのではないだろうか。
確かに浅野の論じる「今後の課題」の面は興味深い点がある。本書の仮説による公教育や住民の活動に行政機関を加えた多文化共生社会における社会包摂については、単に協力、連絡し合えばよいというレベルのものではない。今後、ニーズに応じた「棲み分け」は必要であるものの、「棲み分け」自体が普通教育からの「取りこぼし」の受け皿となり、不登校者や在留外国人の選択肢の一つとして安易に提示されることは、「落ちこぼし」の増産につながる、という主張も確かに興味深い指摘ではある。
このようにしてみると浅野も注目する夜間中学は、多様なニーズの受け皿であり、前述した先行研究にみられるような多文化共生の概念を実現する、これからの新たな「学びの場」としての成果と位置付けられるのではないだろうか。
しかし、本書執筆時の2020年に約280万人までに膨れ上がった在留外国人が、さらに増加傾向にあることは、その分、公立中学夜間学級や自主夜間中学のニーズも多様化することは自然の流れではないだろうか。それに、行政だけに頼れば、浅野の懸念する「落ちこぼし」の増産になりかねないかもしれないが、公立中学夜間学級や住民の活動としての自主夜間中学が一体となって、新たな多文化共生社会を構築するという前向きな意識をもった上で、さらにその土地柄を見越した社会包摂の実現のためならば、むしろ現代社会において歓迎すべき構図なのではないかと考えられる。
例えば、政府や地方自治体などは、法整備の充実、行政府に加えて、公立中学夜間学級や自主夜間中学の成果にみられるような多文化共生社会の構築こそ、現代社会に求められている。それは戦後直後の「川口プラン」創設の際に中央政府よりの学識経験者と地元の教諭、地元の各職業の人々が役割分担して子どもたちの教育に参加した経緯もあることから、それぞれの社会的立場の役割分担や「棲み分け」の実現は可能であると判断できる。

しかし、自主夜間中学はもとより、公教育としての公立中学夜間学級としても単に、各都道府県に一つの割合で設置するのには時間がかかるだけでなく、そもそも「日本語教師」のあり方、つまり教職課程を経て資格を取得する公立学校の教諭とは違う選考方法や資格の違いをどう解決していくかについて、本書の執筆段階では明確な方針が政府などから示されていないのが現状である。一部を除いては、日本語教師は、例えば日本語学校などでも非常勤講師の単価が安く、それだけでは暮らしていけない状況にある。だからこそ住民、とくに中高年のボランティアに頼らなければならないという皮肉な現象も起きているのは、筆者の川口自主夜間中学におけるフィールドワークからも現実的な課題と言える。

日本語教師の待遇をめぐる社会的問題は、高齢者の介護ヘルパーが安価な時給ゆえに、男女を問わず結婚を機に退職する例が多く、ヘルパーに対する若手の就業率が少ない、という構図と似ていること自体も社会的な課題とする必要がある。なぜなら、後述するが、言葉の問題、つまりは日本語を在留外国人に習得させることに行政や公教育、住民が力を入れれば、結果的に多文化共生社会の実現につながることは、社会言語学の先行研究からも推察でき、そうした課題を解決してこそ、現実的な多文化共生社会の構築と社会包摂が可能になるのではないだろうか。

【第５章】

公立中学夜間学級の歴史と現状

（１）戦後の「夜間中学」

本書ではこれまで、人々が学習する権利について述べるとともに、学校および公教育の意義について論じ、多文化共生社会実現のためには、まずは国籍や世代に関係なく学習権が認められるべきであることを述べてきた。教育のあるべき姿について、学習者を中心に考えられてきた、国連や日弁連などの動きとともに、現代における教育機会確保法の成立までの公教育の意義についても論じてきた。

本書では、教育機会確保法の施行により地域における夜間中学の立場や役割が注目されてきている社会動向に鑑み、誰一人として取り残さない教育を推し進めるためには、全日制普通課程である昼間に通学する普通学級だけではなく、夜間中学に注目する必要があると考えている。夜間中学の通学者の８割以上が在留外国人であるという現状も踏まえ、まず、戦後、現代社会につながる新しい教育制度のもとで、夜間中学がどのような経緯をたどってきたのか。その経緯と実態について、先行研究をもとに考察を進め、現代社会においても夜間中学が必要であることを論じていきたい[(98)]。

わが国の義務教育制度は、近代国家の普遍的な現象であり、同時に本質的な属性であるといわれている[(99)]。明治維新の改革により、近代国家形成への第一歩を踏み出したことと関連があると位置づけられている。しかし、その中で誕生した「夜間中学校」は法制化された教育機関ではなかった。その生徒は義務教育該当者であると同時に、勤労者でもあるという特殊性をもっていた。「夜間中学校」は義務教育と昼間に労働するという本来両立不可能な事柄を両立させるためであることを前提としながら、戦後、各地で開設された。昼間に就学することを原則とする義務教育の建前や学齢子女の使用を禁ずる労働基準法の建前からいっても、国および政府、とくに旧文部省などの政策立案および実行者側にとり、種々複雑な問題を内包していた。

この開設時期については諸説あり、例えば、尾形および長田は、「夜間中学校は義務教育と昼間労働という本来両立不可能な事柄を両立せしめようとする便法として、昭和24年（1949年）２月以降、各地で区々に開設された」としている。[(100)] そして尾形および長田は「昼間就学を原則とする義務教育の建前からいっても、学齢子女の使用を禁ずる労働基準法の建前からいても種々複雑な問題を内包しています。しかし夜間中学校は、昼間、就労を余儀なくされている不幸な境遇にある学齢子女や、同様の境遇にあったため中学校教育を修了できなかった学齢超過者に対し、夜間において中学校教育をほどこし社会に送り出してきました。この点を考えますと、夜間中学校は義務教育の面からも、勤労青少年教育の面からも重要な役割を果たしてきたというべきでしょう」と考察している。

また、塚原は、「日本には、夜間中学校という名称の中学校は、実在しないのである」とし、また、「夜間中学校という名称は、主として、マスコミ関係者が、教育問題（あるいは社会問題）として、報道する際に理解を早めるために使った便宜的な名称なのである」と解説している。さらに、「夜間中学校の現場や、事務を処理する際に使われる呼び方は、『夜間学級』であり、『二部学級』なのであって、夜間中学校とはいわないのである。夜間中学校という名の独立した中学校は存在しないが、夜間に授業をおこなう中学校はたしかに、存在する」としている。[(101)]

また、塚原は神戸市内の中学校教員や校長が、生活難から昼間仕事をしている生徒のために、夜間学級を開設したことに触れ、「昭和24（1949）年２月のことであった」と記している。[(102)]

田中は夜間中学の開設時期について、「1947年開設の大阪市立生野第二中学の夕間学級とみるか、1949年開設の神戸市立駒ヶ林中学の夜間学級とみるかは夜間中学をどうみるかにかかわっている」としている。[103] これは夜間中学の定義の仕方によっていろいろな解釈ができることを意味する。つまり、田中によると、「昼間の中学校に開設し、昼間就学不可能な生徒に対し、夜間において義務教育を施すものを全て夜間中学校とみるならば、大阪市立生野第二中学の夕間学級も当然夜間中学とみなすことができる。しかし、週日毎夕授業を行うもののみを夜間中学とするならば、大阪市立生野第二中学の夕間学級をその中にふくめることには無理があろう。いずれの中学の夜間学級を夜間中学の嚆矢とみるかについては論のわかれるところであろうが、ともかく戦後の夜間中学は、六・三制義務教育の成立を不就学者に対する就学対策として成立してきたことは事実である」と解説している。日本の戦後社会において、いつ、どこで夜間中学が初めて開設されたのかについて認識する際に基準となる記述で、夜間中学の研究者の間における重要な記述であると考えられる。

一方、一部の報道では、夜間中学について「学校教育法施行令にある『二部授業』の規定に基づき、中学校を設置する市町村教委が都道府県教委に届け出て開設できる。戦後の47年、家庭事情などで昼間働いて中学に行けない生徒のために大阪市内で開設されたのが最初」と記述している。[104]

いずれにせよ、夜間中学は、昼間の就労を余儀なくされている不幸な境遇にある学齢子女や、同様の境遇にあったため中学校教育を修了できなかった学齢超過者に対し、夕方以降を含む「夜間」において中学校教育を施して、生徒たちを社会に送り出してきたことには間違いないだろう。しかし、法的には学校教育法施行令第25条に「二部授業」の記述が入っていることを根拠としてきたとみられる。[105] 法的には「夜間中学校」という学校は存在しないことになるのである。こうした経緯を意識して本書でも一部の例外を除き、「夜間中学（校）」という言葉は使わないことを前提とし、その都度、「公立中学夜間学級」と言い換えることにしている。

一方、田中は、1947年から1959年にいたる時期を「戦後夜間中学校史の第一期」とか「夜間中学の設立・維持期」と名づけ、夜間中学が全国各地につぎつぎと設立されていった時期と定義づけている。[(106)]大阪の生野第二中学校については、「一割が長欠生で学校へ姿を見せない生徒であった」とか、「長欠生の親たちの懇談会をもって対策を協議したところ、夜なら子供を出席させることができるというものが相当多数にのぼったので、十月から週二回の夜間授業を開始することにふみ切った。なお、当時は電力事情が悪く、毎夜停電が繰り返された時代であったので、夜間といっても夕刻に行われ、学校ではこの学級を夕間学級と呼んでいた」と現場の教師の談を紹介している。[(107)]

さらに、田中は、神戸の中学について、当時の文部省初等中等局の中央青少年問題協議会が出した「夜間に授業を行う学級をもつ中学校に関する調査報告書」をもとに、「インフレの昂進と共に生活困窮者多く、不就学者が百名近くもあったので、これら恵まれない生徒に救いの手を差しのべ不就学者一掃の念願から出発した」とある。

また、椎名は、夜間中学に通う生徒の家庭事情を考察している。「未曾有の混乱期に家庭の経済力による格差は大きかった。その中には、戦災で孤児になった者、それまで住んでいた家など全財産を失うという家庭事情による貧困もあったが、とくに西日本では、社会的差別で貧困状態から離脱できない人々、いわゆる被差別部落の子どもたちに、未就学児や長期欠席児がいた」としている。

さらに椎名は、「被差別という構造だけでなく、女性には教育が要らないという考え方、農業や漁業従事という家業のあり方にも原因があった。こうした積み残された人々に、僅かながら教育の機会を提供していたのが、夜間中学であった」としている。[(108)]しかし、椎名も指摘するように、1955年ごろからの高度経済成長期にさしかかり、国民の生活レベルも次第に向上し、学齢期のための夜間中学はやがて消えていくものと考えられていた。そして「義務教育としての中学教育は全日制課程で行うというたてまえ論で、未就学や不登校という現実の暗闇にかすかな光として存在していた夜間中学を廃止に追い込んできたのがかつての文部省であった」と指摘している。

そして、「たてまえ論にこだわる文部省など政府関係機関は、廃止にむけて動いていた」と指摘している。さらに椎名は1975年の時点で、「韓国や中国からの引揚げ者やブラジル移民二世の帰国者など、別の意味で戦後教育の枠外におかれていた人々も夜間中学に集まっている」と指摘している。[(109)] そして、「戦後の義務年限延長は夜間中学の存在に象徴されるように多くの積み残し（未修了者、不完全修了者）を生じて来たが、これは単に対応する国や地方団体の就学条件整備義務が十分に果たされなかったことに多く起因している。九年間の義務教育がたてまえとして制度化され、それが社会人の最低条件として常識化すればするほど、そこからとり残された人々の状況は悲惨なものとなっている」と社会のひずみが存在し続け、そこで夜間中学が社会的な役割を果たしてきたことを考察している。

このような時代背景の中で、確かにわが国の就学率は先進国中、最高水準を示したものの、不就学児童生徒や長期欠席児童生徒の数が年々減少傾向にあるとはいえ、なお後をたたず、教育上のみならず、深刻な社会問題となっていた。[(110)] 例えば、その一つに少年非行の問題があった。当時の文部省の定義に従い、年間通算50日以上の欠席者を長欠者とすれば、少年院収容者の６割が不就学・長欠者によって占められていた。尾形および長田は「よって不就学・長欠者の問題は少年非行と密接な関連がある」としている。

さらに、不就学や長欠と表裏をなす第２の問題は年少労働だった。これは例えば横山源之助の『日本の下層社会』や細井和喜蔵著による『女工哀史』の実話に通じる社会問題であったとされる。

また、不就学・長欠に結びつく第３の問題は「６・３制」の危機の問題だった。確かに、日本国憲法第26条の中で、「すべての国民は、法律の定めるところにより、その能力に応じて、ひとしく教育を受ける権利を有する」とある。また、教育基本法も第３条において、「すべての国民は、ひとしく、その能力に応ずる教育を受ける機会を与えられなければならない」とし、また、第４条において、「国民は、その保護する子女に、９年の普通教育を受けさせる義務を負う」としている。しかし、実勢的には、教育を受ける権利が十分に保証されているとはいえず、とくに不就学・長欠児童生徒の場合は、貧困や個人的家庭的理由により、就学の道をとざされている。そして人間形成の基盤となるべき義務教育さえも満足に受けることができず、未終了のまま社会生活に入ることを余儀なくされている人がいることを指摘している。

そのため、不就学・長欠の緊急な解決が、就学義務の完全履行確保という教育上の観点や、非行化の防止、児童福祉の増進、年少者労働者保護の見地からも学校の位置づけが重要視された。

とくに「６・３制」発足当時の我が国は、敗戦の未曾有の混乱で、極度の食糧難や物資不足、インフレーション下の経済的苦境に立たされ、経済的事情から新制の中学校に通えない生徒が全国いたるところに続出した。これらの子どもたちに対して何らかの方途を講じて就学の機会を与え、義務教育を終了せしめたいという意図から一つの「便法」、苦肉策として始められたのが、中学校における夜間の補習授業だったのである。

この種の夜間中学として発足の端緒となったのは、前述したように２種類の説があるものの、例えば1949年、神戸市の駒ヶ林中学校に置かれたのが、「長期欠席・不就学児童生徒救済学級」という呼び名で設けられたものである。「家庭の貧困」による長欠・不就学生徒を救済する最善の方法は、生徒の労働力に依拠せずに、家族が生活できるよう保護者の最低生活を確保することであるが、それは社会保障の領域であり、教師の責任と能力を超えた事柄だったとみられている。しかし、このような「家庭の貧困」により長欠・不就学を余儀なくされている生徒を救済し、その失われた学習の機会を与えるために、法的には多分に疑義があるが、教師に残された唯一の可能な手段として夜間学級が開設されたとされている。

こうした背景をもちながらも赤塚は「心ある教師たちは、夜間中学校の取り組みの実践に取りかかる。そこで、長欠、不就学に陥った生徒の教育権を保障しようとしたのである」と夜間中学の意義付けを行っている。[111] 赤塚によると、大阪市立生野第二中学校の沿革誌をもとに、1947年に「不就学者が多数（八五名）なるに鑑み夕方学級［原文ママ］を組織してこれらの生徒の救済を行う為本日より一週二回の授業を開始」した旨が記載されているという。同校の教務主任だったY教諭は元青年学校の教員であり、彼は「学齢にありながら働かざるを得ない子どものことが絶えず脳裏にあり、長欠、不就学問題に直面して、その救済策として夜間授業を開始するに至った」と振り返っている。

こうした動きに関して赤塚は「こうした夜間中学校の実践に対して文部省は、機会均等を守るという、いわば、同じ趣旨から夜間中学校廃止の行政指導を行う。夜間中学校否定の趣旨は、東京都足立区が夜間中学校を計画した際に、文部省が明らかにした『夜間に義務教育をやるとすれば、正規の学習課程全部を履修することはとても出来ないので、戦前の中学と高等小学校のように学力の差ができて、新しい六・三教育がネライとする教育の機会均等が破壊されることになる』という見解に尽きよう」と指摘し、夜間中学を開設しようとする教員側と文部省側の「機会均等」の考え方に相反する温度差があったことを指摘している。

本書の主眼とする柱の一つでもあるが、教育の「機会均等」という場合、前述した「公定多文化主義」という考え方があるように、「上からの機会均等」と「下からの機会均等」という解釈の違いが存在してきたと考えられる。文部行政側は教育の機会を「均等」にする必要があるからこそ、学校は昼間に開校されるべきであり、例外としての夜間中学を認めたのでは「均等」にならない、という解釈が一方に存在した。そしてもう一方では、どのような出自や家庭の経済状況におかれようとも教育を受ける権利は平等であり、とくに義務教育においては平等であることが重視されるべきである。そうした考えを実現するためには、学校が開校される時間帯が昼間であろうと夜間であろうと、同じ教科書を使って授業を受ける機会があるならば、昼間と夜間のどちらを選択しても構わないし、選択権、つまり前述した学習権は生徒の側にあるのだという理論である。

時代は移り変わり、在留外国人が主流の現代日本社会において、多文化共生社会を実現するために広義の学校、つまりは行政や住民、社会全体をも加えた広義の「学校」とみなすことが必要であり、その中心的な存在として、公立中学夜間学級および自主夜間中学があるという点から、さらに論を展開していきたいと考える。

このように夜間学級については大阪が最初か神戸が最初か諸説あるものの、どちらかというと関西地区を中心とした西日本地域に最初に見られたことが注目に値する。一方、東京都における夜間中学設置の動きはどのようなものであったのだろうか。教育現場において、だれにでも教育、とくに義務教育を施すことについて、文部行政側の立場の隙間を解釈論で開拓した教師がいたことは注目したい点である。

神戸市の駒ヶ林中学校を視察した東京都の都立高校校長をしていて、その後、足立区立第四中学校長に就任したＩ氏が尽力し、1951年に同中学に都内初めての夜間学級が特設されたことに都内の夜間学級の戦後の歴史が始まる。(112)しかし、関西同様、開設にあたっては当時の文部省側との意見対立が見られたようだ。

当時、文部省側は、夜間中学を設立することは「６・３制」の崩壊にあたるとみていたようである。具体的に文部省は、①夜間中学校は学校教育法で認められていない、②夜間中学校は労働基準法違反に通ずる、③夜間中学校を認めることは、生活保護法・学校教育法によって課せられている国・地方公共団体および保護者の学齢生徒の正当な教育を受ける権利を尊重し、保護すべき義務を怠ることを正当づけることになる、④夜間中学校は生徒の健康を蝕む、⑤夜間中学校では、中学校の各教科にわたって満足な学習ができない ── と解釈を示していた。

これに対し同中学の校長だったＩ氏は、①９カ年の義務教育実施は、民主主義的文化国家として国際社会に処して行くためには不可欠の制度ではあるが、今日の義務教育該当者がこの機会にあまねく恩恵を受けることは現状では困難である、②（1951年現在で）中学校の長欠生徒は全国で35万人、不就学生徒14万人に達している。このおびただしい不幸な少年少女をそのまま看過していることは、現代の悲劇である、③不就学・長欠生徒の原因は勉学意欲のないもの（特殊生徒）、経済的事情のため昼間通学できないもの（労働者として一家生計の収入源、通学したいが、一家無人のため昼間家事に専念しなければならないもの（留守居・店番・子守等）である、④夜間中学校は違法というが、夜間に授業を行なってはならないという規定は、教育基本法にも学校教育法にも同法施行規則にも見当たらない、法的に有効か無効かは別として、昼間中学校の二部授業と考えれば、夜間中学校はある特定の学級の生徒が在校時間がずれて夜間に及んだものとの解釈がなりたつ、⑤６・３制を破壊する、つまり昼間の生徒が夜間に流れこんでくるという問題は運営の仕方によって解決できる、夜間に通学してくる生徒を絶えず学校が家庭と連絡して監察し、昼間通学し得る状態になったら、直ちに昼間に転入学を勧める、⑥多くの生徒が雇用関係を結ばず、手伝いや子守の状態のため、現下の国情では労働基準法違反としてとがめられる問題ではない、⑦身体検査の励行や健康管理に万全を期す、などと反論した。[113]そして1951年、足立区立第四中学校第二部として発足にこぎつけた。入学式には５人の生徒だったのが、２学期末には150人となり、３学級体制となった。

もちろん、同中学校の船出は順風満帆だったわけではない。夜間中学開設にあたり、東京都教育委員会は設置条件として、①暫定的な試案として運営し、恒久的な制度とすることは望ましくない、②運営については常時教育庁と連絡して指導を受けること、③その中学校の二部授業として取り扱うこと、④名称は特別に用いないこと、⑤入学者の身許その他の調査は教育庁に報告すること、⑥生徒の保健衛生に留意すること、⑦その他運営については、諸法令に違反しないようにすること、などと制限を設けられた[(114)]。

一方、夜間中学校は法的根拠がないため、一切の予算措置が講じられず、教師の人件費が出せなかったが、足立区側は人件費や給食費などを含めた73万円の予算支出を認めた。その後、全国に夜間中学ができていく。大別すると、①貧困救済型、②就学奨励型、③義務教育完遂型、④同和教育型、⑤非行防止型と分けられるが、①が圧倒的に多かった[(115)]。

しかし、ここで忘れてはならないのは、夜間中学校は法的根拠がないため、長年にわたり、旧文部省を中心に「中学校」とは呼ばれなかった点だ。例えば、旧文部省が実施した調査のタイトルにも「夜間中学」の言葉はなく、「夜間授業を行なう学級をもつ中学校に関する調査」などとされており、あくまでも「夜間に授業を行なう学級」としか位置づけられてこなかった歴史がある。要するに、夜間中学校の現場や、事務を処理する際に使われる呼び方は、「夜間学級」であり、「二部学級」なのであって、夜間中学校とは言わない。現在においてもこのような考え方が変わっていないことは、教育機会確保義務を行政側がすべて果たしているとは言えない部分ではないだろうか。

しかし、東京都内の前述した別の夜間中学の教諭を自ら務めた塚原も指摘するように、「夜間中学校という名の独立した中学校は存在しないが、夜間に授業をおこなう中学校はたしかに、存在する」のである。

それでは夜間中学のような存在があることについて、解決策はあるのだろうか。海後は1980年当時の実態をもとに、「不就学、半途退学、長期欠席、出席不定の生徒を正確に数えたならばその実数は数十万となることは疑い得ない。これらのものの中で、家庭の経済的な条件に妨げられているものが最も多いのであるから、それを如何にして学業を修めさせるかの方法を探求する必要がある。夜間中学校の如きもその一つではあるが、ここに出席できないものが多い実情にあることも考慮の中に入れて、教育の機会均等等原則を通すべきであろう」と述べている。[116]

こうしてみると、夜間学級のもともとの発足は、どうにか学齢期の教育を一つの枠に括りたいとする旧文部省をはじめとする教育行政側の意図がみられ、このこと自体を「教育の機会均等」と呼んでいたのではないかと推察できる。前述したような課題は残るものの、非行などに結び付く状態が少しでも解決に向かうのであれば仕方がない、といった「事なかれ主義」とも受け取れる対応だったように考えられる。

それでは現在の夜間中学、いや、公立中学夜間学級の事情はどのようなものなのであろうか、以下、論じたい。

（２）全国の公立中学夜間学級の現状

「夜間中学の設置・充実に向けて【手引】（第２次改訂版）[117]」によると、夜間中学は2017年度現在、全国８都道府県25市区に31校あり、計1687人の生徒が在籍していた。このうち、年齢別在校生徒数は、「60歳以上」が全体の27.0％を占め最多である。次いで「15～19歳」が20.3％、「20～29歳」が16.9％、「30～39歳」13.3％、「40～49歳」が12.9％、「50～59歳」が9.6％と「60歳以上」と「15～19歳」が多いが、その他世代である20歳から59歳までは20％を割っている状態で、高齢者と15歳以上の若者が多い状態である。なお、男女とも学齢者（学齢期の生徒）は０％である。

国籍別には①中国（568人）、②ネパール（225人）、③韓国・朝鮮（202人）、④ベトナム（122人）、⑤フィリピン（108人）、⑥タイ（27人）、⑦インド（22人）、⑧台湾（16人）、⑨ペルー（11人）、⑩ブラジル（10人）、⑪その他（45人）の順となっている。

夜間中学への入学理由は、日本国籍の生徒が①「中学校教育を修了しておきたいため」が47.7%で最多で、次いで②「中学校の学力を身につけたいため」(20.8%)と「高等学校に入学するため」(19.9%)とほぼ同数である。これに対し外国籍の生徒は①「日本語が話せるようになるため」が33.3%と最多で、次いで②「中学校教育を修了しておきたいため」(23.3%)、③「高等学校に入学するため」(18.1%)、「中学校の学力を身に付けたいため」(13.3%)、日本国籍の生徒に比べて日本語習得の希望者が圧倒的であるものの、中学卒業資格や高等学校への進学希望者も日本国籍の生徒とほぼ同じく存在することがわかる。

一方、夜間中学の卒業者については、2017年7月現在のデータとして、①「高等学校進学」が日本国籍の生徒は8.4%であるのに対し日本国籍以外は36.6%と圧倒的に多く、次いで②「就職」については、日本国籍が2.9%であるのに対し、日本国籍以外が26.5%となっている。日本国籍以外の方が日本国籍の生徒よりも進学や就職など、義務教育の次の段階への上昇志向が顕著になっていることがわかる。

次に、全国の夜間中学の教育課程や指導上の工夫についてみると、31校のうち23校が「夜間中学における教育課程特例の導入」をして何らかの工夫を行っていることがわかる。実際、この「手引」の中の関連資料によると、「夜間中学における教育課程特例」とは「夜間中学において学齢超過者に指導を行う際、その実情に応じた特別の教育課程を編成できるよう制度を整備」したことが「学校教育法施行規則の一部を改正する省令」の概要として記載されている。

例えば、「夜間中学において、学齢超過者等に対し、その年齢、経験又は勤労の状況等の実情に応じた特別の指導を行う必要がある場合、特別の教育課程によることができる」としているほか、各教科についても「中学校段階においては、小学校段階の各教科等の内容の一部を取り扱うことができる」としている。

具体的に指導方法等の工夫改善の例として、「特に日本国籍を有しない生徒の中には、日本語能力が不十分な場合があり、そうした生徒に対する配慮が必要となる」と指摘している。

また、夜間中学に対する経済的支援については、就学援助に類する経済的支援を実施しているのが25市区のうち21市区（84.0％）該当するほか、給食については52％にあたる13市区で実施しているものの、給食費について、「実費を徴収」が６市（46.2％）であり、同数が「無償」としているなど、市区によりばらつきがあることがわかった。

「手引き」の中では基本的に夜間中学のニーズが高まっていることを強調している。まずは不登校の児童生徒の多様な教育機会を確保する観点から、夜間中学での受入れも可能であるとしている。それに加えて「外国籍の者についても、国際人権規約等を踏まえ、日本国籍の者と同様に夜間中学に受け入れ、教育機会を確保することが求められています」としている。ここでは2017年２月に施行された教育機会確保法が考えられるが、法律施行までは、あいまいな学習環境や立場に置かれていた外国籍の者への教育を、法律施行により「公教育」の一部として定義したものとみなすことができる。少なくとも前述したように、戦後すぐに夜間中学が発足したころの文部行政側の「教育機会の均等」の解釈の仕方に比べれば、現役の「夜間中学生」の実態に即した対応に近づいていると考えられる。

（３）再脚光を浴び始めた夜間学級

１．弁護士会が提言

2000年代初頭より、学齢期が過ぎているなどの理由で、義務教育を受ける機会を逃した生徒らの存在について、人権問題の一環として弁護士会が動き始めた経緯がある。例えば2006年、日本弁護士連合会は、「学齢期に修学することができなかった人々の教育を受ける権利の保障に関する意見書」を公表した。[(118)] もともと2003年に全国夜間中学校研究会、自主夜間中学生徒やスタッフ、公立夜間中学校生徒・卒業生や教職員・文化人らが、各都道府県及び各政令指定都市に１校以上の夜間中学を設置することなどを求め、日弁連人権擁護委員会に対し、人権救済申立をした[(119)]ことを契機として、学齢期に修学することができなかった人々の教育を受ける権利の保障について調査・研究した結果を踏まえ、意見を述べたものとされている。

意見の趣旨としては、「国は、戦争、貧困等のために学齢期に修学することのできなかった中高年齢者、在日韓国・朝鮮人及び中国帰国者などの多くの人々について、義務的かつ無償とされる普通教育を受ける権利を実質的に保障するため、以下の点を実施すべきである」として３点が要求されている。つまり「１．義務教育を受ける機会が実質的に得られていない者について、全国的な実態調査を速やかに行うこと。２．上記の実態調査の結果を踏まえ、(1) 公立中学校夜間学級（いわゆる夜間中学）の設置の必要性が認められる地域について、当該地域を管轄する市（特別区を含む）町村及び都道府県に対し、その設置について指導及び助言をするとともに、必要な財政的措置を行うこと。(2) その他の個別のニーズと地域ごとの実情に応じ、①既存の学校の受け入れ対象者の拡大、②いわゆる自主夜間中学等を運営する民間グループに対する様々な援助（施設の提供、財政的支援等)、③個人教師の派遣を実施することなど、義務教育を受ける機会を実質的に保障する施策を推進すること」を挙げている。

２．全夜中研がプランを提言

前述した日弁連の意見書を受け、全国夜間中学校研究会は、「いつでもどこでもだれでも」、「何歳でもどの自治体に住んでいてもどこの国籍でも」基礎教育としての義務教育が保障されることを目ざし、全国夜間中学校研究会が「すべての人に義務教育を！ 21世紀プラン[(120)]」を公表した。プランの中では、約70万人の義務教育未修了者（1985年現在）が存在しているほか、「日本人中高齢者、元不登校・ひきこもりの若者、障がい者、中国帰国者とその家族、在日韓国・朝鮮人、仕事や国際結婚等で来日した外国人とその家族（新渡日外国人）など、様々な人々が生活や資格、進路のため、そして、人間として当たり前に生きる権利として、義務教育の保障を切実に求めています」としている。

そしてまた、「全国には公立夜間中学は８都道府県に35校しかなく[121]、入学のため、転居したり遠距離通学をしいられたりしているほか、圧倒的に多くの方は入学を断念しています。さらに全国約20カ所で行われている自主夜間中学にも十分な行政の手が行き届いていません」と訴えている。

そしてプランでは①「夜間中学校の広報」を行政施策として求めることや、②「公立夜間中学校の開設」を行政施策として求めることを提示している。また、③「自主夜間中学等への援助」を行政施策として求めるほか、④「既存の学校での義務養育未修了者の受け入れ・通信教育の拡充・個人教師の派遣等の推進」を行政施策として求めている。

３．文科省の通知へつながる

その後、文部科学省は、義務教育修了者が中学に再入学を希望した場合、希望に即した対応をとるよう、「通知」を出した[122]。通知の中では、「一度中学を卒業した者が再入学を希望した場合の考え方については明確に示していなかった」とした上で、「様々な事情からほとんど学校に通えず、実質的に十分な教育を受けられないまま学校の配慮等により中学校を卒業した者のうち、改めて中学校で学び直すことを希望する者（以下『入学希望既卒者』という。）が中学校夜間学級(以下『夜間中学』という。）に入学を希望しても、一度中学校を卒業したことを理由に基本的に入学を許されていないという実態が生じている」と現状分析を行っている。

さらに、「平成26年に文部科学省が実施した『中学校夜間学級等に関する調査』においては、全ての夜間中学において、入学希望既卒者の入学が認められていないという事実や、いわゆる自主夜間中学や識字講座といった場において不登校等により義務教育を十分受けられなかった義務教育修了者が多く学んでいるといった事実が明らかとなったところです」としている。

そしてそれらの対応として、通知の中では、「不登校や親による虐待等により中学校の課程の大部分を欠席していた又はそれに準ずる状況であった等の事情により、実質的に義務教育を十分受けられておらず、社会で自立的に生きる基礎を培い、国家及び社会の形成者として必要とされる基本的な資質を養うといった義務教育の目的に照らして、再度中学校に入学を認めることが適当と認められる」としている。そして、在留外国人の生徒も含まれると解釈できる部分がある。

それは、「入学を認める入学希望既卒者は、基本的には、不登校や親による虐待等により中学校の課程の大部分を欠席していた者を想定しているが、例えば、下記のようなケースも考えられる」と５つのケースが想定されているうち、

「（３）転居や転校を繰り返す間に未就学期間が生じたなどの事情により、過去の指導要録全体が引き継がれておらず、就学状況の全体が把握できないケース」

「（４）修業年限の相当部分が未就学であったり、就学義務の猶予又は免除を受けていたりするなど学籍が作成されていない期間が長期にわたり、指導要録において出席・欠席日数が十分に記録されていないケース」

「（５）学校外の公的機関や民間施設において相談・指導を受けることなどにより指導要録上出席扱いがなされ、中学校卒業を認められたものの、夜間中学に通うことにより学び直しを行うことを強く望んでいるケース」

という部分である。解釈によっては、すでに本国で中学は卒業しているものの、来日して日本語を「学校外」、つまり地域住民のボランティアスタッフによる自主夜間中学などで指導を受けている在留外国人も含まれるのではないかと解釈できる。

（４）都内夜間中学と定時制高校の外国人生徒

１．東京都内の夜間中学の実情

国内には31校の夜間中学、正式には公立中学夜間学級がある（その後２校増えた）が、そのうち８校が東京都内にある。[123] 2016年６月現在、424人の生徒が在籍している。[124] そのうち在日外国人生徒は375人で生徒全体の約88％を占める。国別の外国人生徒の比率としては、ネパールが130人（34.7％）で最多のほか、中国（引揚者以外）が119人（31.7％）、フィリピンが54人（14.4％）の順となっている。

８校のうちの１校が存在する東京都葛飾区は、東京都の北東部にあり、都心と千葉県内を結ぶ私鉄沿線に立地する。大正期から昭和初期にかけて葛飾区など現在の東京23区の東部には、金属玩具の製造業者が多く、昭和に入ると、セルロイドやゴムといった玩具の製造業者が多かった。高度成長期には、工場と商店が増加し、とくに金属製品製造業の工場が多かった。

高度成長期を支えた労働力は、地方からの出稼ぎや集団就職で農村部から都市部に働きに来た人たちで、葛飾区では、1964年の東京五輪開催に向けて道路整備や学校、保育施設などの建設が進められ、出稼ぎ労働者がそれらの建設に従事していた。[125]

同区立Ｆ中学は1947年の学制改革に伴い、葛飾区立中学として発足。1953年４月に夜間学級が開設された。そのうち日本語学級は1998年に開設された。[126]

同中学の夜間学級には2017年７月現在、「通常学級」に30人、「日本語学級」に22人の計52人が在籍した経緯がある。[127]当時の国籍別ではネパールが19人で最多であり、次いで中国が12人、日本が10人、フィリピンが５人、韓国とタイが各２人、そしてインドとエチオピアが各１人の内訳である。平均年齢は「通常学級」が25.8歳であるのに対し、「日本語学級」は19.9歳。計52人中27人が何らかの仕事に従事している。居住地は地元葛飾区が29人と最多で、次いで北区、荒川区、江戸川区、豊島区、足立区、杉並区、千葉県松戸市など、おおよそ葛飾区周辺地域が多かった。

2017年３月に卒業した18人の進路状況は、都立全日制高校への進学者が１人、都立定時制高校への進学者が７人のほかは就職（継続）している者が10人である。

本書の調査時点で、「日本語学級コース」は習熟度別に４クラス（Ｅ・Ｆ・Ｇ・Ｈコース）を設置されていたほか、日本語学習が全く初めての生徒がいる場合には別コースにより学習に慣れるまでの対応を行っていた。４クラスはそれぞれ日本語の習熟度にあわせ、Ｅコース「入門期」（基礎的な内容でゆとりをもたせる）、Ｆコース「初級」（基本的な言葉が中心）、Ｇコース「中級」（ほぼ日本語のみの授業）、Ｈコース「上級」（高校進学希望にも配慮）とする日本語学習の授業を実施していた。

同校の現状から、①多種な国籍、幅広い年齢、②日本語習得能力、学力の違いなど、個に応じた教育活動の展開、②外国籍生徒の日本語以外の各教科に対する学習意欲の向上、③学校生活と仕事及び家庭生活の両立に向けての支援、④全日制高校等進学希望に対する進路指導の充実、などが課題とされている。

一方、東京都教育委員会は、2004年１月、財政難を理由に夜間中学校日本語学級の教職員定員削減の計画を打ち出した。具体的には従来の「学級数×２」という教諭配置基準を「学級数＋１名」という基準に改めるものであった。１学級なら２名で結果的に変更はないが、２学級なら４名から３名へ、３学級なら６名から４名へ日本語学級専任教諭が削減されるという内容で、現場では大変深刻に受け止められたとのことである。[128] しかし、別項で述べるように、日弁連などの動きとともに、国会議員による超党派の動き、および教育機会確保法の制定により、再び夜間学級についての注目度が上がり、授業方針や内容の充実も制度面では関係者が期待を寄せるまでに至ったことは間違いないだろう。

2．東京都立定時制高校進学者の現状

ここでは東京都立高校の定時制学級に触れておきたい。本書では、公立中学夜間学級を一つの柱として取り上げるため、定時制高校は論の中心には据えていない。しかし、東京都内の公立中学夜間学級卒業後、東京都立の定時制高校に進学するケースが少なくないことが前述した東京都葛飾区立Ｆ中学夜間学級などのフィールドワークにより判明した。少なくとも東京都立の定時制高校に通う外国籍の生徒の中にはどのような生徒がおり、どのような生活をしているのか、公立中学夜間学級を経験してみてどのような感想をもっているのかを知るため、とくに公立中学夜間学級から進学している生徒を中心に、高校側の外国人生徒を担当している教諭の協力を得た上で、筆者はインタビュー調査を試みた。

彼らは昼間、アルバイトなどで働いて、夕方から学校に通学するというパターンは、中学を卒業したらすぐに変化するわけではなく、仕事と学業の両立をめざしながらの二重生活を、公立中学夜間学級を卒業して高校に進学後も余儀なくされている実情がわかった。

論を進めるにあたり、そもそも定時制高校はどのような歴史と現状をもっているのかについて触れておきたい。もともと定時制高校とは、「高等学校定時制課程は、通信制課程とともに、中学校卒業と同時に、境遇上社会に出て働かなければならない青少年に、高等学校教育を受ける機会を保障するため、1948年４月、全日制課程と同時に発

足した制度である。各種の勤労青少年教育機関のうち、働きながら正規の後期中等教育を終えることのできる制度として、わが中等教育史上重要な意義をもっている」とされる。[129] 尾形らは、「このため定時制高校においては、勤労青少年の生活と仕事の実態に応じて、授業を夜間に、あるいは昼間に、または季節的に集中して行うなど、幅のある運営がなされている」としている。

一方、手島はそうした定時制高校の誕生の経緯について、戦後制定された日本国憲法第26条（教育を受ける権利）[130] や、教育基本法の第3条（教育の機会均等）[131] といわれるものであることは周知の通りである」と解説している。[132]

そして、1947年3月に成立した学校教育法を例に挙げ、高等学校教育が、通常課程（全日制課程）・夜間課程・定時制課程の三つの課程でおこなわれる規定であると指摘する。つまり手島によると、「夜間課程は文字通り夜間に学ぶ者のための学校であるが、この場合の定時制とは、地方の農村漁村で農閑期等を利用して学ぶことも想定にいれたものであった。定時制は、昼間にも学べるし、季節を選んで集中的に授業も受けられるという制度として出発した、まさに、パートタイムスクールである」としている。

そもそも夜間課程の前身は旧制の夜間中学で、定時制課程の前身は青年学校であったことに起因する。手島は「夜間と定時制は別の系統なのである。青年学校とは、戦前に小学校卒の勤労青少年に対して実業教育・普通教育・軍事教育を行った学校のことである。ただし、この青年学校は、正規の学校体系からはずれた社会教育の機関だった」と解説している。[133]

それでは現状はどうであろうか。都道府県により差があるものの、東京都が2019年3月に発行した『都立高校改革推進計画　新実施計画（第二次）』において、定時制高校のあり方と、在京の在留外国人生徒の記述に注目しながら、考察を進めたい。[134]

まず、定時制課程についてであるが、都教委も「従来、定時制課程の高校は、昼間に学校に通うことができない勤労青少年の学びの場となってきました。しかし今日では、学習習慣や生活習慣に課題がある生徒や、小・中学校時代に不登校を経験した生徒、外国人の生徒など、多様な生徒が在籍するようになっています」と現状を把握している。

一方で、同じ計画の中では、「夜間定時制課程は、第二次募集以降では全日制課程の高校等への進学希望がかなえられなかった生徒のセーフティネットの機能を有していますが、新実施計画策定後も、夜間定時制課程を希望する生徒は減少を続けています。平成30年度には、募集人員に対する在籍生徒数の割合は51.2パーセントにまで低下し、入学者が10人以下の学校が複数に上るほか、単学級化もさらに進行しています」と、その存在意義に対する問題提起がなされている。そして「チャレンジスクール(135)の新設やチャレンジスクールと昼夜間定時制高校の夜間部の規模拡大を行い、その進捗や夜間定時制課程の応募倍率の推移等を考慮しながら、一部の夜間定時制課程を閉課程します」とある。

一方、同じ計画の中で「就学機会の適正な確保」の項目では、「都内公立中学校卒業予定者は、平成29年度（2017年度）の約７万９千人から、2030年度には約８万７千人程度まで増加していくことが見込まれています」とした上で、「都内の外国人人口の増加に伴い、2013年度入学者選抜以降、在京外国人生徒対象枠への応募人員は増加傾向にあります」と分析している。そして「在京外国人生徒対象枠を設置する都立高校を合計７校としました」としている。

さらに、「人手不足が懸念される産業分野において外国人材を受け入れるための新たな在留資格が創設されるなど、国においても外国人の受入拡大を進めようとしている中、今後、更に外国人人口が増加し、それに伴い、在京外国人生徒の増加も見込まれています。このため、在京外国人生徒等の高校への就学機会を確保していく必要があります」と推察している。

実際、現在の夜間定時制高校には、在留外国人の生徒が通学している現実がある。確かに、夜間学級の中には、昼夜間定時制の中の夜間部に所属する生徒も少なくないが、従来型の夜間定時制高校にも在留外国人の生徒が通えるよう、昼間部あるいは昼夜間定時制と共存、併存していく形で夜間定時制課程も残す必要があるのではないかと考える。それは、都教委が認めるように、外国人生徒が増加傾向にあり、さらには、産業の中には人手不足が懸念され、実際、昼間に働いて、夜間、高校に通学してくる在京の在留外国人生徒が存在するといった理由からもこのように言えるのではないかと考える。

こうした都立定時制高校の存在は、多文化共生社会実現に向けた必要な柱の一つとみてよいのではないだろうか。

3．外国籍生徒へのインタビュー調査

筆者は2017年８月以降、東京都葛飾区立Ｆ中学夜間学級に通う夜間中学生および東京都立Ｏ高校およびＨ高校の定時制課程（夜間）において、在留外国人および外国にルーツをもつ生徒に対して聞き取り調査を実施した。生徒らが、公立中学夜間学級や定時制高校においてどのような心境で通学しているのか、および日々どのような考えで生活しているのかについてのインタビュー調査である[(136)]。

本来、本書の趣旨からすると中学を主体とすべきかしれないが、定時制の都立高校にまで対象範囲を広げたのは、多くの都立定時制高校に通う在留外国人の生徒が地元周辺の公立中学夜間学級出身であることから、そのまま同じような学習環境で生活しながら、どのような考えをもっているのか、また、公立中学夜間学級時代を振り返っての意見聴取ができるのではないかと考えたものである。

本書後段の【インタビュー調査結果】にまとめたように、調査対象者は９人であった。出身国は中国が最多で５人、次いでネパール３人、フィリピン１人であった。

大半の調査対象者に共通しているのは、「日本語が苦手」であると感じていることである。通常の会話で、とくに「聞く」部分については、ある程度理解できるものの、「書く」、「話す」部分については、不自由していることがわかった。とくに同じ「生徒」でも年齢が中高年になり、来日するまでの母国語の会話歴が長いほど、日本語の技能習得に苦労する傾向がみられた。また、家族についても、ほとんどが家族とともに日本国内（都内およびその周辺）で暮らしているが、親世代は調査対象とした中学・高校生世代よりも、日本語会話についてより一層苦労している傾向がみられた。

そして、中学校夜間学級および定時制高校に入学しているのは、「日本語を学ぶため」という理由が多かった。また、大半の生徒らは昼間、飲食業や工場などでのアルバイトをしながら生計を立てていることがわかった。また、日中はアルバイト先などでは、同じ国出身の同世代の生徒と一緒に働いていることが多く、中には、アルバイト先で知り合った同じ国の生徒から公立中学夜間学級や都立定時制高校の存在を知らされた生徒もいた。

また、中には、ほとんど日本語が話せない、あるいは理解できない状態で通学している生徒もいた。調査時は同じ国の「生徒（成人）」に通訳してもらいながら、インタビュー調査に回答した生徒もいる。彼らは、昼間、例えば、中国料理店などで働いており、同僚もほとんどが中国出身者で占められているため、会話の面では中国語中心の生活を送っていて、日常生活における会話面での苦労はしていない、とのことであった。

中国からの生徒の中には、中学であれば高校、高校であれば大学、という具合に、卒業後も日本に残り、さらなる進学を希望し、将来にわたっては、「専門職などに就きたい」という希望をもっていることがわかった。

一方、学校側、とくに中学の学校関係者によると、中国からの生徒は比較的そのまま日本にとどまって在留する傾向にあるが、とくに昨今増えているネパールからの生徒は、いずれ近い将来は本国に帰国することを念頭に、まずは日ごろのアルバイト先で日本語を学習するために通学しているとのことであった。

しかし、学校側は中学においては「あくまでも正規の学校であり、日本語の専門学校ではない」という立場を入学時に生徒本人と保護者に理解してもらい、修学旅行や学園祭など、学校行事にも参加することを義務付け、理解してもらっているとのことである。また、アルバイトなどをしていると、夕食をアルバイト先や通学途中で「外食」してから登校したり、コンビニエンスストアの弁当などを買って登校したりする生徒もいるが、あくまでも給食をとることを指導しているとのことであった。

このような教育の在り方について、場合によっては「上からの」教育の均等とみる立場もあるかもしれない。しかし、卒業後の進路やその希望がまちまちであっても、現時点において日本の構成員である限り、教育の機会確保は必要最低限のものであり、仮に金銭を貯めて母国に帰国することを念頭においていたとしても、彼らが日本国内で生活している間の学習権は認められるべきではないかと考えられる。

【第６章】

埼玉県川口市にみる戦後の教育モデルと政策

（１）川口市の歴史と教育

１．戦後直後の教育モデル地域になった埼玉県川口市

これまでに論じたように、夜間中学、いわゆる現在の公立中学夜間学級は、戦後の社会のひずみを解消する役割を担い、昼間に働く青少年が学びの場として通学していたことがわかった。東京都内ではすでに８校の公立中学夜間学級があるが、他の都道府県ではまだ設置されていない地域もある。研究によっては一言で「夜間中学」と括られることが多いが、現実には２種類ある。公立の正式な「学校」としての公立中学夜間学級と、もう一つは、そのような公立中学が存在しない市町村を中心に、地元の住民ら有志が結成している住民団体や組織である。後者は日本人の児童・生徒のほか、在留外国人に対して日本語学習や補習を中心に行うことを目的に、例えば公民館などを借りて「授業」を実施している。中でも増加傾向にあるのが、在留外国人の人々が世代に関係なく日本語を学びにきている日本語教室がある。

2017年に教育機会確保法が成立し、学齢期に不登校を経験した人たちや在留外国人の人たちを中心に夜間学級の役割が政府、とくに文部科学省を通じて再認識され始めた。最低でも各都道府県に一つは夜間学級を設置することが目標とされているが、全国、各都道府県に広がる見通しは立っていないのが現状である。

しかし、その先進事例となるべく、教育機会確保法が成立して以後、初となる公立中学夜間学級が埼玉県川口市と千葉県松戸市に2019年４月、開設された。両地域は都心から JR 在来線を使い１時間程度で通勤や通学ができる地理的な利便性のある、東京のいわゆるベッド

タウンとして栄えている町であり、現在では高層マンションなどが立ち並び、人口増加の著しい共通点もある。

そうした中でも特に川口市とその周辺市部は、中国人をはじめとした在留外国人、いわゆるニュー・カマーの人々が増えている現状がある。そして、公立中学夜間学級が設立されるまでには、住民のボランティア団体による日本語教室のほか、自主夜間中学という、夜間中学が近い将来に開設されることを目指した署名活動などを行いながら、日本人のボランティアスタッフによる、教科の学習支援や日本語学習を目的とする団体が活動してきている。こうしたいくつかの要素を組み合わせて、多文化共生社会を目指しているという理由から、本書執筆にあたっては、埼玉県川口市に注目し、フィールドワークなどを実施しながら、教育をめぐる歴史と現状を分析することにした。以下、くわしく考察していきたい。

川口市は、埼玉県の南端に位置する都市で、荒川を隔てて東京都に接し、江戸時代から鋳物や植木などの産業が発展していた。その後、住宅の都市化が進み、首都東京と隣接しているという利便性を活かしながら固有の伝統ある「ものづくりのまち」として発展している。2011年に同県鳩ケ谷市と合併し、人口約58万人の新しい川口市ができ、2018年４月に中核市に移行した。(137)

戦後の川口市の教育については、注目すべき点がある。全国で戦後の教育内容を模索していた1946年当時、東京帝国大学の海後宗臣が同大学の若手教育研究者を集め「中央教育研究所」を設立し、新教育の研究を行っていた。(138)その海後が知人を通して中央教育研究所の新教育の実験地として選んだことが、川口市の教育の指針を示した「川口プラン」作成のきっかけになったとされている。

このような政府、とくに旧文部省の新たな教育制度の「アンテナショップ」的な地域として選ばれた川口市において、2019年４月に、埼玉県内で初となる夜間中学が開設された。これは、川口プランが作られた当時も、現在においても、新しい街づくりの拠点になるモデル地域として、土地柄や人口などの面で適していると、国および政府、最高学府である高等教育機関としての旧帝大関係者に加え、地元自治体から判断されていたのではないかと推察できる。

そこでまず、川口プランについて考察を試みたい。その理由は、プランの内容も重要であるが、プラン成立までの人員構成、つまり現在の文部科学省などの中央省庁で新たな政策作りを行う際のワーキンググループともいえる人々が、現在の多文化共生社会を作るために必要な考え方、要素を兼ね備えていると川口市に着目し、自ずと川口市の街づくりと教育体制づくりに応用されていったと考えるからである。

例えば、中央教育研究所と川口市社会科委員会が基本理念を編成しているところは、中央教育研究所が民間の研究所ではあるものの、海後をはじめ帝国大学の研究者が中心であり、川口市側は現場の教諭が担当したことは、事実上の官民一体となった教育プラン、および教育モデル地域、教育コミュニティづくりであったと言えるのではないだろうか。

それは、①教育とは現実を合理的に解釈し、自己の活動方向を決定し行動できる人間を育成する、②その育成すべき望ましい人間像とは、新しい社会科の建設のために様々な課題を解決できる実践者である、③そのため新しい教材としての社会科は、単に地理や歴史・修身・公民などの寄せ集めではなく、実際の場で課題が解決できるよう学習内容が構成されなくてはならない、というものであった。

川口市の伝統的な鋳物工業については、実際に鋳物工場が多く、川口市という地域社会を構成する上で重要であるが、プランの中では、踏み込んだ研究を目指して調査項目を挙げている。その項目は鋳物業の起源および立地条件、種類別の工場数、工場の分布状態、従業員別工場数などが挙げられている。

さらに、プラン作成にあたっては、「川口市を文化的産業都市として建設する」という「一般的目的」が設定された。そしてこの一般的目的から、地域の社会的課題を明確にし、さらにこれに基づいて学習課題を設定するために、川口市の社会科委員会と中央教育研究所所員数名によって「教材構成委員会」が組織され、次のような方針に従い学習課題を作成した。

①川口を南部の工業地帯と北部の農業地帯の二つに分ける。

②文化的産業都市の建設という目標から学習課題を選択し、生産を基本として課題表を配列する。

③児童・生徒の心理的発達段階を考慮して教材の組み立てを行う。そして、学年が進むにつれて抽象的題材を増やしていくように配列する。

④生活構成体の八つの機能（「生産」、「消費」、「交通・通信」、「健康」、「保全」、「政治」、「教養・娯楽」、「家庭」の八項目）から導き出された題材を、児童・生徒の発達段階に応じて、各学年のあらゆる領域にわたって教材化していくという方針をとる。実際の学習指導では、実験・観察を重んじ、問題を自分で発見し解決させることを主眼としたので、教師自ら「見学→調査→発表→討議」の形式をとることが多かった。この見学・調査の段階では、川口市の工場や市場・農場・公共施設など、市域のそれぞれの施設の実地見学やと調査を行っているが、ときには校庭にキューポラを組み立てて、実験をもとにした学習研究も続けられたとのことである。

このような「川口プラン」は1947年に東京都内で開催された全国新教育協会の研究会で発表された。旧文部省が新しい学習指導要領を発表する２日前であり、他地域からの参加が１校の事例にとどまっていたのに対し、「川口プラン」は、川口市全域の市民と教職員による全市的教育プランであったところから、全国的に類例がなく、新しい教育の方向を示唆するものとして全国各地からの参加者に高く評価されたとのことである。

2．川口プラン作成までの概要

川口プラン作成にあたっては、どのような人員構成でなされてきたのか。第一に注目できるのが、中央教育研究所である。同研究所は1946年、東京帝国大学（当時）教授だった海後宗臣らによって、財団法人三井報恩会の後援による資金を受け、民間の教育機関として設立され、1953年に文部省（当時）所管の財団法人として認可された。もともとの設立の趣旨は、「わが国における教育再建の重要性にかんがみ、広く内外における教育の組織、内容、方法等について、基礎的、実証的な調査研究を行い、もって教育科学の推進に培い、教育現実の発展と文教政策の確立とに寄与することを目的として設立された」とある。[139]

その後、今日まで、教育、とりわけその実践面についてさまざまな調査研究を行い、時期ごとに緊急性の高い課題や基本的な教育課題に対して、教育現場や行政当局等に対して情報提供や提言を行ってきた。1972年に東京書籍株式会社の寄付行為により、財団の着実な活動が可能となった。[140]

1946年、「アメリカの新教科書に関する展覧会」をCIE（民間情報教育局）[141]の後援によって東京、大阪、福岡などの各都市で開催し、各地で大きな反響を呼んだ。同年、「カリキュラム構成に関する研究」を埼玉県川口市で開始し、翌1947年３月、「川口プラン」として発表し、研究の結果は、『社会科概論』『社会科の構成と学習』として刊行、全国にカリキュラム改造運動を展開する発端となったとされている。

それに先立ち、1946年９月、高石幸三郎・川口市長、梅根悟・同市助役らの尽力で、川口市の全教員が参加する「川口市新教育研究会」が発足した上で、その社会科委員会の特定指導者として海後理事を中心とする中央教育研究所のメンバーが委嘱され、いわゆる「川口プラン」の研究に着手したということである。

中内らによると、「川口市新教育研究会」のリーダーは、当時、市立川口中学校校長を務めていた梅根悟だった。[142]「かれは、1946年の7月に高石幸三郎市長から請われて市の助役に就任する。この異色の助役は、ある日東京の目黒書店の一室に設けられていた中央教育研究所を訪問した。旧知のメンバー、海後宗臣・海後勝雄・倉沢剛らの教育学者と語らい、川口市において戦後教育の方法を実践的につくりだすための共同研究をおしすすめることを決めた。川口市の全教員およそ500名からなる川口市新教育研究会がこうした1946年の9月に結成された」とされる。こうして旧帝国大学の教授、つまりは国および政府側の関係者に加え、地元川口の首長と助役、そして地元の教員が一体となった共生社会の柱が築かれていく。

具体的にはどのように作業が進められていたのだろうか。課題の中心となったのは戦後の教育の中で形作られていなかった「社会科」の在り方だったようだ。現在であれば、社会科というと公民や歴史や地理など、おおよそどのような内容の教科なのか、想像がつくが、そもそも「社会科とはどのような教科なのか」という点から議論することが、当時の教育関係者には必要とされたのだった。そして、研究会の分科会のひとつに社会科委員会ができ、「川口の生活現実とそれが有する課題」を生活実態調査によって究明していった。そして、その調査を踏まえて川口市を「文化的工業都市」として再建する、という目標を定め、そうした目標にせまるための学習課題を設定していった。これが「川口プラン」と呼ばれるものである。

こうした動きは、単に生徒や児童が学習する教科の在り方に加え、川口市をどのような社会に作り上げていくかを考えながら、官民が一体となって教科書を作り上げていった一断面なのではないかと推察できる。

中内らが疑問を呈しているが、どうして戦火のくすぶりが消えない敗戦直後、人口10万の地方小都市川口でこのような新しい動きが起こったのか。また、「川口プラン」にはどのような意味があったのだろうか。

中内らは、プラン作りとその実践に全力を注ぎ込んだ元市立西中学校教諭の前原忠吉に動機を尋ねている。前原は「戦争が終わったとき、それに協力する教育をしてきたわたしは子どもたちにわびた。しかし、子どもたちは黙っていた。むしろ、教師としてのわたしはかれらからぶんなぐられた方がよかったのに。」と証言したとのことである。前原はその時点で、「子どもらのために」ということが原点だと強く自覚したという。

戦後教育の改革の焦点のひとつは初等教育の充実と中等教育の民衆化だった。中内らによると、川口プランはこの改革路線に位置づけられる改革プランだったようだ。中内らの質問に答える形で、梅根悟は、川口プランが作られていくとき、市としては「金は出したが口は出さなかった」と言い切ったという。

さらに前原忠吉も「川口の教師たちはまったく純粋な気持ちで、この仕事に情熱とエネルギーを注ぎ込んだ」といった。海後宗臣もまた、「中央教育研究所の所員はまったくの手弁当で東京と川口を往復したものだ」と述べたとのことである。中内は「国家の統制から解放された教師と研究者のはれやかな意気とたくましいエネルギーが川口プランを創り出していったといえる」とし、さらに、「川口プランの作成および実践の過程では、地域住民が有形無形の協力をおしまなかった。前原が『消防署』の単元学習を試みたとき、署長がこころよく子どもらの学習に協力し、『これまでにこんなことは一度もなかった』と感慨深げに語ったという。こうして、教育課程を自主的に、しかも地域に即したものとして編成しようとする動きが、だんだんと活発になっていく」と記している。

消防署の例にみられるような、地域一体となった学習方法は、現在の日本の教育界、つまりは小学校から大学まで課題となっている、「主体的・対話的で深い学び」である。川口市ではまさにこの段階から、現代の教育課題として注目を浴びているフィールドワークや「アクティブ・ラーニング」が試行錯誤されていたことがわかる。

こうした試行錯誤の中で計画された川口プランの目的はそもそも何であったのだろうか。「一口でいえば、鋳物の街・川口という地域社会を基盤とし、その社会生活を改造発展するための学習プランだったといえる。22年3月に発表会を開いたときには、全国から千人以上もの教師が集まったという。鋳物工業の学習によって、社会科の土台をつくったということから“なべ・かまカリキュラム”などとも評されはしたが、“川口プランを見ずしてカリキュラムを語るなかれ”と言われたのも事実だ」と解説されている。(143)これが刺激剤になって各地の、例えば海後勝雄氏の指導による「北条プラン」(館山市北条小)、倉沢剛氏による「明石プラン」(兵庫県明石小)など「各地のカリキュラム運動がいっせいに花開いた」とのことである。

ここまで論じると、本書の仮説を裏付ける動きがすでに川口市で芽生えていたことがわかる。つまり、現状のようなグローバル社会における「公教育」と住民によるボランティア活動の二本柱を軸として、これらをとくに日本語を学習する拠点として川口市全体を、広義による「学校」と位置づける本書の仮説について、川口プランの策定過程から実践していたことが確認できるのではないだろうか。

それは例えば、戦後の「教育分業論」が地域社会の変動を重視してこなかった点を裏打ちしているかもしれない。岡崎によると、学校教育だけに子どもの教育を委託できない、というよりも、学校だけでは担いきれないような社会状況の発生は、これまで忘れられていたか軽視されていたとのことである。(144)現代の地域社会、とくに行政区としての地域社会(自治体)は、多様な住民が居住しているために画一的な教育では対応が不可能であり、きめの細かな教育サービスが求められるのだが、現代の公教育、とくに学校は、国のレベルでの人材養成を優先してきたため、地域社会の変動に伴う新たな教育需要に重点をおいてこなかったと言えるのではないだろうか。

こうした考え方の固定化現象は、「川口プラン」を川口市と国および政府に近い旧帝国大学教授が地元の教諭の勉強会と協力して、新たな社会科の枠組みづくりを考えざるを得なかった戦後直後の時代のきっかけともなっており、また、現代の在留外国人との共生社会実現に向けて課題を投げかけているのではないだろうか。これは後述するように、川口市の教育行政が率先して公立中学夜間学級を開校させようとする一方で、住民によるボランティア団体が参加しての、在留外国人に対する日本語学習の推進が行われるといった官民一体となった社会づくりが30年以上、現在に至るまで行われていることに一つの解答がみられる。

川口などにみられる地域連携については、日高の考察の一部にみられるように、町内会や自治会が単独で活動して地域を牽引していく「町内会・自治会単独型」は現実味を帯びないほど超高齢社会になっている。そこで日高はまず、「町内会自治体間も連合型」を提起している。[(145)] しかし、日高本人も提示するように、アドボカシー機能に必要な多様な人材をどのように調達し、いかにして継続的な活動を可能にするかが、最大の課題となる。居住者の中で、ボランティアやパートタイムで協力してくれたりする人材を発掘したり、居住者でなくとも学生などを含むボランティアやNPO、事業者などの協力や参加を募る必要がある。また、多様な主体による地域協働体制の構想が必要で、これを日高は「ボランティア・NPO・事業者との連携型」と分類しており、同型によって単体としての町内会自治会の限界を補い、支援する役割を担うことができるとしている考察は、本書の方向性と一致するのではなかろうか。

「川口プラン」作成にあたり、中枢にいた人物は、どのようにこの動きをみていたのだろうか。当時の川口市教育委員会教育次長の村本精一は、「新制度においては修身、公民、地理、歴史等の教科が廃止され、これにかわる新教科が設けられるらしいということで、当時『社会科』という教科の名称すらきまっていなかった頃であったが、われわれは新教育研究会の中に社会科委員会を構成して、われわれ自らの手で社会科の教育内容を作り上げていこうと試みたのであった」と振り返っている。[146]そして、「一定の地域を基盤として仕事を進める場合、地域全部の学校が参加し、真に協力する体制が必要であることを痛感した。当時市内に中等学校五、国民学校十三、青年学校二、計二十の学校があった。この二十の学校が全部参加し、協力する体制のもとに社会科委員会が発足したのであった」と証言している。

具体的に村本は「社会科委員会は各校から選出された二名ずつの委員計四十数名の構成であったが、一校一名宛の常任委員の外に、目的設定委員会（市民代表も参加)、教科構成委員会等、随時必要に応じ必要なメンバーによる特別委員会を編成し、社会科構成の仕事を進めた。又特定指導者として東大の海後宗臣教授を中心とする中央教育研究所の協力をもとめ、研究所の理論と、われわれの現場における実践とが一体となった研究として進められたものであり、これに必要な経費を市当局が予算に計上し支弁してくれたことも、地域の教育計画推進の上に必要であったことを痛感した次第である」と述べている。

これらの述懐によると、川口市側は教育予算の計上のほか、新しい教科学習の確保のために、市民参加型の委員会運営を行っていたことがわかる。

さらに村本は、「社会の課題といっても一般的な人類社会の課題ではなく、地域的職能的な現実社会のもつ課題である。その課題に対する理解を与えるような教育内容は、そのような地域的職能的な生活現実を地盤として構成されなければならないとする理論のもとに、われわれはわれわれの学校の所在する地域社会の生活現実から、社会科の教育内容を構成しようとした。しかもその地域の学校の教職者を中心として他の多くの社会人や児童生徒までがそれぞれの立場から協力して仕事が進められたのであった」と述懐している。

こうした動きは、社会科カリキュラム編成の検討にあたり、児童生徒までをも含む地元コミュニティにおける住民参加が、この時代から実践されていたことの証左と言えるのではないだろうか。地域社会において行政や地元住民、教育関係者が一体となった共生社会のモデルが出来上がりつつあったと言っても過言ではないのではないだろうか。

３．川口プランに対する批判

一方、「川口プラン」に対しては、決して無批判にその存在が認められていたわけではなく、専門家らから批判も上がっていた。その主な理由は①視野が狭い、地域制に基づいているため、国および世界的な課題に迫り得ないではないか、②経験主義的発想でよいか、もっと系統的に体系づけることが必要ではないか、③川口のことだけを勉強しているので、受験などの点で心配がある、などというものだった。[(147)] 川口市側は「それらは、展開の方法によって解決される」などとして反論し、例えば、授業で世界のビール会社と比較を試みることを提案したほか、「課題解決のできる人間の養成が目的なので、受験という課題に対しても児童自らが解決していくよう指導する」などと反論した。

さらに村本は、川口プランに対する批判について詳細に分析している。[(148)] 例えば、「（１）調査が川口市の地域内にとじこもり過ぎて、周辺地域なかんずく東京都の関係が見落とされている。（２）社会の現実的考察に重点がおかれ、歴史的発展の追求が足りない。（３）地域性を濃厚に把握する余り、抽出された課題は大人本位で児童生徒の切実な関心になっていない。（４）他案と比較して宗教・芸術・資源愛護・災害防止等の取り上げ方が足りない（５）単元の数が高学年では多すぎる。もっと大単元にした方がよい。（６）他教科並びに教科外活動との関連を考慮する必要がある。（７）地理的歴史的公民的な基礎知識を取り入れる必要がある。（８）国家基準・県基準との関係を考慮する必要がある（９）地域的特色が強すぎる。もっと日本・世界に視野を広げられるようにする必要がある（10）人間関係の取り扱い内容が少ない」といったものだった。

　また、プランの作成方針について、考え方あるいは理念そのものに対する批判もみられた。例えば日本民主主義教育協会は、「川口案その他にみられるような『社会の機能』主義は、社会を非常に『静止した状態』と考え、『調和的に発達してしまったもの』と考えることになる」としている[149]。そして「社会はある法則によって自己運動し発展するものだという考え方をもたせない非科学性をふくんでいる」としている。さらに「われわれは、これを単なる知識としてではなしに、民主主義革命の過程のなかにいて、肉体的に学ぶことができる位置にあるのである。ここに、われわれは抽象的な『社会の機能』などをもって題材選択の基準とすることに賛同し得ない理由が存するのである。またこのような『地域社会』の『社会機能』を設定することだけは、全日本的、国際的な考え方が養われないという心配をせずにはいられない。すなわち世界の人類社会の歴史や現在の国際関係にわたる体系的な認識を与えられないといううらみがある」と指摘している。

　これらの批判は、川口市内において地元の話題として取りあげる分には構わないが、日本全体の教科書としてカリキュラム編成の点から普遍性があるかどうかについては疑問が残るという点に尽きるのではないだろうか。しかし、筆者は、前述したようなあらゆる階層の教育関係者および地元の住民が「プラン」策定に関与し、多文化共生社会を理論づけ、体系づけていることをむしろ評価したい。

4. 川口プランの正当性

　本書で取り上げている「川口プラン」は、その後の日本の教育方針や地域づくりにおいて全国に普及したわけではなかった。しかし、前述したように各地の「プラン」づくりに貢献していることからも、戦後の教育指針づくりに大いに影響を与えているのではないだろかと考えられる。ここでも本書の仮説としての提示がすでに川口プランが提示した旧帝国大学教授らと地元の教諭陣、それに市役所など地方自治体の行政を加えた人々を巻き込んだ地域プランと学習カリキュラム作りを実践したことで証明されていると言え、価値のある方法論だと言えるのではないだろうか。

『川口市史』によると、「社会科川口市案の改定」という項目がある。[150] まず、「新しい教育の目標」として、「地域社会学校或は地域教育計画の問題が前面にあらわれて来たのは、結局教育の目標の大きな変革に基づくといってよい。従来の教育は単に知識を持っている知識人を作ることに終わっていたが、今後の教育はそれでは社会の要請にこたえることが出来ない。実践的な行動力を持って逞しく生活を切りひらいて行けるような人間を育てることを社会は求めている」と定義づけている。要するに時代の要請として、地域社会および自分の人生を自ら切り開くことが求められているとも解釈でき、学校や住民団体に行政を加えた多文化共生社会を実現してこそ、社会包摂につながるのではなかろうかという、本書の仮説にもつながる評価ではなかろうか。

そして、「課題解決としての教育」のあるべき姿として、「実践的な人間の能力というものは決して簡単につくれるものではない。人間を育てるには長い年月にわたる生活の積み重ねが必要である。まして、実践力という如きものは一日や二日で成るものではない。幼少の時から一個の生活者として自立的に生活し行動することの中に次第に養い育てられてゆくものである。生活者としての自立生活とは、自己の課題と真正面から取り組む生活である。子供は子供なりに自己の課題をつかんで、この解決を目指して生活していかねばならぬ。その事の中に真の学習があり、真の教育がある」としている。

現代において、内閣府など国や政府機関及び地方自治体の中に、在留外国人との多文化共生社会構築について記述される際、「外国人」の人々に対し、「生活者」として日本の社会で生きていけるスキルや機会を設けることの必要性が述べられることがある。その際、「生活者」という言葉が用いられるのは、この川口プラン制定時から用いられた「人間の能力」づくりの考え方につながる点があるのではないかと考えられる。これからの新しい日本を築いていく「子供たち」に対し、自分の人生および生活を切り開く意味で生活力が必要であることは、現代の多文化共生社会における在留外国人に対して日本語学習の機会を作ることにもつながるのではないだろうか。こうした考え方に基づき、広義の学校、つまりは「学びの場」において日本語学習の機会を作ることこそ、在留外国人にも前述したような学習権を認めることになるのではないだろうか。

現代における教育界で、2020年度より小学校から順次改訂される文部科学省の学習指導要領(151)においても、いわゆるアクティブ・ラーニングなどを取り入れた主体的な学びを中心とした教育方針の改革について、「生きる力」とタイトルがつけられている。これは、川口プラン時代からの教育行政の検討および解決すべき課題とされ、現代に通じる基盤となっていると理解できよう。

確かに川口プランに対する批判の中にもあるように、「川口」という地域限定型のプランであるとのマイナス評価も出てはいるが、これまで述べたような川口プランに対する解釈や考え方から、筆者は国や政府が作成する全国版の学習指導要領の考え方にも十分通じるものではないかと考える。

さらに、『川口市史』においては、「子供が子供なりに社会の現実と対決し、あらゆる学習が、究極に於て社会の課題の解決につながっていなければならない。そのためには、学校も単なる勉強の場所ではなくて、生徒自身の生活の場所とならねばならぬ。社会から隔絶された温室のような所ではなく、きびしい社会の現実の地盤の上に立った生活実践の現場となるべきである」としている。川口をはじめ日本各地に住む在留外国人にとって、公立中学夜間学級をはじめ、各地のボランティア団体による日本語学級が「自身の生活の場所」となっていることは間違いない。こうした点でも、この川口プランは、学校と住民団体に行政を加えた社会を実現してこそ、誰も取り残さない、排除しない、多様性を尊重した多文化共生を基にした社会包摂が生まれると言えるのではないだろうか。

さらに同書においては、「地域に基づく教育」の重要性に触れている。例えば、「これからの教育が具体的な地域性をもつべきことは以上述べたことから、もはや明白である。即ち、同じく日本国内の教育であっても、これを全く同じ日本の教育として一括してみることは出来ないのである。類型的に分けても、国内には都市、鉱山、農村、山村漁村等さまざまな地域があって、それぞれに於て生活の様相を異にしている。その人々が持つ生活の課題も、相当の差異の存するのが当然である。都市の工場地帯に住んで日夜機械を相手に工業生産に従事する者の生活と、静かな田園の自然の中で農耕を営む者の生活とを比べて見れば、その生活構造は著しく異っている。また海辺の村で漁業によって生活している人々、鉱山の町に住み日夜地下の坑内労働にたずさわっている人々、皆それぞれ生活の構造を異にし、特殊な課題を持っていることは明白である。かかる事実を少し考えてみるだけでも、社会の課題を中心とするこれからの教育がつねに現実の地域に立脚せねばならぬことが肯かれるであろう」としている。これは必ずしも川口プランが地域限定型のプランであり、全国の事情を網羅したものではないことはむしろ当然と言えるものであると、プランのあり方や立場を正当化しているものである。

埼玉県の教育課程が成立した1954年頃には、川口プランの姿はほとんど影をひそめてしまったということである。しかし、本書でも触れているように、日本の教育学の草分け的な存在である海後を中心とする教育研究所が川口市に注目し、日本の教育方針が一定の方向をなして全国各地に浸透していない戦後の混乱期に、川口市独自の教育プランを全国に示していたことは、地域ぐるみ、住民ぐるみの教育を重視する都市であったことに結び付くものと考える。

そしてまた、当時から半世紀が過ぎた現在、公立の夜間中学を新設し、外国人住民やその他不登校経験者等のために新しい学習の場を作ろうという試みがまさに川口市で行われていることは、単なる偶然ではなかろう。川口市および川口市民が新しい教育体制を敷くためのモデル地域になりうるという歴史的な土台づくりが、川口プラン策定時からあったからに他ならない。ボランティアによる日本語教室や住民運動がこの伝統を受け継ぎ、繰り返されているのではないだろうか。

海後はこうした「川口プラン」が何をもたらしたか、という問いに対し、まず、「戦時中にその教材が著しく改変された修身、地理、歴史は、終戦後これが新しい内容の学科として編成されねばならないことが明らかとなり、それが現実の生活の中で綜合された構成となることも見通しがつけられた」と時代背景を説明している[(152)]。しかし、「生活の経験を基として綜合された学習がなされると言っても、実際にそれがどのような形となるのか、教育の現場で試みないと発展しようがなくなっていた」という事情もあるらしい。そして、「そこで戦後集った数名の教育研究者が埼玉県川口市を実験地として選び、ここでわが国において今までには見られなかった、カリキュラム改造のための共同研究を実施することとなったのである」とされる。

そして、「最初は社会科というような名称をとったのではなく、社会生活の現実を学習の場としてとって、ここで綜合された社会探求を生徒に実践させ、それによって民主社会を形成できるような人間を育て上げようと考えたのである。川口市はこのような社会生活を基盤とした学習を展開させるのに極めて好都合な条件を持っていた。それはこの町が古くから鋳物によって成り立っていたこと、それが近代工業の発展と共に新興鋳物都市となり、京浜鉄鋼業と極めて深い関係をもつ町になっていた。このようにして川口市の産業は鉄鋳物によっているのであって、極めて単一化された工業形態をとっていたのである。中心になっている市街地区の人々の多数が鋳物業に従事しているのであって、そこに生活する生徒達も割合に単純な経験をもっていることが推測された」という環境が整っていた。

さらに海後は「この市には教育計画に特に熱心な市当局者があって、そこに有力な指導者がいたこと、又教師の間には新教育研究会という団体ができていて、新しい教育の研究とその実践への組織がつくられていた。こうした条件がそろっていて、教育の実践への強い意欲が動いていたので、ここをとって生活を基礎としたカリキュラム構成の試みをなし、その成果を他の学校の参考資料として提供しようとした」とされる。こうした海後の回顧録をみるだけでも、地元住民に中央行政に近い教育関係者を加えた社会を実現してこそ、誰も取り残さない、排除しない、多様性を尊重した多文化共生を基にした社会包摂が生まれるのではなないだろうか、とする本書の仮説を裏付ける現象と言えるのではないだろうか。

さらに、興味深い点は、海後によると「この市の社会生活を如何に進展させるかの目標が立てられないでは、学習内容として組み立てることができない。この目標を明らかにするために、市民によって構成される目的設定委員会を設けた。ここには市民の各層や職域を代表するように考えて人選された委員が集まり、実態調査によって獲た資料をもととして、将来の川口市のために何を目標として進むべきかにつき意見を討わしたのであった」ということである。

その後1947年に旧文部省により社会科発足の方針が示されたほか、全国各地でその土地の名前を冠した「プラン」が打ち出される、という流れになったようだ。川口プランそのものが全国に広がったり、各地のプランづくりの見本や基盤となったりしたとまでは言えないかもしれない。しかし、各層から選ばれた研究者や住民が教育基盤の形成を課題として集結し、新しい社会構築に貢献していたことは事実である。鋳物業が盛んであるという特色を活かしながら、東京の研究者と協力しあい、地元の歴史を振り返り、将来の発展を願う行為は、地元市民だからこそ実践できる行為ではなかろうかと推察できる。

（2）戦後民主主義の教育に対する批判の考察

これまで「川口プラン」について論じてきたが、全国的な動きとしては民主主義と教育の関係を抜きにしてはならない。「川口プラン」の意義は中央の教育研究者と地元の教諭が連携したことにある。しかし、その背景として忘れてはならないのが、戦後すぐの時代には、GHQなどの主導のもと、軍国主義を払拭するために民主主義を浸透させる目的で教育改革が国や政府主導型の流れとして存在したことである。

広田は「軍国主義と封建的な社会風土を払拭しないといけないとGHQの関係者も言っていた。そういうものとして学校への期待というのが大きかったわけです。軍国主義への反省とその背景に民主主義を深く理解しなかった社会の遅れや歪みのようなものがあると、それを何とか理解しようということで教育改革が行われたわけです」と述べている。[(153)]

一方、木村は、「川口プラン」について、「川口という地域を一つの『生活構成体』とみなし、市内の『生産』『消費』『交通通信』などの現実の問題を学習題材化していくという、いわゆる『社会機能法』が用いられた。これによってカリキュラムのスコープ（領域）が設定され、子どもたちの興味や理解能力の発達段階を考慮して具体的な単元学習がつくりだされ、学校を地域社会のセンターとする地域社会学校（コミュニティ・スクール）の創造が目指された」とし、批判があったものの、「学校や教師が教育内容編成の主体として位置づけられ、地域の生活現実や子どもの興味・関心が教育内容編成の基軸に据えられたことは、これまでの日本の学校の歴史のなかで重要な意味をもつ」と評価している点は、本書の趣旨と合致する点であり、本書の仮説に対する答えとして注目できるのではないだろうか。[(154)]

（3）川口市の多文化共生をめぐる政策

1．これまでの川口市の施策

さて、埼玉県川口市はどのような在留外国人施策を行っているのだろうか。

川口市は2018年度から2022年度までの計画で、「第２次川口市多文化共生指針」を打ち出した。(155) 同市の奥ノ木信夫市長は、この指針について、「(外国人の）人口が３万人を超え、人口の５％を占めるまでとなり、県内でも３番目となったことが挙げられ、2020年には東京オリンピック・パラリンピックが開催され、多くの外国人が訪日することが予想されることから、国籍や民族などの異なる人々が互いの文化的違いを認め合い、対等な関係で共生していく、いわゆる『多文化共生』の考え方が、ますます重要になってくるものと考えている」ことを挙げている。この指針では、「日本人住民と外国人住民の多様性を活かした『元気な川口のまちづくり』を基本理念とし、これまでは『支援の対象』だった外国人住民を『支援する側』として捉え直している」ことが掲げられている。

具体的な指針の趣旨・および目的としては、「外国人の増加と定住化が進む中で、日本人住民にとっても外国人住民にとっても暮らしやすい多文化共生の地域づくりが求められている」ことを挙げている。「多文化共生」についての先行研究は、本書でも触れてきたが、ここで川口市が認識している「多文化共生」とは、2006年３月に総務省から出された「多文化共生の推進に関する研究会報告書」をもとに「多文化共生とは、国籍や民族の異なる人々が、互いの文化的な違いを認め合い、対等な関係を築こうとしながら、地域社会の構成員として共に生きていくこと」と定義づけており、ここではこの定義に従いながら論を進めたい。

指針をまとめるにあたっての経緯は、2007年12月に埼玉県として推進すべき施策について、「埼玉県多文化共生推進プラン」を策定し、2012年７月の見直しを経て、2017年に新たな「埼玉県多文化共生推進プラン」をまとめた。川口市では、2011年度に「川口市多文化共生指針」を策定し、2014年度に改訂したが、計画期間の満了により、これまでの成果を市として推進すべき施策について改めて検討を行い、「第２次川口市多文化共生指針」の策定を行うことになった。

在留外国人の増加から、前述の市長の説明にもあったように、在留外国人を「支援される側」から「支援する側」として捉え直し、「高度な技能や知識、様々な文化的背景を持ち、個性豊かで活気溢れる外国人住民の多様性をまちづくりに活かす、新たな多文化共生の段階に入っているといえる」としている。

在留外国人の人口については、埼玉県内では政令指定都市のさいたま市を抑えて最も多い住民数となり、全国的にみても2015年12月末現在で、東京都新宿区の３万9568人、東京都江戸川区の2万8930人に次いで埼玉県川口市が2万7906人となっている。市内においても2017年１月現在、外国人は２万9989人で、2005年１月現在の１万5049人の約２倍となっている。[156]また、川口市に在住する外国人を在留別資格でみると、2017年１月現在で、「永住者、日本人や永住者の配偶者等、定住者」を合計した人数は１万3524人で、外国人全体で占める割合は45％と、在留外国人の長期定住化の傾向が顕著になっている。

【表６】

埼玉県川口市における外国人の数
（在留資格別、2017年１月現在、第２次川口市多文化共生指針＝川口市統計）

順位	在留資格	人数（人）	比率（％）
1	永住者	9605	32.0
2	家族滞在	3813	12.7
3	技術・人文知識・国際業務	3535	11.8
4	留学	3488	11.6
5	定住者	1825	6.1

6	特別永住者	1538	5.1
7	日本人の配偶者等	1376	4.6
8	特定活動	1299	4.3
9	技能実習	942	3.1
10	技能	768	2.6
11	経営・管理	721	2.4
12	永住者の配偶者等	718	2.4
	その他の在留資格	361	1.3
	合計	29989	100

一方、2017年1月現在、川口市には99の国や地域に及ぶ外国人が在住しており、国籍や地域別だと、中国が外国人全体に占める割合が約60%と最も多く、以下、韓国、フィリピン、ベトナム、トルコの順になっている。

【表7】

川口市における外国人の数
(国籍・地域別2017年1月現在、第2次川口市多文化共生指針=川口市統計)

順位	国籍・地域	人数(人)	比率(%)
1	中国	17741	59.2
2	韓国	2775	9.3
3	フィリピン	2346	7.8
4	ベトナム	2322	7.7
5	トルコ	1009	3.4
6	ネパール	491	1.6
7	台湾	462	1.5
8	タイ	279	0.9
9	ブラジル	270	0.9
10	バングラデシュ	250	0.8
11	朝鮮	242	0.8

12	インド	232	0.8
	その他の国籍・地域	1570	5.3
	合計	29989	100

さらに、2017年１月現在、川口市の外国人人数を年齢別でみると、15歳以上65歳未満の生産年齢人口の割合が、日本人が63％であるのに対し、外国人は84％と非常に高く、少子高齢化や人口減少社会による労働力不足解消の担い手として期待されていることがわかる。

【表８】

川口市の年齢階級別人口
(2017年１月現在、第２次川口市多文化共生指針＝川口市統計)

年齢階級別(歳)	外国人	比率(%)	日本人	比率(%)	総数	比率(%)
0 ～ 9	3320	11.1	48415	8.6	51735	8.7
10 ～ 19	1887	6.3	51092	9.0	52979	8.9
20 ～ 29	8499	28.3	58927	10.4	67426	11.3
30 ～ 39	7893	26.3	75641	13.4	83534	14.0
40 ～ 49	4340	14.5	99810	17.6	104150	17.5
50 ～ 59	2671	8.9	68976	12.2	71647	12.0
60 ～ 69	971	3.2	70697	12.5	71668	12.0
70 ～ 79	296	1.0	59508	10.5	59804	10.0
80以上	112	0.4	32440	5.7	32552	5.5
合計	29989	100.0	565506	100.0	595495	100.0

また、川口市内の地域によっても外国人住民の集住地域として目立っている地域がある。地区別では、横曽根地区が、9110人と最も多く、次いで芝地区が6129人、青木地区が4377人、中央地区が3743人、南平地区が2203人で、上位５地区で全体の80％以上を占めている。いずれも埼玉と東京都心部を結ぶ、JR 京浜東北線沿線地域が多いとみられる。

【表９】

川口市の地区別外国人数
(2017年１月現在、第２次川口市多文化共生指針＝川口市統計)

順位	地区名	人数（人）	比率（%）
1	横曽根地区	9110	30.4
2	芝地区	6129	20.4
3	青木地区	4377	14.6
4	中央地区	3743	12.5
5	南平地区	2203	7.3
6	鳩ヶ谷地区	1224	4.1
7	戸塚地区	1052	3.5
8	神根地区	887	3.0
9	新郷地区	756	2.5
10	安行地区	508	1.7
	合　計	29989	100.0

埼玉県内における市町村別在留外国人数は、川口市が２万7906人と最も多く、次いで、さいたま市が１万9829人と続いている。住民に対する外国人構成比は蕨市が6.4%と最も多く、川口市が4.8%と続いている。

【表10】

埼玉県における外国人の数　上位市町村
(2015年12月末現在、第２次川口市多文化共生指針＝埼玉県国際課統計)

順位	市町村名	外国人の数（人）
1	川口市	27906
2	さいたま市	19829
3	川越市	6192
4	戸田市	5710
5	草加市	5428
6	越谷市	4948
7	蕨市	4642

8	所沢市	4526
9	三郷市	3317
10	春日部市	3135

2．川口市の現在の施策

日本国内の在留外国人の児童や生徒をめぐる現状について、川口市としてはどのような認識なのか、前述している指針の中にそれをみることができる(157)。国内では公立小中高校などに在籍する外国人児童生徒のうち、日常生活や授業に支障があり、日本語指導が必要な子どもは、2016年５月現在で、全体の４割にのぼり、そのうち実際に特別な指導を受けている子どもの割合は76.9％に留まっていて、さらなる支援が必要としている。また、学齢期を過ぎた大人の外国人住民についても、日本語の習熟度が不十分な人がいることから、日本語の学習意欲の醸成と日本語学習の支援が必要であると位置づけている。

また、川口市は指針の中で、「外国人住民が安心して暮らせる多文化共生社会は行政だけで実現できるものではありません。日本人住民と外国人住民が地域でお互いコミュニケーションができることが重要です。外国人住民の中には、日本語の習熟度が十分でない人も多くいるため、日本語が理解できないことや情報が正確に伝わらないことにより、ルールやマナーの誤解やトラブルが生じていることがあります」と行政にも限界があり、地元住民の協力や理解が必要であることを示している。さらに、「地域でのコミュニケーションが十分でない場合、日本人・外国人住民相互の理解や協調が不十分になり、外国人住民が孤立して地域への参加の機会が失われてしまうことから、地域でのコミュニケーションの支援が必要です」とコミュニケーションについての住民同士の支援策の重要性を訴えている。

「教育」については、「外国人に就学義務は課せられていないものの、日本人と同様に扱うものとされていることから、日本の教育制度の周知や就学の促進を進めていく必要があります」と示している。「一方で、外国人児童生徒については、言葉の壁によりコミュニケーションがうまく取れなかったり、学校での授業の理解に支障をきたすことがあり、現状では、学校に通っている児童生徒の４割程度には特別な日本語指導が必要とされています」と分析している。行政側が在留外国人の、とくに日本語を中心とする学習権の必要性について触れているとみなしてもよいのではなかろうか。

そもそもこの「指針」の基本理念をみてみると、外国人が多く集まる地区として「日本人住民と外国人住民の多様性を活かした元気な川口のまちづくり」と方向づけをしている。そして、「多文化共生」の考え方の基本として、「日本人住民も外国人住民も、互いに文化的な違いを認め合い、ともに地域社会を支える主体であるという認識が重要」であることを示している。日本人も外国人も「それぞれがもつ魅力や個性、多様性を活かし、多様な主体が共生共存できる元気な川口のまちづくりを進めていく」と方針を定めている。

具体的には、在留外国人が日本語を習得する際の、日本語ボランティアを含めた「多言語ボランティア」の登録者を、2016年度の64人から2022年度には90人に増やすことを目標としている。

川口市は、多文化共生施策の展開を実現するにあたり、その具体策として、４つの「柱」を設けている。その4つとは、①「コミュニケーション支援」、②「生活支援」、③「多文化共生の地域づくり」、④「地域活性化やグローバル化への貢献」であり、「コミュニケーション」を第一に挙げているのが注目できる。

とくに①については、「日本語の運用能力や日本の社会に関する知識や理解にかかわるコミュニケーション上の問題を抱える外国人住民を支援することを目的としている」と位置づけている。[158] 具体的には、（１）多様な言語を活用した情報提供、（２）地域生活のためのオリエンテーション実施、（３）外国人住民のための相談窓口の設置、（４）日本語学習の支援、などが挙げられる。（１）から（４）にかけての主な事業は【表11】の通りである。

これらをみると本書の仮説に対し、川口市ではすでに実践を通して裏付けていることがわかる。

ただし、問題点もある。以下、本書の調査時点ではあるが、【表11】にみられるような川口市のコミュニケーション支援は協働推進課を中心とした、市の市民生活部が担当している。一方、本書で扱う公立中学夜間学級は市教委の管轄であり、日本の行政特有とされる縦割り行政を排し、それぞれの住民登録などを行う市民課なども含めた市役所全体による情報共有が必要と思われる。しかし、市教委に限らず、行政の立場からもその成果として、広義の「学校」つまりは市全体を「学びの場」とみなしてのコミュニケーション支援が行われていることは、社会包摂につながり、評価できる側面もあると考えらえる。

【表11】

川口市のコミュニケーション支援における主な事業

事業名	担当部署	主な内容
ホームページ自動翻訳サービス	情報政策課	川口市ホームページを英語、中国語、韓国語、ポルトガル語に自動翻訳。
市営駐車場案内看板の整備	管財課	駐車場案内看板の整備、イラストを取り入れる。
多言語通翻訳	協働推進課	各機関や町会からの通翻訳依頼を国際交流員、外国人相談員、語学ボランティアが行う。
多文化共生情報誌	協働推進課	お互いの文化や習慣の理解を深めるための記事を多言語で作成する。
外国語版家庭ごみの分け方、出し方	廃棄物対策課	英語、中国語、ハングル、タガログ語、ベトナム語、トルコ語でパンフレットを作成
外国語版家庭ごみ収集日早見表	廃棄物対策課	英語、中国語、ハングル、タガログ語、ベトナム語、トルコ語に対応した分別ガイドを作成

川口市ごみの分別ガイド（WEB アプリ）	廃棄物対策課	日本語、英語、中国語、ハングル、スペイン語、ポルトガル語、タガログ語、ベトナム語、トルコ語に対応したアプリを作成。収集日が検索できる。
外国語版転出・転入時手続き案内	水道サービス課	英語、中国語、韓国語、タガログ語、トルコ語、ベトナム語で水道使用についてのパンフレットを作成した。
外国語資料の収集・提供	中央図書館	英語、中国語、韓国語、ポルトガル語、タガログ語を中心に図書を収集・閲覧・貸し出しサービスを実施。英語、中国語、韓国語の新聞、英語、韓国語の雑誌も収集、閲覧ができる。
各種申込書の外国人利用者対応	中央図書館	利用登録申込書は英語を併記。
外国語版ホームページ	中央図書館	図書館ホームページに外国語のページを設置。
カウンター標記、掲示物の外国人利用者対応	中央図書館	貸し出しカウンターや返却カウンターの標記、休刊日案内は英語を併記。
企画展覧会図録の発行	文化推進室	企画展覧会の図録に英語訳を記載。
外国人住民対象の税と年金の講習会	協働推進課	日本の税・年金制度についての講習会を実施。
外国人相談窓口	協働推進課	国際交流員、外国人相談員を配置。
外国人通訳・相談出張窓口	協働推進課、市民課	国際交流員（外国人相談員）を通訳者として市庁舎 1 階に配置。
外国人諸手続き相談	市民相談室	婚姻、離婚、帰化、在留許可、出入国手続きなどについて埼玉県行政書士会川口支部が実施。
ボランティア日本語教室	協働推進課	ボランティアと一緒に日本語の勉強できる学習機会の提供を促進。

日本語ボランティア支援事業	協働推進課	ボランティア日本語教室で活動を始めたい人に「日本語ボランティア入門講座」、外国人住民に対する日本語支援のありかたについて、「日本語ボランティアレベルアップ講座」を開催。
日本語補充指導教室事業	指導課	該当する児童生徒に、基本的な日本語能力を身につけさせ、学校生活への不安を取り除くとともに、簡単な日本語でのコミュニケーションがとれるようにする。
日本語ボランティア日本語教室連絡会議	協働推進課	ボランティア日本語教室の運営に特化した課題を検討・協議し、情報共有することで各団体のレベルアップにつなげ、多文化共生を推進する。

(出典；川口市市民生活部協働推進課　「第２次川口市多文化共生指針」(2018年３月）16－25頁より抜粋)

３．川口市が実施した外国人アンケートの結果と考察

川口市は、今後も外国人の永住化、定住化が進み、外国人住民数は全体として増加するも　のと考えられるとしている。そうした中で、外国人住民も社会を構成する一員であり、その多様性を活かしつつ、支援の担い手としても社会を支えていく存在であるとの視点に立つことが重要となることを想定している。(159) そして、「これまで支援の対象でしかなかった外国人住民を、多様性を活かしたまちづくりの『新たな資源』として掘り起こし、この『新たな資源』をまちづくりに効果的・効率的に活用して外国人住民も積極的にまちづくりに参加して活躍できる外国人目線でのまちづくりを推進することが、魅力的で持続的に発展できるグローバルなまちとなり、多くの人々から選ばれるまちの実現が見えてくることを意味します。そして、新たな資源としての外国人住民の多様性を活かしたまちづくりを推進することが、外国人住民の多様性を活かすための地域の環境整備にもつながり、多文化

共生の発展したまちとしての川口市の姿が見えてきます」と説明している。

これらは、日本の人口減少からくる生産人口減少を食い止める対策として、経済界などから外国人材を求める声があることを念頭においているとみられる。単に「事実上の同化策」と受け取られかねないように、日本人の住民と在留外国人が交流できるように、文部科学省や市町村などの行政機関をはじめ、公立中学夜間学級や自主夜間中学において、日本人と外国人の共生の姿を追い求め続ける必要があるのではなかろうか。

川口市は2016年に「川口市多文化共生のためのアンケート」を実施し、外国人の意識について調査している。その公表結果の一部をもとに、考察を進めたい[160]。

《１》外国人が普段の生活でよく使う言葉については、日本語（75.6%)、中国語（62.8％)、英語（10.4％)、韓国語・朝鮮語（8.1％)、トルコ語（6.1％)、ベトナム語（6.0％）タガログ語（5.7％）の順となっている。

《２》「日本語がどの程度わかるか」、については、「聞き取れる」と「ゆっくりなら聞き取れる」の合計が94.4％、「話せる」と「すこしなら話せる」の合計が95.7%、「読める」と「かんたんな文章なら読める」が88.3％と、いずれも高水準であることがわかる。しかし、「書ける」と「かんたんな文章なら書ける」の合計は79.9％と他の「聞く」「話す」「読む」に比べ「書く」については、自信がないことが判明している。

《３》それに関連して、「あなたは自分自身が日本語が十分だと思いますか」といった質問については、「はい」が32.5％である一方、「いいえ」が62.8% と、日本語については「自信がない」ことがわかる。これは前述した「書ける」の数値が低く、「聞く」「話す」「読む」「書く」といった、いわゆる「四技能」が在留外国人にとって完全であるとは認識されていないことが一因ではないかと考えられる。
《４》前問で「いいえ」と回答した人の中で、「どのように日本語を勉強したいか」との質問には、「独学」(47.3%)、「ボランティア教室に通う」(31.1%)、「日本語学校に通う」(24.2%)、「日本人の知人・友人などに教えてもらう」(10.4%) と「独学」が半数近くになるものの、誰かに教えてもらうことになるとボランティアに頼ることを考える人が次に多く、後述する自主夜間中学などの存在が重要視されていることがわかる。日本語学習の機会拡充については、外国人住民が行政の側にも要求している事柄である。
《５》「あなたが、川口市にもっとしてほしいことはどれですか」との質問には、「外国人のためのセミナー開催」(62.4%)、「日本語学習の機会の充実」(33.5%)、「外国人相談の充実」(31.8%)、「日本人との交流やイベントの実施」(25.1%)、「市役所の窓口の多言語対応化」(23.4%)、「通訳の派遣」(13.4%) と、トップの「セミナー」の内容は多岐にわたるものと考えられるが、やはり「日本語学習セミナー」が多く含まれると想定できる。全体的に日本語について、学習や通訳の機会拡充を求めていることがわかる。

実際、別の質問項目として、次のような項目もあることからも推察できる。
《６》「外国人のセミナー開催の希望する内容」について質問したところ、「教育」(51.4%)、「税金」(49.5%)、「保険」(41.2%)、「日本での生活マナー・ルール」(36.1%)、「日本文化」(31.0%) の順で、「教育」が高いことがわかった。「教育」というのも多岐にわたるものであり、子どもの学校教育機会の確保なども考えられるが、やはり、在留外国人自身の「日本語学習」も含まれるのではないかと考えられる。

さらに別項目として、「教育と子どもを育てることについて」という質問項目がある。
《７》「20歳以下の子どもがいる」と答えた外国人は84.4%と多かっ

た。さらに、次の質問として、
《８》「その子どもは日本にいますか」との問いには97.1％が「はい」と答えた。子どもの年齢については、「６歳から12歳」が67.0％と最多で、次いで「０歳から５歳」が45.9％、「13歳から15歳」が20.1％と小学生世代が多いことが判明している。

そこで、さらに子どもの生活について、詳細な質問がなされている。

《９》「学校で困っていることはありますか」との問いには、「特に困ったことはない」（41.8％）が多いものの、次いで「日本語ができないので、子供が勉強していることがわからない」（25.7％）、「学校から保護者へ連絡がくるが、日本語なので、よくわからない」（19.6％）、「保護者同士のコミュニケーションができない」（19.1％）、「日本の学校や教育制度がわからない」（18.8％）の順で、子どもの教育に関するあらゆる場面で「言葉の壁」の問題が生じていることがわかる。

《10》「子どもの教育で不安を感じたことはありますか」との問いにはトップで「日本語学習」（29.4％）で、「進学」（27.0％）、「自分の国や地域の言葉についての学習」（23.5％）、「差別やいじめ」（23.4％）、「学習の遅れ」（22.7％）であり、どれも同じ水準ではあるが、やはり「日本語学習」が不安要素となっている。また、

《11》「子どもの教育について、どのように考えているか」について、「日本で教育を受けさせたい」（88.7％）で、「母国で教育を受けさせたい」（1.2％）を大幅に上回っている。そして、

《12》「子どもの将来について」は「大学・短大・専門学校などを卒業し、日本で働いてほしい」（69.9％）が最多で「考えていない」（15.8％）を大きく上回った。その他、個別の意見としては、

○「来日後はずっと川口市に住んでいます。ボランティアの日本語教室が多いから、勉強にもとてもいいです。日本語を話す練習ができるので、良かったです」

○「日本語ができないこと以外は困っていることがない。子どもの教育、避難の問題、日本人とのコミュニケーションなど、日本語学習の機会を与えてほしい」
○「外国人のための日本語学習の支援をもっと増やしてほしい。日本人との交流イベントも参加したい。できれば通訳の派遣もしてほしい。幼稚園のイベントは日本人のお母さん達と参加するので、日本語のコミュニケーションができないため、一度も参加したことがない」
などというように、「言葉」に対する不安や不満の声が聞かれるとともに、社会における言葉をめぐる「障壁」の存在が在留外国人の心理的な負担にもなっていることが推察できる。

以上のアンケート結果からわかることは、川口市に住む在留外国人にとり、一番重要視しているのは、日本で生活していく上での日本語学習の機会を確保することであり、子どもの教育について、最も不安要素として抱いていることがわかる。日本語については、日常会話は「なんとなく」理解できるものの、自分で書くことなど、表現力に乏しく、「読む」「書く」「話す」「聞く」の四技能が満足ではないことを、在留外国人自身が自覚していることがわかった。

そして問題なのは、学習する機会が例えば学校などの公的な機関ではなく、「独学」であったり、住民によるボランティア団体による日本語教室を利用していたりする点である。確かに、「独学」や住民団体による日本語教室を利用すること自体に問題があるわけではない。教育機関として第一に挙げられるはずの狭義の学校ではなく、独学せざるを得なかったり、住民独自の日本語教室に頼らざるを得なかったりすること自体が、注目に値するのではないかと考える。

むしろ、独学は、わからない点が生じた場合に誰にも質問することができないなど、学習者自身が不利益を被ることなどが考えられるが、一方、住民団体による日本語教室が、川口だけをみても学校以外の広義の「学校」つまりは、「学びの場」として、重要な立場を占めていることがわかった。こうした点から、前述したような在留外国人の学習権の確立の必要性は、本論の核となる川口市でも顕著であり、まず彼らの学習権を確立することが必要であることがわかる。多文化共生を基にした社会的包摂が生まれることを裏付けているのではないかと考えられる。

【第7章】

川口市の日本語ボランティアの歴史と川口自主夜間中学の現状

（1）2000年以前の川口市における住民運動

これまで本書では、誰も取り残すことのない多文化共生社会を目指すために、行政や市民による広義の「学校」である「学びの場」としての夜間中学を構築することが、社会包摂を成り立たせる手段ではないか、との仮説のもとで論を進めてきた。この中でそれを証明するために取り上げているのが、在留外国人が多く住む埼玉県川口市になるが、そこにおける地元住民や周辺地域からの有志による大きな活動の一つとして、川口自主夜間中学が挙げられる。「埼玉に夜間中学を作る会」と連携する形で、住民ボランティアによる在留外国人の日本語学習支援や日本人の子どもの学習支援が主な活動である。前述したように川口市は人口が増えるにしたがって、在留外国人も増え、在留外国人の存在なくして現在の川口市を語ることができない、と表現できるほど重要な存在となってきており、地元の住民団体が川口市の行政の立場と協働する形で、多文化共生社会としての街づくりを担っていると言える。

とくに川口自主夜間中学は、今日のようないわゆる「ニュー・カマー」と言われる外国人が増える時代よりも前にさかのぼる長い歴史の中で、在留外国人が多く住む都市の一翼を担いながら、川口市の国際都市としての成長に少なからず影響を与えてきたという面がある。そのためこの団体に注目して、多文化共生社会を作るにあたり、地元およびその周辺の住民の力がどのように活かされているかを考察したい。

次の【表12】は、川口市内で活動している日本語教室の一覧で、基本的には地元住民による組織を中心にまとめたものである。本書で取り上げる「川口自主夜間中学」もこの中に含まれ、市の施設などを通じて紹介される日本語教室の一つとして、日本語学習を希望する在留外国人に紹介されるケースが少なくない。

【表12】

川口市ボランティア日本語教室一覧（2018年度時点）

No.	名称	曜	開始時間	場所	備考
1	かわぐち子どものための日本語教室	火	17時	キュポ・ラＭ４階 川口駅東口徒歩１分	市内の小中学生
2	川口自主夜間中学	火 金	18時30分	キュポ・ラＭ４階 幸栄公民館	日本語・教科学習支援
3	美しい日本語楽究	水	18時	キュポ・ラＭ４階	高校生相当以上
4	はとがや外国人のための日本語の会	水	19時	南鳩ケ谷公民館	
5	フレンドシップクラブ	水	19時	西公民館	
6	戸塚日本語教室	水	19時	戸塚公民館	
7	新郷にほんご教室	水	19時	新郷公民館	未就学児・小中学生は不可
8	国際交流コーナー	木	13時30分	キュポ・ラＭ４階	未就学児・小中学生は保護者同伴
9	幸にほんご広場	木	19時	キュポ・ラＭ４階	18歳未満不可
10	南平日本語クラブ	木	19時	南平公民館	未就学児不可
11	出会いの学校	金	10時	キュポ・ラＭ４階	
12	はとがや日本語ボランティアの会	土	９時	鳩ケ谷公民館	子ども連れ可
13	川口国際友好学院	土	９時30分	キュポ・ラＭ４階	中学生以上
14	日中友好協会日本語教室	土	９時30分	（西川口駅東口マンション内）	未就学児不可

15	西川口日本語ひろば	土	10時	かわぐち市民パートナーステーション分室	未就学児・小中学生可
16	神根ふれあい日本語広場	日	13時	神根公民館	未就学児・小中学生可
17	芝北日本語クラブ	日	13時	芝北公民館	
18	芝園日本語教室	日	15時	芝園公民館	中学生以上可

注）川口市のHPをもとに筆者作成　(2018年11月現在)（2019年4月2日閲覧）
https://www.city.kawaguchi.lg.jp/material/files/group/26/japan201811.pdf

1982年に市川市内に初めて設立された公立中学夜間学級が、生徒の減少で閉校の危機に追い込まれたことがある。1985年の話である。夜間中学設立に向けた千葉県市川市のイベントに、埼玉から３人が参加していた。そこで知り合った高校の教師などが埼玉県内に夜間中学を作ろうと決意し、教師や労働者、主婦、学生有志が集まり準備が始まった。[(161)]県内に多数の義務教育未就学者がいて、「毎年、小・中学生の１％に及ぶ数の長欠児童が産み出されていることが明らかになった」ことも起因している。また、「埼玉県では、在日朝鮮人や引揚者・難民がたくさん存在しているにも関わらず、心ある行政施策が十分になされていない実態」もわかったとされる。

現在、代表の一人を務めるN氏は、当時、東京都の土木技術系の職員として勤めながら、文科系の夜間大学に通い、卒業論文に夜間中学のことを取り上げたことで、夜間中学の教師や生徒・卒業生といった人達とのつながりができたという。それが、夜間中学を作ることを目標とした住民運動への参加のきっかけとなったとされている。すでに東京都江東区や千葉県松戸市で自主夜間中学の運営に対し歩調を合わせながら、公立の夜間中学の設立運動を行ってきている。その動きと並行する形で、地元住民らによる主に在留外国人向けの日本語教室や日本人の児童生徒への学習支援を行う、川口自主夜間中学が1985年12月から火曜日と金曜日に開設されるようになった。

設立当時から、川口市内の義務教育未修了者に加え、20人前後が片道１時間から１時間半かけて都内の公立中学夜間学級までわざわざ通っている実態が浮き彫りになっていた。また、在日朝鮮・韓国人を始め、アジアや南アメリカといった様々な国から来ている外国人の多くが、川口に住んでいることなども大きな理由とされていた。

川口の場合、「埼玉に夜間中学を作る会」の活動としては、川口自主夜間中学の運営と公立夜間中学校設立運動との「両輪」という位置づけで活動が行われている。発足以後、「周年集会」を開いて、１年間の足跡とその後の方向性を確認してきた。また、1990年の国際識字年スタートの年には「国際識字年・埼玉集会」を開いたり、山田洋次監督の夜間中学を舞台にした映画「学校（パート１）」製作時に、山田監督の講演と映画上映などを実施したりして、夜間中学校開設のための啓発・啓蒙活動などを積極的に行ってきている。

自主夜間中学の開設時は生徒が６人だった。義務教育の未修了者や不登校の学齢児、卒業したものの英語や国語、数学の学力が備わっていないためさらに勉強したいという「形式卒業生」、ベトナム難民や中国からの引揚者やその子ども、在日朝鮮・韓国人などさまざまだったとされる。

機関紙に至っては、手書きで振り仮名付きの『銀河通信』を発行するようになった。1987年には埼玉県に日本語学級を併設した公立夜間中学を作ることを求めた署名活動が始まり、駅頭などで活動を行ったが、労働組合などとの横のつながりがなかったため、目標の１万人には達しなかった。それでも、約8000人分の署名を埼玉県知事や川口市長、市教委に要望書とともに提出した。しかし、当初は前向きな回答は得られなかったとのことである。

1988年に一度だけ、当時の県知事が義務教育未修了者の存在を認め、川口市も県南11市で話し合いを進め、「どこかが、作らざるを得ないだろう」とコメントしたが、市教育長の交代で、県も市も消極姿勢に転じた。県は「中学校の設置主体はあくまでも市町村」との立場であり、市は「県内の義務教育未修了者は川口市だけでなく、県内全域の市町村に存在しているので、広域行政としての県が指導的な役割を果たすべきだ」とするなど、相反する立場を維持し続けていた。

住民運動については、各地域の夜間中学校や増設を求める住民を中心とした団体が連携を強め、関東と関西の夜間中学校設立運動の関係者が静岡県浜松市近辺で集う「夜間中学運動全国交流集会」が開催され、川口からも参加してきた。[(162)]

（2）2000年以降の川口市における住民活動

2003年に、公立夜間中学の教師や生徒および、設立運動に関わる自主夜間中学のスタッフや生徒たちが「義務教育を終わっていない人の学ぶ権利」を求めて、日本弁護士連合会の人権擁護委員会に「人権救済申立て」を行った。[(163)]川口からもこの取組み賛同して、川口自主夜間中学の生徒が「陳述書」を提出した。その後、本書では前述しているが、2006年になり、日弁連は「学齢期に修学することのできなかった人々の教育を受ける権利の保障に関する意見書」を政府や衆参両院議長に対して提出した。[(164)]主な内容は、①義務教育未修了者についての全国的な実態調査の実施のほか、②実態調査の結果を踏まえ、夜間中学の設置が必要な市町村・都道府県への指導・助言の励行、③既存の公立や夜間中学校の受け入れ対象者の拡大、④自主夜間中学を運営する民間グループなどに対する多面的な援助、⑤個人教師の派遣の実施、などを掲げた。

2001年ごろには、川口自主夜間中学周辺では、活動の方向性について、「憲法に定められた基本的人権としての、教育を受ける権利を保障する場である公立夜間中学校の設立を要望していく姿勢は、これまでの基本理念に準ずる」として、「作る会」と「自主夜間中学」が、「お互いの主体性を尊重し、協同・協調の関係を保ちながら、独立して運営していく」との方針を明らかにしていた。また、自主夜間中学の運営拠点となっている川口市と併せて、埼玉県内にある政令指定都市のさいたま市にも設立を要望していくことや、住民運動としてのネットワーク作りを推し進めていく方針を打ち出していた。

2005年の20周年集会のころになると、「作る会」と「自主夜間中学」の２人代表制について議論がなされた。埼玉県内に公立夜間中学を設立する運動と、自主夜間中学の運営を行う両輪体制が「作る会」の会員や、「自主夜中」の生徒やスタッフの共通認識となり切れていないことがわかり、２者の調整役として事務局責任者を置くことを決めた。

2011年に行われた「25周年集会」以降の事務局では、「このまま運動を続けても設立を実現するのは無理ではないか」との「焦り」や「苛立ち」が持ち上がり、行政交渉についての内部討論が進められた。そこで考案されたのが、「県内の市町村が応分の負担をし合う共同開設方式」を主張することであった。県と市町村は相変わらずの責任の押し付け合いをしている状況で、互いに「小中学校の設置は市町村行政の役割」とか「夜間中学は広域行政として県が主体になるべきである」などと主張していた。

そうした中で、「設置主体としての市町村は、義務教育未修了者への修学保障義務を免れることはできない」と位置づけたのである。そこで、「今後の設立要望は市町村一本に絞り、県へはあくまでも条件整備の要望とする」とした。この場合の市町村の役割分担は、教室や職員室、体育館などの施設を提供した市町村は費用の負担はなしとし、教材・教育機器・講師料などはその他の市町村が応分の負担をするという案であった。そして費用面においては、県内の全域の市町村にするか、エリア区分にするかは県の指導に委ねる。就学援助費・定期代などはそれぞれ生徒が居住する市町村が負担するもの、などと提案した。

その後の住民たちの活動は、①署名６万人を達成して、県やさいたま市、川口市等への追加提出の早期実現をめざす、②党派会派を超えた議員の賛同を取り付けるためにあらゆる政党に引き続き働きかける、③さいたま市長や蕨市長に話し合いの場を要請していく、④埼玉出身の卒業生の応援メッセージの輪をさらに広げる、⑤協力会員・スタッフを増やし、市民団体・労働組合などのネットワークを広げる、といった内容だった。

このころから政府内にも超党派議員が集まり、「義務教育の段階における普通教育に相当する教育機会の確保等に関する法律案」(のちの「教育機会確保法」のことで、本書では別途触れている)が浮上し、議論が進められた。夜間中学の設立をめざす川口のような団体のほか、不登校の子どもをもつ親の団体やフリースクールの関係者とは白紙廃案や成立を望む声など賛否両論であった中での展開となっていた。また、2012年ごろになると、国会内での超党派による国会議員の会合などがもたれた。そして、2017年2月、「教育機会確保法」が施行されることとなり、公立中学夜間学級の存在とさらなる新設の可能性が注目されるようになった。

こうした公立中学夜間学級や自主夜間中学をめぐる住民たち有志の活動は、全国各地で開かれている。夜間中学そのものの開設を求めるものや、地元の自主夜間中学が中心となって開催するものなどさまざまである。そのうち、「誰もが学べる場所を提供しよう」と公立や自主夜間中学の教員、スタッフが活動を続ける「夜間中学増設運動全国交流集会」が1982年から開催されている。これまでは東日本と西日本の中心に位置する静岡県浜松市での開催が多かったが、2018年8月に開催された「第37回全国交流集会」では千葉県松戸市で開催された。埼玉県川口市とともに、2019年4月に夜間中学が開設されるため、同地が選ばれた。参加したのは全国の約20団体で、約100人の教員、元教員、自主夜間中学の講師やスタッフ、自主夜間中学の生徒らが集まった。質疑の際、会場からは「車いすでの入学は可能か」、「3年間の修学年限を拡大できないか」、「入学資格に夜間中学の『生活に支障のない人』とあるが、生徒一人ずつに合わせた対応ができないか」などの要望や意見が出されたとのことである。[165]

（3）川口市の自主夜間中学の状況

1．川口自主夜間中学の現状の考察

2019年４月の公立中学夜間学級開設を前に、川口自主夜間中学には生徒約50人が学んでいた。[166] 日本人は10代から20代、そして70代の生徒がおり、外国人が約45人と大半を占める。中国が最多で約30人、次いでベトナム、フィリピン、ネパールの順である。教師は「スタッフ」と呼ばれる地元とその周辺の有志の住民で、内訳は元教師や民間企業定年者、主婦、教師志望の大学生などであり、埼玉県内やその他、埼玉以外の首都圏からも駆けつける。「生徒」によりレベルや内容がまちまちであるが、例えば、外国人中学生については各教科の高校受験向けの学習を行いながら、日本語も習得する。日本語を習う成人の在留外国人については、最終的には就労目的であることも少なくない。男女ともはIT関係や不動産業界などの日系企業で川口市周辺や東京都内に本社や支店、営業所を置く企業に勤務する人や、パート従業員などが利用している。

特に川口市の近隣の蕨市にある団地には住民の９割程度が外国人であり、外国人同士の情報ネットワークにより自主夜間中学の存在を知る外国人も少なくないとのことであった。

自主夜間中学の「教室」は、マンツーマン方式の授業であり、教師役の「スタッフ」は、当日来られる人が担当する。基本的に一人の「生徒」の面倒を見ることが原則である（場合によっては一人のスタッフが二人以上の「生徒」を受けもつ日もある）。外国人生徒の日本語学習は、教材とともに初歩的な日本語を学んでいる。さらにバイリンガルのスタッフもいて、英語や中国語が堪能な人もいるとのことであった。[167]

川口市立の公立中学夜間学級については、後述するが、「川口市立柴西中学分校」として川口市立県陽高校が他の市立高校と統廃合した

後に跡地として残った校舎を、当初は開校後２年間使用し、その間、耐震工事をして、３年後からは統廃合後の旧柴園小学校の校舎を使うことになっていた。

川口市の場合、不登校生徒の扱いなどについて、他の事例と異なる面もある。例えば、不登校経験者などの扱いについては、新設される公立中学夜間学級ではなく、自主夜間中学に引き続き来てもらう選択肢も残す見通しとされていた。いずれにせよ、川口市以外の埼玉県内にさらに夜間中学を発足させる住民による活動を続けるため、市立夜間学級の開設後も自主夜間中学と「埼玉に夜間中学を作る会」は引き続き協力しながら活動をしていく方針を確認している。

２．川口自主夜間中学の現状・概要（人数・国籍、授業形式、内容など）

それでは川口市における自主夜間中学の実情はどのようなものであろうか。川口の自主夜間中学は、火曜日は JR 川口駅前の公共施設である「川口パートナーステーション」、金曜日は幸栄公民館で開かれている、ボランティアによる日本語教室および学習支援団体である。現在、学習者のほとんどが在留外国人であるが、学習支援を期待している日本人の児童・生徒が数人単位で「来校」している。

運営は「埼玉に夜間中学を作る会」が公立夜間中学増設を求める団体として、街頭署名活動などを行うほか、川口市教育委員会などへの要望や申し入れなどを行っている。並行する形で「川口自主夜間中学」が前述したようなボランティアによる住民団体として、在留外国人らの学習支援活動を行っている。メンバーは両方に参加している住民と自主夜中の学習支援のみの人もいる。「作る会」も会員として名前を連ね、署名活動などにも参加する人と、会費納入やカンパのみという人もいる。「作る会」と自主夜中それぞれ機関紙を発行しており、前者は『銀河通信』、後者は『ポコ・ア・ポコ（スペイン語で「一歩ずつ」の意味)』を定期的に発行し、後者はスタッフや生徒の簡単なエッセイや近況報告に加え、２か月分の教室開設日程などをルビつきで記載している。

自主夜中では毎月各曜日（火曜と金曜）の月末最終授業日の授業終了後に「スタッフ会議」を30分程度実施し、「教室の様子」や「運営体制や規約の見直し」、「イベントの日程・連絡」など意見交換を中心とした話し合いの場を設けている。季節ごとに松戸や東京・江東などの自主夜中と連携しての花見会や、餅つき大会などを実施している。

授業は基本的に火曜と金曜の午後６時30分から２時間行われ、教師役のスタッフである住民と「生徒」のマンツーマン方式で行われている。参加スタッフが足りない日は対象となる生徒が複数になることもある。在留外国人の初参加の際は、スタッフ代表者が日本語の習得状況など来校初日に面談してから授業への参加を促している。

参加・不参加は本人の都合に任されているのが現状で、毎回参加する在留外国人もいれば、１回または数回で来なくなる人もいる。学習内容やレベルはまちまちで、全くと言ってよいほど日本語が話せない人から、日本の大学に留学したいため、日本語学校に通いながら受験勉強を続け、さらに日常会話を勉強したいとの理由で利用する人、通訳ガイドになりたいと検定試験を目指して日本史の勉強をする人など、在留外国人の利用目的もさまざまである。そのため担当スタッフは基本的に同じ人がみることが多いが、スタッフと生徒の都合が合わずに別の担当者になる日もある。

日本語学習用に川口自主夜中独自のテキストを２冊準備している。一つは『文字の本』で、ひらがなやカタカナ、基本的な漢字の練習から日常用いる漢字による単語が学べるようになっている。二つ目は『日本語読本』で、中級程度前後の人向けにエッセイや物語が比較的大きな活字で縦書きに書かれてある。[(168)]

3．川口自主夜間中学における聞き取り調査結果の分析と考察

川口自主夜間中学には、来日するまでの経歴や、また、教室を知るまでの経緯、さらには年齢や国籍、家族構成などさまざまである。加えて、教室を利用している目的もさまざまであることがわかった。本書巻末の【インタビュー調査資料】に示したように、計16人の教室利用者にインタビュー調査を試みた。出身国・地域は中国が最多だったほかは、スリランカ、韓国、台湾、マレーシア、ジャマイカ、ベトナム、ネパール、イランなどからの来日者だった。

質問の焦点は、どのような人がどのような目的で自主夜中を利用しているのか、利用している感想も含めて尋ねることだった。そして、インタビュー時から約半年から１年後に開校が決まっていた、川口市の公立中学夜間学級への入学については、どの程度興味・関心があるかを調査することを目的とした。在留外国人がどの程度、公立中学夜間中学や自主夜間中学、あるいは両方に興味をもっているかを調査することは、在留外国人自身が自分たちの学習権についてどの程度意識しているかを知ることにつながるとの判断であった。

そこで、質問の際は「新設される公立夜間中学には通学予定はあるのか」という問いを必ず入れることにした。このような質問をすることで、本書の目的でもあり、仮説にもなっている、公教育としての公立夜間中学や自主夜中、市民、行政による多文化共生社会の実現と社会包摂が可能なのかを理解する結果につながるのではないか、との目的があったためである。

ここで注目できるのは、自主夜間中学を利用している人で、筆者が聞き取り調査した人の中には、調査時点においては、公立中学夜間学級への入学は必ずしも念頭においていない人が少なくないということだった。しかし、自主夜中の関係者によると、教室に通っていた人の中にも相当数、公立中学への開校前に入学を決めていたほか、実際、開校前にも公立中学夜間学級の概要や応募方法など複数の問い合わせ

があったとのことであるので、聞き取り調査の時期的な問題により内容に差が出た可能性が高いと思われる。調査時点では、まだ公立夜間中学の開設について、市教委側のポスター設置や説明会開催などの広報活動が盛んには行われていなかった時期と重なったことも一因ではないかと推察できる。実際には、2019年４月に開設された公立夜間中学への新入生は77人で、自主夜中からは７人が入学したことが自主夜中の調査により判明している。[(169)]

本書としてのインタビュー調査結果を振り返ると、本書の【インタビュー調査資料】の韓国出身女性のように、日本語の読み書きが苦手のため、さらにしっかりした教育を受けたいため、次年度開校予定の公立中学夜間学級に入学を希望しているという人もいたのは確かである。もちろん、インタビュー時期が来日してどのくらい経過しているか、自主夜間中学への来校歴はどの程度かにより違いがあることがわかった。少なくとも筆者自身がスタッフとして日本語学習の支援を担当した「生徒」は、インタビュー時点において、たいてい来日して日が浅いことや、同教室に初めてか、あるいは数回通っている人が多い印象であったため、まだ、今後の日本語学習および公立夜間中学開設については、情報の浸透度や必要性の理解の有無も含め、詳しくは考えていなかったものと推察される。

しかし、インタビュー結果の傾向を分析してみると、必ずしも公立中学夜間学級への入学は考慮していない、との認識の人も少なくなかったのは事実である。これは、公立中学夜間学級は、確かに正規の公立中学であり、東京都内の公立中学夜間学級の聞き取り調査の実態からも判明したように、仮に昼間、アルバイトなどでほとんど毎日仕事をしていたとしても、夜間中学に通学した以上は「学校」の生徒として、時間割が決められ、学則があり、また、修学旅行などの学校行事に参加する必要があるなど、学校組織の一員として振舞うことが求められる。そのため、公立夜間中学への入学は希望しない人が少なからずいるものと考えられる。

さらに言えることは、調査の過程である程度の経歴を聞いたが、在留外国人の中には、来日する以前に高校や大学を卒業し、場合によっては母国において高度な技術を持った社会人として正式に働いていた経験があり、「いまさら中学に行く必要はない」と考えている人が多かったのも事実である。

それではどうして自主夜間中学には来るのか、が大きな関心であった。ある調査対象者のように、日本語検定試験や大学留学生試験に向けては、別の受験対策としての日本語専門学校などで学習を続けているものの、日常会話、つまりは普通の日本人の生活レベルの会話をしながら、「生の」日本語に触れたいとの思いで来ている人が少なくないことがわかった。

中には川口市周辺の企業などで働いている調査対象者がいたが、その人の日常は同じ中国人同士のグループで生活しており、日本にいながら中国人だけのコミュニティの中で生活が完結していることが判明した。つまり日本に来日しても日本人とはあまり接触する機会がなく、また、機会をもつ必要もなく、同じ中国人の家族や同僚、友人とプライベートでも仕事場でも生活していることが推察できた。

もちろん、調査対象者の中には、日本人と共に働いている人もいた。しかし、中には同じ国の人が同僚や近隣住民としており、言葉を含めて心理的にも同じ母国に通じる信頼関係にあるため、同じ母国の人同士のつながりが、長期間にわたり安心して日本で暮らしている要因となっているのではないかと考えられた。

中長期的に日本ですでに就業している生徒の中には、自主夜間中学における日本語学習を通じて、まずは基本的な日本語会話をマスターしたいという思いが強いことがわかった。

日本国内で市販されている日本語能力試験(170)の公式問題集や中国で出版されている中国人の著作による中国語訳がついた日本語のテキストを自ら持参し、ボランティアスタッフとともに学ぶことを提案する生徒がいたのも事実である。また、調査対象者の中には、スマートフォンのアプリで翻訳機能がついたものをスタッフとの会話に用いている人が少なくなかったのは、スマートフォンが世界各地で使われている現代的な特徴ではないだろうか。

また、調査対象者のほとんどは、少子化が進む日本の実情とは対照的に、家族や子どもが多いことがわかった。本人は、例えば、母国で仕事をしていた際に結婚し、夫婦とも時期をずらして来日しているケースがあった。高齢になった両親、同年代の兄弟姉妹、あるいは子どもを母国に残したまま来日しているケースがあった。

生徒の昼間に行っている仕事の業種は、飲食店などの自営業からIT関係企業まで多彩であった。IT関係に勤務している人の中にはすでに本国で専門の勉強をした上で、高度な技術職として来日しているケースも見受けられた。また、不動産業に就いている調査対象者は、同じ国からの出身者に物件を紹介する仕事を任されていることもあるようだった。

また、まれなケースではあるが、日本での通訳・ガイドの資格をとるため、日本語はある程度はできるものの、「資格試験に必要な日本史の学習がしたい」ということで、高校の日本史の教科書と用語集を持参して参加する人もいた。この教科書は当初は、ベテランのスタッフが学生時代から長年使っていた教科書を貸し出したものであったことが判明した。

全体的には、在留外国人は日本語学習に苦労していることがわかった。彼らにとってみれば複雑多岐にわたる日本語文法や、それ以前に「一つ、二つ、三つ、四つ、五つ…」と数を数える際の言い方に日本独特の読み方があることも、「複雑」、「難解」という印象を与えているようだった。

しかしながら、自主夜間中学に来ている人はみな口々に「日本（や日本の文化）が好きだ」といった趣旨のことを発言していた。中には、複数箇所の空手道場を自分で開き、日本人の子どもたちに教えてから、自主夜間中学にやってくる在留外国人もいたほどである。そして、「当分は日本にいるつもりである」といった趣旨のことを語っている。1970年代から80年代にかけて短期間で生活費を稼ぎ、すぐに母国に戻ってしまうかつての「デカセギ」労働者の印象ははるかに薄くなっていることが判明した。

また、自主夜間中学の存在自体は、インターネットなどで調べた人が多く、巻末の一覧にあるような川口市内の複数のボランティアによる日本語教室をいくつか見学、体験してからやってくる人もいた。また、同じ国の友人や知人（母親同士が友人であるなどの関係者）に自主夜間中学の存在を聞いて「入校」する人がいたほか、ある在留外国人が自主夜間中学で日本語を学び、しばらくして同じ国出身の友人や知人、同僚を誘って来るというケースも少なくないようであった。中には１、２回程度で来なくなる人もいるほか、長期にわたり自主夜間中学に通い続けている人など様々であり、公立中学夜間学級のもつ「学校」の印象とは対照的であり、「学習したいときに」「必要な期間だけ」「利用している」といった印象が強いことがわかった。

（４）新設された川口市立芝西中学陽春分校

ボランティア住民が教える役割を担っている自主夜中に対し、2017年の教育機会確保法の制定を機に、急速に全国的な公立中学夜間学級の開設の動きが出て、法律制定後、第１号となった川口市立芝西中学校陽春分校の開設当初の現状はどのようなものであろうか。

新学期直前の2019年３月末現在の入学希望者は80人で、男性31人、女性49人。居住地は川口市内が44人で同市以外が36人（さいたま市７人、蕨市４人、草加市４人など）だった。また、日本人は33人、外国籍が47人で、全体の58.8％とやや日本人を上回っている。国籍では中国が21人と最も多く、次いでベトナム（６人）、韓国（４人）、ネパール、トルコ、アフガニスタン、ブラジル、ペルー、ミャンマー（各２人）、タイ、パキスタン、フィリピン（各１人）の内訳となっている。[(171)]

日本と外国籍両方を合わせた年代別の内訳は10代が21人で最多であり、次いで40代が18人、20代が12人である。日本人は10代から80代まで全般的に入学希望しているが、とくに40代以上が多い傾向にある。それに対して外国籍最多の中国人は10代が最多の10人で、50代まで分布しているのがわかる。

【表13】
川口市立芝西中学陽春分校の入学希望者年代別内訳（川口市教委の資料より）

年代	人数（人）	国　　籍
10代	21	日本2、中国10、トルコ1、ペルー1、ベトナム2、ネパール1、ミャンマー2、パキスタン1、フィリピン1
20代	12	日本4、中国1、アフガニスタン2、ベトナム4、ネパール1
30代	7	日本3、中国2、トルコ1、ペルー1
40代	18	日本8、中国7、タイ1、ブラジル2
50代	8	日本5、中国1、韓国1、台湾1
60代	8	日本5、韓国3
70代	5	日本5
80代	1	日本1
合計	80	

このようなデータをもとに、埼玉県川口市に新設された夜間学級を公立中学夜間学級の一例として、どのような特徴があるのかを考察していきたい。

川口市教委によると、陽春分校への入学資格は、「在留資格カードをもっているか住民票のある人で、長期滞在が見込める人」としている。授業は日本語で行うことが原則だとのことである。[172]授業の中で日本語を身に着けるという位置づけで、日本語の補習については別途、「取り出し授業」として該当する生徒のみ補習を実施する。あくまで「学校」であるため、学習指導要領に則った授業が行われる。日本語学校ではないので、原則として「日本語」の授業はしないとのことである。教員数は計13人（発足時）だった。

実際は、発足時点で１学年は２クラス（27人と23人、国籍などは不明）、３学年１クラスで30人、２学年は「なし」の状態で始まった。本来の定員は120人程度を目安にしているとのことである。学習指導要領に合わせているとはいえ、生徒の中には高校進学希望者や日本語学習の基礎的学習から始めたい人、中学のころ不登校などにより十分通学できなかった「学び直し」の人など目的はさまざまのため、６〜７種類のカリキュラムを作り、ニーズに合わせているとのことだった。

教育機会確保法の制定を機に、政府の方針としては義務教育年齢の学齢期の年代も受け入れ可能としているが、この学校では「まずは学齢期を過ぎた人（16歳以上）」を対象としているとのことである。市教委の担当者は開校当初、「不登校の生徒は、いずれは原籍校に復帰させてあげることが目的であり、今後は昼間も夜も選べることが理想だ」と話していた。

また、卒業までは中学のため、３年間かかることが前提であるので、在留資格をもっており、長期滞在が見込める人が優先され、高校に入学できなかった人や、「最速で」中学卒業資格をとりたい人が入学に向いており、「観光目的」で入国した人などは対象外とのことであった。(173)

さらに、給食についてであるが、牛乳のみ提供する「ミルク給食(174)」と呼ばれる形式をとっている。東京都などでは給食として食事を提供している学校もあるが、川口市では少なくとも開校当初においては、「川口は給食センター方式をとっており、自校（で作る）給食ではないため、80人分だけ夜間向けに作るとなると人件費などの問題が発生するため、（ミルク給食だけの実施のみで）現在のところは変更の考えはない」とのことであった。

そして前述した自主夜中との関係については、「自主には自主の良さがある。公立夜間も公立中としての役割がある。互いに価値があり、役割分担をする必要がある。（集合の）ベン図のように全部重なることはなく、在留外国人の学習権を行使する選択肢が『自主』と『公立』と２つに増えたと思ってほしい」としている。

（５）自主夜間中学から公立夜間学級へ

筆者は川口自主夜間中学で学んだ後に2019年４月に開設された川口市立陽春分校に入学した18歳の男子生徒へのインタビュー調査を、本書巻末の【資料】に記したように実施した。詳細は当該記録に譲るが、公立中学でいじめを受け、まず自主夜間中学が受け皿となっていた。そして、公立夜間中学の開校を自主夜間中学で知り、入学を決意した。幼稚園から埼玉県内に居住していて日本語は理解できるが、「書くのが苦手」だった。現在は午前中にアルバイトをしながら、夜間に陽春分校に通学しており、「いろいろな国の人と触れ合い、友人もできて楽しい」と話したことから、自主夜間中学と公立中学夜間中学それぞれが、彼の人生に大きく関与していることがわかった。自主夜間中学は「卒業」した形になるが、公立中学夜間学級の開設は、在留外国人の人生に大きな影響を与えていることがわかった。

【終章】

新たな多文化共生社会構築に向けて

（1）報道における世論調査結果と犯罪白書からみる「外国人」受け入れ

国内においては、少子高齢化が進み、労働力不足が今後一層進むことが予測されており、外国人材受け入れ枠の拡大措置がなされている。

こうした動きは事実上の「移民」受け入れとも受け取れる。しかし、政府関係者は「移民政策ではない」ことを強調している。移民政策導入について、国内世論の賛否が分かれていることなどに配慮し、「移民」ではなく「あくまでも外国人労働者」という考え方をしているものと考えられる。本書でもこうした情勢を鑑み、序章に記した考え方から、引用部分を除いては、原則的に筆者自身の表記として、「在留外国人」という言葉を用いてきた。

外国人住民が約280万人で、そのうち外国人労働者が100万人を超えている現状がある。しかも2019年４月以降、改正入管法により「特定技能」などの名称が新たに発足して、介護などの分野を中心に約30万人を目標にした外国人労働者の受け入れが始まっている。実際、それらの動きは2000年代前半、少子高齢化が加速している現状から、もはや外国人労働者なしには日本の経済は成り立たないという観点を持つ経済界の要請でもあった。こうしたことから、現状の在留外国人は「事実上の移民」と言ってもよいのであるが、諸外国の移民受け入れ政策や受け入れそのものに否定的である関係者などが実在することから、日本においても「移民」という言葉に拒否反応を示す人々も少なくないのが現状である。賛成か反対かの意見以前に、「移民法」のような法的根拠も見当たらないのが日本の現状である。

確かに移民政策導入の是非については、一般の中でも意見が分かれることが多いのは事実である。例えば、2015年に日本とドイツで実施した世論調査結果を朝日新聞社が公表した。[175] これは「戦後70年」という区切りの年にあって、人々の社会問題に対する意識がどのように変化しているかを調べたその一環であるとみられる。その結果、永住を希望する外国人を移民として受け入れることについて「賛成」が51%で、「反対」の34%より多かった。これは同社が2010年に世論調査を行った際、「将来、少子化が続いて人口が減り、経済の規模を維持できなくなった場合、外国からの移民を幅広く受け入れることに賛成ですか。反対ですか」と質問した時は、「賛成」が26%で、「反対」は65%と逆の結果が出たことから比べて意識が変化したといえるのではないだろうか。

一方、読売新聞社が同年に行った世論調査でも、日本に定住を希望する外国人を移民として受け入れることについて聞いたところ、「賛成」は38%、「反対」が61%と朝日の同年の調査と逆の結果が出ている。[176] しかし、読売調査においても、20代の中では「賛成」「反対」がほぼ半数ずつであったという結果もある。

朝日調査において、外国人の労働者や住民が増えることへの懸念について質問した際は、「治安が悪くなる」という項目に対し、「大いにそう思う」(22%)、「ある程度そう思う」(54%) という結果が出た。読売調査においても反対派が多数を占めるのは、同じような理由によるものと考えられる。

しかし、『平成25年版犯罪白書』が「グローバル化と刑事政策」という特集を掲載したが、2004年から2005年のピーク時を機に、同書が発刊された当時を基準にすれば、来日外国人による犯罪は減少していることがわかった。[177] 犯罪白書では「国内の景気低迷や国内外の雇用情勢の変化による影響のほか、不法滞在者の削減に向けた各種の対策の効果もあって、不法残留者の数は大きく減少した。これに対し、来日外国人による犯罪は、新規入国者や在留者の増加に呼応することなく、10年前頃をピークに減少を続けており、この傾向は、検挙段階だけではなく、比較的犯情の重い者が対象となる刑事施設入所段階でより明確にうかがえる」としている。同白書によると外国人犯罪は「窃盗」が最も多く、受刑者では覚せい剤などの薬物事犯が多いことなど、日本国内における犯罪全体の特徴と主要な部分は共通していることがわかる。

このことから同白書は「グローバル化の進展にもかかわらず、来日し、在留する外国人による犯罪情勢の悪化は招いていないと認められる」としている。在留外国人の増加自体が日本社会全体の「リスク」になるわけではないとも言えるのではないだろうか。

かといって懸念がないわけではない。外国人労働者の受け入れ拡大に向けて、2018年12月、改正出入国管理法が成立し、2019年４月に施行された。新たな在留資格「特定技能１号」「２号」を付与することが主な柱で、単純労働分野で働くための在留資格を認めていなかった日本にとって、大きな政策転換となった。政府は介護や建設など14業種を検討の対象とし、５年間で最大34万５千人の受け入れを見込んでいる。また、2019年４月の同法施行とともに、法務省の外郭として出入国在留管理庁（入管庁）が発足した。[178]

政府は従来から「移民政策」にならないように、といった趣旨の姿勢を変えないまま、外国人労働者については積極的に受け入れる方向性を打ち出した。[179]つまり「現在でも外国人労働者の増加が続く中で、今後、日本国籍を持つ人の人口減少が進むこと、介護、農業、旅館等特に人手不足の分野があることから、外国人労働者の受入れについて、雇用労働者としての適正な管理を行う新たな仕組みを前提に、移民政策と誤解されないように配慮しつつ（留学や資格取得等の配慮も含め）、必要性がある分野については個別に精査した上で就労目的の在留資格を付与して受入れを進めていくべきである」と推進については積極的な姿勢を表明してきている。

ここまで日本国内における外国人受け入れ態勢が進む中で、「これを『移民社会』と言わないのか」否か、という議論は別の機会に譲ることとする。しかし、現状は単に外国人労働者に対して、入管法改正という法的な門戸を開けばよいというものでは決してない。実態に即した「多文化共生社会」実現のため、日本語の習得機会の確保など、基本的な考え方をここで改めて認識する必要があるのではないだろうか。

そのため本書では序章で示したような問題提起をもとに、政府や地方自治体などの行政体に加え、広義の学校を含めた「学びの場」やボランティアとして参加する住民有志などが協働した成果として、多文化共生による社会包摂が生まれるのではないかと論じてきた。前述したような社会情勢の中で、在留外国人を中心とした「学びの場」である夜間中学の成果として多文化共生社会を実現できるはずだ。

（2）まとめ

本書では、公教育とボランティアなどによる住民有志を軸として、在留外国人が日本語を学ぶ多文化共生社会を広義の「学校」、つまり「学びの場」と位置づけ、教育行政としての広義の学校としての「学びの場」とボランティアなどによる住民有志を加えた日本語教室が連携した成果として、多文化共生社会を実現し、誰も取り残さない、排除しない、とくに在留外国人の国籍など多様性を尊重した社会包摂が生まれるのではないか、という問題意識を掲げ、検討を重ねてきた。

その結果、序章の（イ）として掲げた点については、在留外国人は労働者だけでも100万人を超えており、昼間、何らかの職業に就いているのが実状である。しかし、外国人の大半が生活者として日常生活を難なく送れるほど日本語を習得した上で来日しているわけではない。

例えば、日本人が欧米圏に留学や出張をする際、英語の検定試験を受け、語学の実力を診断してから出向くという制度が、日本人が英語を学ぶ習慣としてあるが、日本以外の国や地域によっては日本に比べて遅れていたり、その機会がすべての国や地域に存在するわけではなかったりする事情から、日本語の学習は在留外国人にとり、来日後に日本国内において機会を作るしかない現状がある。

確かに、当事国の言語を何らかの形で学んでから入国し、生活者となるのは、当事者である在留外国人の側の責任であることも少なからずあるかもしれない。しかし、在留外国人の労働力は少子高齢化が進む日本国内においては喫緊の課題となっており、日本の労働市場を選ぶことを日本の側が期待している現状がある。実際、「生活の場」である日本国内の住宅地において、在留外国人がゴミ出しルールを知らない、守れないなど、長い間、その地域に住んでいた日本人と生活習慣の違いからトラブルになるケースは各地でみられることである。

よって、在留外国人に対する「学びの場」が必要であり、その中心的な存在は夜間中学であることが本書で検証できた。その「夜間中学」には、公立中学夜間学級とボランティアによる住民有志による日本語教室があり、本書では後者のボランティア住民については、埼玉県川口市の日本語教室に焦点をあてて論を展開できるのではないかと考えてきた。

その際、本書で述べる「学びの場」は、在留外国人の学習権を保障する場になるのではないだろうか、と仮説をたてた。なぜなら1980年代から1990年代にかけて多数来日した外国籍の「デカセギ」労働者や中国などからの引揚者を支援していた時代とは違い、在留外国人が日本国内の「生活者」として中長期的に、しかも家族を伴って来日している時代背景があるからである。そうした点から考察すると、2017年に教育機会確保法ができて以来、全国各地に公立中学夜間学級を発足させるか、あるいはその検討を始める自治体が出始めていることから、現状および今後の日本社会の課題として、夜間中学が多文化共生社会を実現する機能を果たすものと考えられるのではないだろうか。

（ロ）の仮説については、在留外国人の学習権と行政の教育確保義務をそれぞれ尊重して、行政と地元住民が協働しながら多文化共生社会を実現できる成果を証明することになるのではないか、ということになる。例えば、本書で考察した埼玉県川口市は多文化共生プランを掲げており、2019年には2017年の教育機会確保法施行以来初となる公立中学夜間学級を開校させている。一方で、30年以上続くボランティア住民による自主夜間中学も並行して活動を続け、それぞれの役割を補完しあいながら協働していることが、筆者のインタビュー調査などから判明した。そして、その背景には戦後直後に旧帝国大学教授と地元教員や地元の現場教員らが協力し合い、社会科のカリキュラムの素案である「川口プラン」を作成した土地柄であるということも影響していたのではないかと考えられる。これらは広義の学校である「学びの場」としての公立中学夜間学級、自主夜間中学、そして行政や地元住民らが協働してこそ実現できるものである。

そして仮説の（ハ）については、夜間中学で学ぶ在留外国人が８割を超える中で、とくに日本語の学習権を保障することは、本書でみてきたような多文化共生社会を実現するきっかけになるといえる。その「学習権の保障」というのは、具体的には日本語の習得である。

実際、筆者のフィールドワーク調査からも、埼玉県川口市周辺で生活しながら、自らの仕事を成し遂げるだけでなく、日本の文化を尊重しながら日本人社会の一員となっている人々は、行政や市民が協力しながら「学びの場」の構成員となっていることが判明している。日本語授業に力を入れた「学びの場」である夜間中学は社会包摂の場になっていると言えるのではないだろうか。

現実問題として、今後、在留外国人が直面する課題は、単に学校や職場で日常会話レベルの日本語が通じればよいというものではなく、さらに複雑な社会情勢に巻き込まれる可能性が高い。例えば、岩田は、社会言語学の立場から、裁判員制度や医療通訳、法廷通訳、災害時の外国人へのコミュニケーションなどを始めとして、言語が重要な役割を担う分野で社会言語学が果たす役割は大きいと述べている。[(180)]これは単に特定の研究者の専門分野の存在意義を示していることに限らず、在留外国人が日本国内で社会人生活を送れば送るほど、複雑な社会構造の課題に直面することが考えられる。そこでは言葉の壁が存在するので、日本社会の側が解決策を提示する必要があるのではなかろうか。

総じて考察すると、公立中学夜間学級やボランティア住民の有志による「自主夜間中学」などを含めたあらゆる学習機会を、とくに在留外国人に対して提供する場を広義の「学校」、つまりは「学びの場」ととらえ、行政や学校、ボランティア住民などがそれぞれの役割を果たしながら協働してこそ多文化共生社会が現実のものとなり、社会的な排除を受ける人々が減るのではないかとの結論に達したと言えるのではないだろうか。

前述までの考察とともに、本書の【フィールドワーク調査資料】にも記述したように、公立中学夜間学級や川口自主夜間中学、さらには公立夜間中学出身の都立定時制高校生らに対するインタビュー調査からも、広義の「学校」としての「学びの場」のニーズがさまざまであることがわかる。さらに、国および政府、実際は、文部科学省や地方自治体が中心となって、今後、全国各地で開校していくとみられる公立中学夜間学級の動きとは別の動きとして、ボランティア住民有志による「自主夜間中学」や「日本語教室」の活動がさらに増加し、充実していくであろうことも想定できる。

このような考え方は、次のようにも解釈できる。例えば、イヴァン・イリッチは「学習のためのネットワーク」を論じる中で、人々が、町での刺激から得ることを論じている[181]。これは社会の中でのネットワークの例であり、本書で述べる多文化共生社会における社会的包摂を実現する考え方ではないだろうか。

さらにイリッチは、「知識や大切に考えていることをいかにして身につけたかを明確に述べるように求められると、彼らは学校の中でよりも学校外でより多くそれを習得したことをすぐに認めるであろう」

と述べている。ここでいう「学校」とは公立中学のような狭義の「学校」であることは明らかである。その例としてイリッチは、事実についての知識や、人生と仕事に対する理解を、テレビで見たり、読書をしたりすることにより得る一方、友情や愛から、あるいは仲間の例に倣うとか、町での刺激から得る、と論じている。

ここでイリッチが、(狭義の) 学校についての考え方をひっくり返すことが可能であると論じていることは、本書の仮説にも結び付くと言えるであろう。

彼が自身の理論の中で、あらゆる教育の内容を、教師を通して学生の頭の中に注入する代わりに、学習者をとりまく世界との新しい結びつきを彼らに与えることができる、と述べていることからも、多文化共生社会の実現こそ社会的包摂に結びつくことの根拠の一つともいえるのではないだろうか。

総じて、本書においては、多文化共生の先行研究に基づく「多文化」と「共生」の定義づけを行った上で、学校とは何かを教育哲学的に考察してきた。さらに、埼玉県川口市などのフィールドワーク結果を踏まえながら、公教育とボランティアの二本柱により多文化共生社会を構築することが、誰をも排除しない社会包摂を作りあげることに至ると証明してきた。その背景には、すべての人類に学習権があり、行政だけではなく、人々すべてが意識して、とくに労働者不足から在留外国人を多く受け入れている日本のような国においては、日本人の地元住民をも含めた社会全体で彼らを同じ住民、つまりは、「生活者」の社会構成員として受け入れることが、多文化共生による社会包摂を作り上げることに結びつくのだと改めて強調したい。

単に街のイベントや祭りにおいて地元の食材を使った料理紹介を行う国際交流ではなく、多文化共生社会を作り上げることがとても重要な意味をもつのではないだろうか。

そして何よりも現実的に必要なことは日本語教育である。前述した新聞の世論調査においては、日本人の中でも若い世代ほど外国人受け入れに寛容であることが推察できる。これは幼少時代から同じクラスメートに在留外国人がいる空間を当然のこととして経験してきているためであると推測される。彼らの親や祖父母の世代の「外国人」の受け入れに対する意識とは違ってきているものと思われる。そこで、単に日本語の授業を行政任せにせず、ボランティア住民有志をも含めた社会全体を広義の「学校」としての「学びの場」とみなし、社会全体で在留外国人が不便を感じない社会を作り上げていくことこそ、本来、私たち日本人がめざす多文化共生社会の実現に近づくことができるのではないだろうか。

（3）本書における今後の課題

本書におけるフィールドワーク調査は、埼玉県川口市において実施し、論を展開してきた。2019年４月に埼玉県内で初めて公立中学夜間学級が開設され、全国でも2017年の教育機会確保法施行以来、初の公立中学夜間学級の開設となる節目の年に、川口市をフィールドワークの対象としたことは意義深いことだと考えている。しかし、その後、同法施行の目的は各都道府県に最低１校は公立中学夜間学級を開設したいという、政府の考え方に依拠するものであり、各地のニーズや地域環境などさまざまであることがどこまで考慮されているのか疑問が残る。また、公立中学夜間学級には、在留外国人のほかに、日本国籍で学齢期を超過した上、何らかの事情を抱えながら「学び直し」を必要としている人も含まれる。

しかし、本書では、在留外国人に限定して論を進めてきた。在留外国人が約280万人いて、国際社会と言われるほどの今、家族を伴い中長期的に日本に滞在するか、場合によっては帰化して日本国籍を取得する人も増えていることから、単に一時的な現象ととらえるわけにはいかないと判断したためである。

これらの人々を対象としても、まだ、現在の日本社会を社会包摂の場として完結したものであると考察するには限界がある。本書で述べてきたように、そもそも公立中学夜間学級の発足は、その歴史からみて、諸説あるものの大阪または神戸といった西日本から発足したという経緯がある。また、東日本をみても川口市に隣接する東京都にはすでに８校の公立中学夜間学級が存在し、その一部の公立中学夜間学級の協力を得て本書のフィールドワークを試みた。東京都と川口市を比較しただけでも、例えば、東京都のある中学では夜間学級でも給食が出ている。しかし、川口市は予算の問題などから当面の間、給食は牛乳のみの提供とされ、食事そのものの支給のめどはたっていない。そうした各地による特色を活かしながら、温度差を解消してこそ、本来の社会的包摂の実現が達成できるはずであり、学校給食の歴史や学術的な意義について検討の余地が残されていると考えられる。

また、本来、政府や地方自治体が2017年の教育機会確保法施行以来、「各都道府県に１校開設する」と推進してきたはずの公立中学夜間学級は、本書のまとめ作業に入った2020年末現在で34校にとどまり[182]、「ニーズの把握が難しいことや、学校についての周知が進んでいないことが、設置が進まない原因」とされているのが実状である[183]。

また、本書でみてきた川口自主夜間中学をはじめとする在留外国人向けの日本語学級は、基本的には住民ボランティアが大半を占めている。ボランティア活動についての定義づけは三種類に分けられることを岡本が示している[184]。一つは、ボランティアリズム（Volunteerism）というもので、ボランティア活動の意味や役割を説明する際、アメリカでよく用いられたとされる。二つ目はボランタリズムで「Ｙ」のついていないもの（Voluntarism）である。個人の自発性や主体性を非常に協調しようとする場合に使い、意志を非常に強調するという。つまり、これはやらなければならない、解決しなければならないといった思いが込められたもので、感情だけで動かされるのではなく、この課題は社会にとって、あるいは子どもにとって、障害者にとって大事なことで、それを解決しなければならないという、意志と非常に関わるボランタリズムだという。つまり、個人の自発性や主体性といった、個人の意志を強調するのである。

三つ目はボランタリズムでも「Y」のついたもの（Voluntaryism）というものである。国家や行政などから自立した民間運動を指すことが多い。行政が言うのではなく、自分たちが主体的にこの問題を解決しなければならないというもので、後者２種類が主なボランタリズムを指す場合が多い。

また、岡本はボランティアについて日本国憲法に掲げられている「結社の自由」にも触れているが、これは「～からの自由（From freedom)」と「～への自由（To freedom)」の二種類があると定義づけている。「逃げ」の自由と「(行政などに）対する」自由ということになる。

本書で前述している川口自主夜間中学については、これら３つのボランティアの中で、２つ目と３つ目に相当する特徴をそれぞれ兼ね備えたものではないか、と考えるが、少なくとも現在では行政に対立する立場をとっているわけではなく、むしろ共生に近い状態にあり、ボランティア住民による活動そのものの詳細な考察および意義については、今後の検討課題としていきたい。というのも、ボランティアについては、さまざまな研究課題や見解があるためである。例えば、山崎は、ボランティアには将来的な問題点があると指摘する[185]。つまり山崎は、ボランティア活動は自発的な行為で自由な行為である。一方、公共的なニーズは、ある合理的な秩序を持っており、選挙で選ばれた政治家、政府が行っている。ボランティアの活動主体は選挙によって選ばれていないので、その合法性、正当性は個人が自分に与えているだけなのであって、「自分がしたい」ことが正しいことになる。サービス全体の合理的配分の問題と、個人の自発性の関係をどう関連付けていくかということが大きな問題であると指摘している。

さらに山崎はボランティアの非効率性を懸念している。例えば被災地にボランティアが押しかけて一所懸命に活動しても、合理的な追及が必要で、何らかの組織化・制度化が必要になる。また、将来、皆がボランティア活動に行くことが社会の制度になってしまうと、一人だけ怠けている人は悪者だということになり、ボランティア本来の精神に沿うか疑問がでる、などとしてボランティア制度そのものの考察が必要ではないかと考えられる。

さらにボランティアの性格として挙げられるのが、自発性、主体性、公共性、利他性、福祉性、社会性、連帯性、継続性、先駆性、開拓性、無償性などである。[186] 自発性や主体性、無償性はボランティアの基本的姿勢に視点を置いたもので、公共性や利他性、福祉性、社会性はボランティア活動の目的に視点を置いている。さらに、連帯性や継続性は活動を進める上での視点からの表現で、先駆性、開拓性は機能の視点からの表現とされる。自発性や公共性、連帯性、無償性は多くの論者が共通して挙げるボランティア活動の特性とも言える。市民性を加えてボランティアの基本的性格として考えることができる。

これらの性格について、前述した川口自主夜間中学についてあてはめると、とくに、「自発性」や「公共性」、「連帯性」の3点が共通項として挙げられるのではないだろうか。さらに、外に向けては、全国各地で開催されている、同種の自主夜間中学や他の住民有志による日本語教室などとの連帯性も、考察する必要があると思われる。

また、在留外国人に向けた日本語学習の組織は、本書で中心的に述べてきたボランティア住民有志による自主夜間中学だけでは決してない。例えば、多数のNPO法人が2000年代の早い時期から在留外国人支援を行い、多文化共生社会を目指してきている地域も少なくない。1990年の改正入管法施行により入国制限が緩和されたのが南米系日系人であるが、彼らの言葉の問題は当然のことながら、行政側との情報交換をはじめ、子どもの進学に関する相談会や医療・健康に関することまでを行ってきている歴史がある。[187] こうした組織を在留外国人の広義の学校としての「学びの場」を発展させるための先進事例として取り上げることも考えられる。

さらに触れてきたように、「川口プラン」について考察する際、学校を地域社会のセンターとする地域社会学校（コミュニティ・スクール）の創造にも関連する課題である。多文化共生社会実現のためには、学校を中心とする地域社会、つまり本書で論じている「広義の学校」を作る必要が出てくる。ここで言われるコミュニティ・スクールの考え方を現代の多文化共生を実現した社会包摂の作用に応用できるのだろうか。

確かに、コミュニティ・スクールは学校運営協議会を設置する公立学校（主として、公立の幼稚園から高等学校までの校種と特別支援学校）とされている[(188)]。佐藤の理論によると、本書で扱った「川口プラン」ももともとは、戦後直後の日本において、アメリカのコミュニティ・スクール理論の影響を受けた「地域教育計画」の試みで、「地域社会の構造・過程・問題の学習を中心にしたカリキュラムを編成すること」とか「地域諸活動への参加を通じて地域社会の向上を図ること」などを基本としていたのではないかと考えられる[(189)]。

しかし、日本のコミュニティ・スクールの試みはその理論自体のあいまいさや矛盾が指摘され、また、その実践が地域の実態から乖離し、児童・生徒の基礎学力の低下を招くなどの批判を浴びて、しだいに下火になっていったとされる[(190)]。

本書でも、「川口プラン」をはじめ地域に根差した同種のプランを紹介したが、いずれも地域に根差しすぎている内容であり、全国規模では広がらなかったことを述べた。しかし、本書において筆者が主張してきた多文化共生社会における学習権と教育機会確保をめざす社会においては、佐藤が述べるように、コミュニティ・スクールの概念を置きつつも、学校と家庭、地域社会との関係が必要である。そして川口市での多文化共生社会における社会包摂の考え方を導き出すのにコミュニティ・スクールの概念がどこまで通じるのかについて、その可能性も含めて考察を進める必要がある。

また、本書で述べたように、川口市の自主夜間中学は公民館を利用している。多文化共生社会実現に向けた現代社会における公民館の役割について、公立中学夜間中学も含めて学習対象としている生徒は、必ずしも学齢期とは限らない。学校教育の枠組みを超えた社会教育の立場の成果として多文化共生社会が成立し、在留外国人の社会包摂の場になっているのではないかとの課題について、社会教育および生涯学習の側面からも、今後考察していきたい。

本書執筆段階の2020年春、新型コロナウイルスの世界的な蔓延により、世界不況となった。2008年のリーマンショック直後よりも深刻な経済状況が関係者の間で取りざたされている。リーマンショック直後には、政府の方針もあり、日系外国人が母国に帰国するという事態も起きた。しかし、少子化を迎え、労働力人口が激減していく中で、外国人労働者は日本経済に必要であることは、経済界首脳も2000年代初頭から認めているところである。

今後、一時的に国境を越えた人の往来の機会は激減し、本書では論じ尽くせなかった問題が地域社会や学校現場に起き得ることが想定できる。しかし、多文化共生社会における社会包摂の実現は国内のどのような社会情勢においても必要であり、新型コロナウイルスにより、日本人の多くが感染し、国内外への移動がままならない実情の中で、取り残されて行き場のない在留外国人との共生をどのように図るか、また、今後、日本に再来日する可能性が極めて高い在留外国人との共生社会実現の在り方については、今後の研究課題としていきたい。

【インタビュー調査記録１】

東京都内の公立中学夜間学級及び都立定時制高校に通う在留外国人からの聞き取り調査

《注記》

調査は表よりも具体的に聞いている部分もあるが、本書では本人が特定されないよう、出身地や家族構成、その他の事項について、あえて具体的に記載しないでいる部分もある。

調査は2017年８月から2018年７月まで、東京都内の区立Ｆ中学、都立Ｏ高校、都立Ｈ高校（いずれも定時制）において調査させていただいた。調査は担当教諭と本人の許可を得た上で調査の目的を理解し、同意して頂き、そのほとんどが教諭同席のもと、面談方式で行われた。

整理番号	国籍など	聞き取り内容
Ａ１	フィリピン、女、10代	葛飾区内在住。母国の中学３年で2016年秋に入学。父親は日本人で母親がフィリピン人、弟が地元公立小学校に通学している。 　父親が日本人のため苗字は日本名である。夜間中学へは日本国内の高校に進学後、医師を目指して大学進学を視野に入れている。現在、昼間は区内の工場で金属部品の箱詰め作業をしている。アルバイトの身分で、１か月の収入は約９万円。職場では日本人従業員と日本語で会話をしているという。土曜、日曜は仕事と学校は休みのため、母親と買い物など遊びに外出することが多い。母親とはタガログ語、父親とは日本語、父親と弟は日本語で会話するとのことである。 　本人は「英語の授業はフィリピンより簡単だが、日本語の学習で、特に漢字が難しい」と話している。
Ａ２	中国、男、10代	葛飾区内在住。中国の中学３年を修了している。両親とも中国人で母親がもともと看護師として来日しており、父親は日本語会話を学習中である。

		父親は2016年に来日、その後、数か月遅れて本人が来日した。姉が高校に通う。 父親と共に同校に通学。本人は、昼間は週4日、中華料理店で皿洗いのアルバイトをしており学費に充てている。父親は昼間、工場に勤務しながら同校の日本語学級に通学している。家族での会話はすべて中国語で、家族全員、日本で生活する上で、日本語会話に苦労しているという。近隣の外国籍生徒のための入試枠がある都立高校への進学を希望している。 本人は「中国はPM2.5など大気汚染が進んでおり、日本には小さい頃からあこがれていた。日本は高齢化が進んでいるので、将来は国立大学の医学部に進み、外科医を目ざしたい」と希望を語った。 調査時点での夜間学級担当の教諭によると、F中学校夜間学級には4月と9月の2回、入学の機会があり、2学期になると日本語学級を目指して入学者が増える傾向にあるという。年配者になるほど日本語に苦労する傾向で、また、若い生徒ほど、高校への進学や将来の目標があるという。しかし、高校へは7割程度が進学するが、大半が都立の定時制への進学者という。
A3	ネパール、男、10代	葛飾区の近隣の区内在住。2016年来日。東京都葛飾区立F中学夜間学級3年に在籍している。 彼よりも半年早く、父親（40代）が料理人として来日。葛飾区内の中学の最寄り駅近くのインドレストランで社員の料理人として働いている。その後、母親（40代）とともに来日した。母親はレストランでアルバイト。いずれも10代の妹と弟はネパールで祖父母と暮らす。「父親の店の前を同じネパール人の子どもが毎日歩いているので、父親が彼らに聞いたところ、夜間中学があることがわかった」と話した。昼間は週4日、午前9時から午後3時まで、東京都内のビジネスホテルでベッドメイキングのアルバイトをしている。時給は1200円。「同じ職場にネパール人が多いので、仕事もすぐ、覚えることができた」と話した。 父母とはネパール語で会話をする。「（夜間学級の）クラスメートはネパール人が多いので楽しい

		けれど、日本語を話さないので、忘れてしまう。日本人の友達はあまりいない」とも話した。「ネパールに帰ると学校までバスで2時間かかる。日本だと学校まで自転車で15分しかかからないので、日本にいたい。父親もずっと日本にいるので、日本で暮らしていたい。(ネパールの) 兄弟とはスマホで連絡をとっている。「日本の高校に入り、電子関連の専門の学校に入り、大学にも行って機械の勉強をしたい」と話した。
A 4	中国、女、40代	葛飾区内在住。1999年に来日。東京都葛飾区立F中学夜間学級2年に在籍している。 　1999年に来日して、弁当の工場で働いていた。昼間は週6日、クリーニング工場で働いている。「中国の人が同じ職場にいるので(言葉には) 困らなかった。わからないことは教えてもらった」と話す。「父母が私より2年早く来日して、F中学に通学していた。中国では1年間だけ中学に通ったが、病気がちで学校に行かなかった」と話す。夫 (40代) は中国で知り合ったが、現在は「永住者」の資格を持っている。先に来日した父母とは別居しており、「団地に住んで生活保護を受けている」と話す。 　子どもは男子2人。小学校から日本の学校に通っている。20代の長男は大学を卒業後、配管工事の仕事をしている。次男は10代で、高校1年で葛飾区の近隣の区に住んでいる。「家族でわかるときは日本語で話す。子ども達は、日本語はうまいけれど、中国語はあまり話さない。子どもと話すときは日本語で夫とは中国語で話す」と話した。「私も日本語の勉強のために中学に入学した。「先生がゆっくり (教科書を) 読んでくれるので、わかる。友人と話す時間はあまりない」と話した。一方、「子どもの保護者会では日本語を話す。(担任との) 面談のときは筆談して話す」とのこと。 　調査者の質問は「半分くらいわかる」といい、F中学の女性教諭が同伴し、時折通訳しながら調査に応じた。
A 5	ネパール、女、	東京都内の公立中学夜間学級を卒業後、大田区内

	20代	の都立O高校定時制に入学。現在高校3年次に在学中。 大田区内で、ネパール人の母親（年齢不詳）と姉（20代）と3人で暮らす。ネパール人の父親(年齢不詳）が別居しているが「どこで働いているかわからない」とのことだった。母親は「大田区内の焼鳥屋で働いている」とのこと。また、姉はハンバーガー店でアルバイトをしている。本人は2013年4月に来日。ビザは「家族帯同」の資格で入国した。最初は都内のインド人学校の2年に入学した。しかし、「インド人学校は楽しかったけれども、授業料は高いし、家からと多いので辞めた」と話した。そこで「家の近くにあったので」O高校に入学した。「最初は日本語がわからなかったので、楽しくなかったけれど、ネパール人がたくさんいたので、だんだん日本語が話せるようになってきた。フィリピンの人には英語も教えてもらった。若い人がたくさんいて自分より年下の人が多かった。先生が優しく、日本語をよく教えてくれた。自分だけ（始業時刻よりも）早く行って、授業前に日本語を教わった」と話した。 O高校定時制は、「中学の先生に紹介された。都内の音楽専門の高校に入りたかったが、『(試験が）難しい』と言われ、O高校にした。同じK中学夜間学級から来た日本人が日本語を教えてくれるので楽しい」と話した。この日本人男性は80代とのことである。昼間はときどき家で勉強してギターを弾いている。高校1年のときに姉と同じハンバーガー店でアルバイトをした。「前は大学に言って哲学や心理学を勉強したかった。今は何をやりたいのかわからない」と話した。アメリカの大学の日本校なども視野に入れている。「英語が勉強できる大学に行きたい」と話す。また、「日本人は優しくしてくれるので日本が好き。店の店員も優しいし（ネパールに比べて治安が）安全なので」と話した。 日本語能力試験の「N4」の合格を目指していた。全体的に簡単な日本語は話せるが、「哲学」や「心理学」などの専門用語は英語を交えた会話だった。

A 6	ネパール、女、20代	東京都大田区内の公立中学夜間学級に1年間、在籍。ネパールですでに中学を卒業していたので、大田区内の都立O高校定時制に入学した。3年次に在籍中である。 　大田区内でインド人の父親（50代）、母親（40代）および20代から30代の息子3人と同居。本人は2012年に来日。「家族帯同」の資格で入国した。父親は「もともと日本人に頼まれて来日した。（同じ大田区内にある）インド料理店を経営している」とのことである。長男は父親の店のオーナーをしており、次男は日本料理店で料理人、三男はコンビニエンスストアで店員。母親は、日本料理店で働く。 　ネパールでは中学を卒業し、インターナショナルハイスクールに通学していた。しかし、「授業料が高かったので、辞めて日本に来た。来日後、大田区内の夜間学級に通学した。しかし、夜間学級は「仕事が忙しいので辞めた」と話す。その後、同じクラスメートが通学していた都立O高校定時制1年次に入学した。入学動機は「授業料が安かったから」と話す。「勉強はわからなかったが、先生も優しく、国際交流担当の先生が相談に乗ってくれる。卒業後は映画製作の勉強をしたいが大学だと4年制なので、専門学校に行きたい。そしてインドに行き、映画の製作会社に入りたい」と話した。「数学と英語はよくわかる。理科と国語、とくに文法は難しい。歴史はわかるけれど、読めない、書けない。スマホで検索しながらやればわかる」と話した。学校に来る前の昼間は現在、サンドイッチ店で働いている。
A 7	中国（日本に帰化）、女、50代	東京都内在住で、東京都内の公立中学夜間学級を卒業後、都立H高校定時制に入学し、1年次に在学している。 　1993年に来日。中国・北京出身で、日本人男性と結婚し、配偶者として来日した。しかし、来日後すぐに離婚した。その後、アルバイトでクリーニング店の工場で働いていた。「私が生まれた1960年代は文化大革命があり、ゆっくり勉強できなかったのです」と話した。「日本の環境の中で

		小学校から入学したいくらいで、とにかく勉強したかったです。徹底的にお辞儀の仕方や日本の文化を学べてよかった」とも話した。まずは日本語を話せるようになるため、夜間学級に入学したという。「夜間中学に入学するまでは、あまり日本語が話せないので、自分からも話さないし、言ったつもりでも相手が理解してくれませんでした」と話した。 　約10年前に帰化して、現在は日本名で生活している。2018年に公立中学夜間学級を卒業して、H高校に入学した。一人息子（20代）は日本国内の私立高校と私立大学を卒業し、ベンチャー企業に就職。「子育ても終わったので、中学に入学しました。この高校へは、JR線で自宅から直通で来れるので受験しました。中学の時は、日本人の生徒と同じクラスで、比較的成績が良かったので、高校進学を先生に勧められました。昼間は週２、３日、クリーニング店で働くほか、保育園で調理補助をしたこともあります」と話した。 　中学時代と高校時代を比べると「中学はきちんとしていた感じがしています。ここ（高校）は、子どもたちは個性を生かせるけれど、自分をもっていないと周りに振り回されてしまう」と感じている。全体の話を通じて、日本語は流暢であり、他の生徒の調査の通訳もしてくれた。しかし、「息子は日本語がペラペラです。子どものころ、中国に残っている祖父母のところで短期間生活させて中国語を勉強させたけれど、あまりうまくならなかった」と話した。
A８	中国、男、50代	東京都内の公立中学夜間学級を卒業後、都立H高校定時制に入学し、１年次に在学。 　2008年に来日し、家族は妻（40代）、いずれも20代の息子と娘の４人家族。東京都内に在住。都内のホテルで中国料理の料理人をしている。就労ビザで入国した。「仕事で日本語を話すのが難しい」との理由で、公立中学夜間学級に入学した。息子は関東地方の私立大学を卒業後、IT関係の仕事に就いた。娘は東京都内の私立大学に在籍している。当初は本人一人だけで来日し、その後、家族を呼び寄せた。「中学でも（日本語は）あま

		りうまくならなかった。仕事をしてからの勉強はとても疲れた。仕事は朝の４時半に起きて職場に向かった」と話した。ホテルの朝食、ランチタイムをはさんで夕方まで働いている。「もっと日本語の勉強をしたくて高校に来た。会社から近いのでこの高校に来ました」と話した。「体を動かすのが好きでバスケ部に入っている」といい、日曜日は部活動で学校に登校し、土曜日は妻に代わり家事をしているとのこと。「高校卒業後は体を動かすことが好きなので、スポーツ関係の大学に行きたい」と話した。調査者の日本語は同級生の通訳を通し「半分ぐらいわかる」と話した。
A９	中国、男、10代	東京都内の公立中学（昼間部・全日制）を卒業後、都立H高校定時制に入学し、１年次に在学している。 2015年に来日。中学１年に中国の中学から転入した。都内のJR沿線に在住。家族は父親（30代）、母親（40代）でいずれも中国人。兄弟姉妹はいない。父親は神奈川県横須賀市内の中華料理店で働いている。母親は自宅近くのかばん製造会社に勤務している。「日本に来たときは、日本語が全く話せなかった」というF君だが、在籍する中学とは別の同じ区内の中学で週一回、開催される日本語教室に同じ中国人の生徒と通い、日本語を覚えたとのことである。 「中国では中学１年を終えてきた。中学のときはみんなやさしくしてくれたので、会話は不自由しなかった。この高校へは中学の先生の勧めで入学した」と話した。同じ中学からの進学者がいたのが入学のきっかけであるとも話した。「中学のときから英語と数学は得意」と話し、社会や理科、国語は難しいと話す。昼間はとくにアルバイトなどはせず、家で勉強しているか、自宅近くをジョギングしているとのことである。生活費（小遣い）は月5000円程度、親から援助してもらっている。朝食と昼食は自宅でとることが多いという。自宅にピアノがあり、ピアノを弾くこともある。「卒業後、大学進学は考えていない。アルバイトをして暮らすと思う」と話した。調査者の日本語は「半分ぐらい理解できる」とのことだが、

		漢字による筆談をしながら調査を進めた。面談ではおとなしい印象で、担任教諭によると「普段はスマートフォンを見ていることが多い」とのことだった。面談が終わると同時にすぐにスマホをいじり始めたのが印象的だった。

【インタビュー調査記録２】

埼玉県川口市で開かれている、川口自主夜間中学に通う在留外国人からの聞き取り調査

《注記》

調査は表よりも具体的に聞いている部分もあるが、本書では本人が特定されないよう、出身地や家族構成、その他の事項について、あえて具体的に記載しないでいる部分もある。

調査は2018年４月から2019年２月まで、川口市内の公民館（幸栄公民館またはかわぐちパートナーステーション）において、自主夜間中学開催時に、当初、当時の自主夜間中学責任者から「スタッフとして日本語を教えながら、聞き取ってはどうか」と提案を受け、筆者自ら日本語を教えるボランティアを続けながら、また、日本語学習で登校時間により、１時間半から２時間実施される学習のうち最後の20分程度を使わせてもらい、聞き取り調査を面談方式で実施した。言葉が通じない場合は、同じ国の学習者に「通訳」役を頼んだり、筆者と学習者が互いにスマートフォンの通訳機能を用いて単語を理解してもらったりしながら、調査を進めた人もいた。

整理番号	国籍など	聞き取り内容
K１	スリランカ、男、50代	1991年に来日。化粧品や菓子店などに陳列するディスプレイを組み立て、検品作業を行う仕事をしながらアルバイトとして働いている。日本人の妻（60代）と川口市内で２人暮らし。 　彼は、スリランカの警察で指導者として空手を教えていた。父親は警察官で５年前に死去、母親は元高校教師で80歳、スリランカ在住。ほかに２人の弟（いずれも50代で空軍勤務と警察官）、40代の妹（高校教師）がスリランカに住んでいる。彼は、日本で空手の師範の資格をとるために来日した。勤務先の工場の社長の紹介で現在の妻と結婚した。妻は製造業の正社員として勤務している。子どもはいない。アルバイトは自給1050円で、週５日、９時から16時半まで勤務している。

		一方、東京都内と埼玉県内の小学校を借りて子どもから大人まで参加できる空手道場を、会費を徴収の上運営し、２道場で合計50人の教え子がいる。 川口自主夜間中学のことはインターネットを通じて知った。毎回、スタッフに日本語で書いた日記を添削してもらっている。夫婦での会話は日本語で、日ごろは苦労していない。しかし、漢字を読めるようにしたいとのことで同中学に通う。日本語検定は５級で、次は４級めざしている。また空手は現在「５段」で教える資格はあるものの、「６段」に昇格するためには筆記試験があり、やはり漢字を読めることが課題となっている。 「空手は礼儀を重んじる。同じく礼儀を重んじる日本の文化を知っていた」と述べる。また、「スリランカに戻り日本語を教えることができるようになりたい」と話すものの、「現在は妻の母親が西日本に住んでいるので、当分、日本にいるつもり」と話している。
K２	中国（日本に帰化）女、40代	中国育ちでその後、日本に帰化した。中国の観光会社に勤務し、日本事務所設立のため約20年前に来日。現在は観光ガイドをして生計をたてている。20代の一人娘がいて中国籍のため日本と中国を行き来している。 日本に帰化したのは2006年。娘に日本語を覚えさせようと一緒に川口自主夜間中学を訪れた。同中学のことはテレビ番組で紹介されたのがきっかけで知った。観光ガイドとして、中国からの来日観光客の世話をしている。都内中心だと日当は一日１万円から１万5000円程度。地方までいくと２万5000円程度で交通費が別途出される。月に30万円から40万円稼ぐが、「受ける仕事は不定期のため、食べていくのに、ぎりぎりでやっている」と話す。自主夜間中学へは通訳案内士の資格をとるため、日本史や時事問題、一般常識などのテスト対策をしてもらうため通学している。 自宅を借りるときに、保証人がいないので苦労したが、金銭を払い保証人の代行を引き受ける企業に依頼し、部屋を借りた経験をもっている。2020年の東京五輪の後、さらに来日観光客が増え

		ると期待していた。「通訳案内士の資格をもって仕事を増やしたい」と日本の観光会社への就職も視野に勉強をしている。
K 3	中国、男、10代	父親の転勤で幼少期は中国各地を転々として暮らす。川口市内のマンションに一人暮らし。早稲田、慶應、上智レベルの大学への留学を希望している。 　父母は調査時にいずれも40代で中国在住。本人は「一人っ子政策のため、兄弟はいない」と話した。来日直前はハルピンに住んでいた。現在は、都内にある日本語学校と昨今増えている留学生向け専門の大学受験予備校に通う。上智大学外国語学部が第一志望で、「フランス語を学び、将来はアフリカで生活したい。何をやるかは決まっていない。マダガスカルで一人暮らしをしたい」と話した。 　川口自主夜間中学へは、調査時が２回目の参加だった。「５歳年上の大学院生の紹介で知った。日本語専門学校だと詰め込み教育でつまらない。ここはマンツーマンで教えてくれて、専門学校では教えてくれない『生の』日本語が教えてもらえる。出入りが自由なので、これからも毎回来たい」と話した。
K 4	韓国、女、60代	調査時の2018年４月から来校するようになった。韓国では高校卒業後、准看護師の資格を取った。再婚歴有り。初婚の際に在日韓国人の男性との結婚を機に、来日した。前夫との間にできた30代の会社員の長男が都内で別居している。 　長年の日本暮らしから「日本語は読むことは問題ない。書くのが苦手。ほかの自主夜間中学のことをテレビ番組で知った。スマホで調べたら、川口自主夜間中学があるのがわかった」と話している。2019年４月に川口市内に開校予定の公立中学夜間学級にも通学するつもりでいる。自主夜間中学では、小学生向けの漢字ドリルや算数の勉強をみてもらっている。「人生100年といわれているので、きちんと勉強したい。主人も本を読むのが好きなので、夜間中学へ行くことに賛成してくれている。今後も日本に住み続けるので、日本の教育

		を受けておきたい。四字熟語がよくわからない」と話す。 　現在は、食料品店で週3回、パートタイム労働をしている。正式に夜間中学生になっても「パートは続けたいが、両立できなければ夜間中学を優先したい」と話した。夫が日本の全国紙と経済紙を3紙定期購読しているとのことだったため、筆者は全国紙の社説をそのまま「書写」して、中学生向けの漢字ドリルの購入を勧めた。
K5	中国（日本に帰化）女、30代	川口市内在住。市内の中華料理店で弁当販売の仕事をしている。同じ年齢の日本人の夫がいる。 本人は2013年に日本人の夫とその両親が前年に来日していたのを機に「日本人の配偶者ビザ」として来日。夫（30代）は会社員で内装工事をしている。祖母が日本人のため、日本に帰化した。長女は川口市内の公立小学校に通学している。そのほか、就学前の2人の娘がいるが中国の祖父母に預けている。長女は幼稚園の年長から来日し、母親との会話は中国語で、小学校の友人とは日本語で話す。 　川口自主夜間中学へは「友人の紹介できた」とのこと。2017年には地元のハローワークが主催する日本語教室にも参加した。「弁当の販売をしていて、お金を数えるのは簡単だが、どのような料理なのか説明するのが難しいので日本語を習いにきている。（翌年開校予定の）夜間中学へ入学するつもりはない。夫も日本語は「あまり上手でない」とのことである。「中国では（中国式の）生け花や花輪作りをしていた。その趣味を生かして、日本人に教えたい。そのために日本語を勉強して、自分の専門を生かした仕事をしたい」と話した。
K6	台湾、女、40代	台湾には父母（いずれも70代前半）と弟（30代）が住んでいる。自分はエンジニア事務所で会計の仕事に従事している。川口自主夜間中学のことはインターネットで検索して知り、今回が2回目の参加。日本語会話学習のためのワークブック、インターネットによる音声教材をスマートフォンから聞ける状態で参加していた。「台湾で日本語学

		校に通っていた。知識は増えるけれどもうまく話せないのでここへやってきた」と話した。都内の日本語学校で週一回、日本語会話の授業に参加している。同組織の紹介で、埼玉県蕨市内でシェアハウスに住む。「都内を観光しながら、日本語を勉強する生活をしている。日本語は文法が難しい。また来日するかはわからない」と話した。教材の内容は、外国人が日本でアルバイトの応募をする際、面接における雇用者側との会話が想定されていた。「週に何日働けますか」「どのような仕事ができますか」といった会話のほか、一時間あたりの時給の金額などの表示を理解するものだった。「て・に・を・は」のほか、「一つ、二つ……」といった数字の数え方がわからない状態だった。
K 7	中国、女、30代	2017年に来日。川口市内で夫（30代）と二人暮らし。 　インタビュー時は、来日１年程度で、まだ、日本語理解がたどたどしい様子で、筆談で行った。川口自主夜間中学へは２回目の参加。日本語は漢字で書けば理解できた。専業主婦。夫は中国のIT企業から日本のIT企業に派遣され、共に来日した。「約10年前に中国国内の大学の日本語学科を卒業したので、ある程度は、日本語がわかるが、あまり深くは話せなかった。川口市役所に『日本語の勉強をしたい』と相談したところ、ここ（川口自主夜間中学）を紹介された」と話した。将来について、「子どものおもちゃや女性の化粧品は中国よりも安くて品質が高い。インターネットを通じて、日本の商品を中国国内で販売する仕事をやってみたい」と話した。川口自主夜間中学へは「これからも来たい」と話した。
K 8	中国、女、30代	2008年以降、帰国と来日を３回、繰り返している。直近では2016年に来日し、現在に至る。 　日本語がたどたどしいので、筆談によるインタビューを実施した。もともと日本企業のエンジニアだった夫（30代）と共に来日したが、夫は2017年に病気のため、日本国内で死亡した。長男は東京都内の公立小学校に入学したが、夫の死

		後、埼玉県川口市内に転居したのと同時に、川口市内に通学している。本人はソフトウエアの検品作業をしている。「会社には日本人も中国人もいて、メールでのやりとりが多いのでなんとか大丈夫。子どものほうが、日本語がうまいが、子どもが病気のとき、医師に子どもの病状を話すのが難しい」と話している。夫の妹が「隣の団地」に住んでおり、たまに交流している。本人は中国の大学を卒業し、薬学や化学を勉強した。川口市に開設される公立中学夜間学級には「行く必要がない」と考えている。川口の自主夜間中学には2018年４月に来て、インタビュー時、２か月目で４、５回来校した経験があった。「時間も便利なので、これからも来たい」と話した。自分で持参した日本語会話のテキストは中国人の著作で、日本語が誤って表記されている部分があった。
K９	マレーシア、女、10代	調査の２か月前に来日した。父は日本人、母は中国人。母方の叔母（母親の姉）が川口に長く住んでいるため、観光目的で来日した。 　両親は千葉県内の大学出身で、大学時代に知り合い、本人は千葉で育った。本人が小学校のときにマレーシアに帰国。父親はマレーシアの日本企業で働き、母親は現在専業主婦だが、日本の化粧品メーカーに勤務した経験がある。「父母は時々、日本語で会話することがある」。本人は、日本語については、マレーシアで独学した。前年に母国の高校を卒業し、アルバイトをしている。今年９月から中国の大学に留学する予定で、「ビジネスを勉強したい」と話す。川口自主夜間中学は「母親の姉の友人が紹介してくれ、日本にいる間だけ、ここに来るつもり」と答えた。本人は中国語、広東語、マレー語、英語、韓国語、日本語が話せるとのことだった。
K10	中国、女、20代	2016年に来日し、川口市内にある中国系のソフトウエア開発会社の人事担当をし、中国人の採用を担当している。 　中国の大学でソフトウエア開発を勉強し卒業。父母は50代と40代。父親は中国でエンジニアをしている。本人は大学卒業後来日し、都内の日本語

		学校に１年間通学し、日本語検定（N2）に合格した。４歳年上の中国人男性と市内で同居している。男性は都内のラーメン店の店員をしていて、日本で知り合った。男性は６年前に来日し、日本の大学の大学院（理系）を卒業し、コンビニエンスストアの店長などを経験した。男性は「将来、日本で自ら飲食店を開きたい」と彼女に語っているとのことである。本人は、会社内では社長、同僚とも中国人のため、社内での日常会話は中国語で苦労していない。料理などはあまりせず、コンビニ弁当などで済ませることが多い。日常生活の日本語会話には苦労しないが、就労ビザで働き、印鑑証明などを取る際、行政手続きなどの際に「日本語しか書かれていないので、困ることが多い」と語る。 　日本語学校は講義が中心で会話はあまりやらない。川口自主夜間中学のことについては、同僚から情報を得て、何人もの同僚が通っている。自分自身は大学を出ているので、正式に開設される公立中学夜間学級への通学は「考えていない」と断言した。ここ（川口自主夜間中学）では「会話が中心なので役に立つ」と話している。「仕事は夜６時には終わるが月に３、４回、８時ごろまで残ることもある。日本は空気がきれいで食事も安全なので、日本にいたい」と語った。
K11	中国、女、30代	2016年来日し、東京都内の清掃会社に勤務している。 　仕事はビルの清掃で午前６時半から11時半ごろまで仕事をしている。会社は正社員10人で、アルバイトは30人程度の規模で、自身はアルバイト勤務。40代の夫（中国人）とは2004年に結婚し、夫は現在、都内の中国料理店で料理人をしている。娘が小学校のときに来日し、現在、娘は西川口の公立小学校に通学。親子、夫婦とも会話は中国語で行う。本人は、日ごろは仕事を終えてから、都内で開かれる無料の日本語教室に通い、日本語能力試験（191）の「N3」レベル合格を目指して勉強している。 　川口自主夜間中学は、もともと通っていた中国人の友人に紹介してもらった。この日は「N2」

		のテキストを用いて勉強した。今回で10回程度通っている。「自分で勉強してもわからないことが多いので、これからも（教室に）来たい」と話している。また、川口に開校予定の公立中学夜間学級にも興味をもっている。本人は中国で中学卒業後、店員として、かばんや帽子の販売をしていた。夫は高校卒業後、20歳ごろから中国の料理店で働いていたが、「日本の方が、仕事があると思って来た」と妻に話しているとのことである。
K12	ジャマイカ、女、30代	ジャマイカに９人の兄弟姉妹がいる。現地ホテルの案内人をしていたが、激務のため仕事を辞めて、英語教師として来日した。 ２年前に来日し、東京都内に住み、都内の小学校３校でALTとして活動していた。2018年からは、神奈川県相模原市、埼玉県川口市、蕨市の教会で毎日、幼児から高齢者まで英会話を１回数千円で教えている。もともとジャマイカの大学で教育学を学び、中学・高校の「食べ物と栄養の教師」の資格をもっている。同教科は仕事の数が少ないので、ホテル勤務になった。給与は高かったが、ストレスがたまり、職場を変えようと日本に来た。「日本とジャマイカは貿易が盛んでジャマイカ人にも有名な国なので、日本に来た。コーヒーを輸出し、日本からは自動車を輸入している。現在は、川口駅近くに住んでいる。給与はジャマイカにいたときよりははるかに、下がった。日本語はたどたどしい状態で、今後日本語能力試験「N5」を受験する予定でいるが、練習問題集などの存在知らなかった。 自主夜間中学は教会のメンバーに聞いて知った。来年度から開設される公立夜間中学については「いい制度だと思う、しかし、私は仕事があるので、毎日は通えない」と通学の意志はないとみられる。
K13	ベトナム、男、20代	川口市内の機械メーカーに勤務している。2013年に初来日したが、一端帰国し、2018年に再来日した。 初来日した後、６か月間、北陸地方の機械製造会社で勤務した。その後、ベトナムに戻り、2016

		年まで同社のベトナムの支店で機械を作っていた。2016年に会社を辞めてベトナム国内の大学院に入学し、MBA を取得した。2018年に再来日し、川口市内の機械メーカーで働いている。在留カードは「技術・人文知識・国際業務」の資格を持っている。「働くために日本に来ました」と話す。父母（いずれも60代）と妹（20代、大学生）はベトナムに住んでいる。 ベトナムで大学生活を４年半経験し、その間も「日本の企業で機械の部品を作るアルバイトをしていた」と話す。「ベトナムにいた頃から日本は馴染みがあった。とくにアニメに興味があった。ナルトやデスノート、名探偵コナンなどをみていました。まずは日本や日本語に慣れたい。日本語学校には仕事が忙しく時間がないのでいけません。今はサービスエンジニアという仕事をしています」と話す。川口自主夜間中学については、「ホームページでみつけました。仕事が終わるのでいつも40分から50分遅れます。先輩といっしょに取引先に行くこともあります。日本語検定試験を12月に受けたいからこれからもこの教室には来ます」という。ただし、公立夜間中学には「すでに大学も出ていて、しかも毎日となると興味はありません。こちら（川口自主夜間中学）の方が合っていると思う」と話した。
K14	ネパール、女、20代	2012年に現在の夫（30代）と結婚した。夫は2006年に日本の大学院に留学生として来日した。自分の両親の紹介で、夫がネパールに「見合い」をしにきて、2012年、19歳の時点で結婚した。 本人は2013年に来日し、来日直後はハンバーガーショップやカツ丼のチェーン店でアルバイトをして生活。その後、都内にある海外送金サービス会社にパートタイムで週５日、１日５時間働いてきたが、いずれは正社員になりたいと話す。 夫は都内の不動産会社でネパール人を中心とした外国人向けの営業をしている。子どもはいない。このインタビュー時がこの教室に初参加。それまでは埼玉県内にある別の日本語教室でひらがなやカタカナを勉強していた。そこでは教師がボランティアで多数の生徒を教える講義中心の授業

		だった。市の国際担当の部署で、この教室があることを知り、日本人の日本語教師とともに来校した。 ひらがなやカタカナは50音順に9割以上書ける状態で、書き順などもしっかりしている。しかし、漢字はほとんど読めないとのこと。日本語検定試験の「N3」レベルを見せたところ、「ほとんどわからない」とのことで、「N4」または「N5」のテキストを購入するよう勧め、教室の参加者が持参していた「N3」のテキストの表紙をスマートフォンで写真撮影し、近々購入したいとのことだった。漢字ドリルも小学生向けのものを購入するよう、筆者が本人の手帳に「小学校低学年向け漢字練習帳」と記入し、書店員にみせて購入するよう促した。 「当分、日本に夫婦で暮らしたい。日本は安全で、日本人はまじめに働く。テクノロジーも優れている。夫が内臓の病気をもっていて、病院に通っている事情もあるので、日本にいたい。帰化することも考えている」とのことであった。 しかし、彼女は本国で大学まで卒業していて、英語、日本語、ヒンディー語、ネパール語を話すことができるため、公立中学夜間学級には「入学したくない」とのことだった。
K15	イラン、女、50代	本国で結婚2年後の1992年に来日。首都テヘラン出身。夫とともに永住ビザを所持している。 「イラン・イラク戦争の影響でイランでは仕事がなかった。戦争中なので、夫とともに高校しか卒業できなかった」と語る。来日後、本人は東京都内の工場を4か所転職し、働いた。夫は現在、埼玉県内のイベント会社の社員をしている。80代の父母はテヘランにいるのでときどき会いに行く。 2人の娘は日本で生まれ、現在、長女は20代で芸能関係の仕事をしており、次女は大学浪人中で国立の外国語大学を目指している。長女は日本語だけ、次女は日本語とペルシャ語が話せる。 「(来日)当時、日本にはイラン人がたくさんやってきた。今は帰国した人が多い。私は小学2、3年生レベルの国語なら理解できる。夫の日本語も

		同じくらいのレベル。日本語学校はお金がかかるので行っていない。難しい文章は娘が書いてくれる。(日本語) 会話は自然に覚えたので問題がない。ひらがなとカタカナは書けるが漢字が書けない。業務日報を書くのが難しいので、ここには漢字を習いにきている」。 パートタイムで一日7時間程度、スマートフォンやマスカラなどを入れるプラスチックケースを作る仕事をしている。 「日本は平和だから住み続けたい。(公立の) 夜間中学には興味がない」と話した。
K16	中国、男、30代	埼玉県内に在住。日本語検定「N1」を保持する。中国では高校卒業後3年間、専門学校に通い、日本語を学習し、すでに日本語検定「N3」「N2」を取得した。 2015年に来日し、川口市内に本社がある IT 関連企業に勤めている。勤務先は神奈川県内にあり、同じ会社の社員はおらず、同業他社の社員と IT 関連のインフラ構築の仕事をしている。 日本語には不自由しないが、「普通の会話の日本語が勉強したくてここ (自主夜間中学) に来ている。インターネットで検索して見つけた」と話す。妻 (20代) はもともと中国で同じ IT 関連の企業に勤務し、中国で結婚した後、一緒に来日。妻はラーメン店の店員をしていたが、妊娠したため中国に帰国している。 他に父 (60代)、母 (50代) が郷里で農業を営んでいるが父親は病弱だという。姉 (30代) はときどきパートタイムをして、弟 (20代) は建築関係の仕事を母国で行っている。 「同僚はみんな日本人。同業者の人と新子安や蒲田によく飲みにでかける」と話した。

【インタビュー調査記録３】

埼玉県川口市立芝西中学校陽春分校に通う生徒からの聞き取り調査内容

《注記》

インタビュー調査にあたっては市教委担当者および中学の責任者（教諭）に調査目的を説明、同意を受け、生徒本人に説明をしてもらい、調査時間を空けることができた生徒にインタビューを試みた。調査は学校新設の３か月後にあたる、2019年７月29日に校内において面談方式で実施した。

整理番号	国籍など	聞き取り内容
S１	ペルー、男、10代	15年前ごろ、来日。家族は父親（40代）と母親（30代）でいずれもペルー人。高校生の弟がいる。兄弟２人とも日本の小学校、中学校で学習経験がある。 　父親は工場で、母親や派遣で事務の仕事をしている。家族間ではスペイン語を使用する。 　本人は幼稚園のときから埼玉県に居住しており、日本語は理解できるが、「書くのが苦手」とのことである。 　小学校・中学校とも地元の公立学校に通った。小学校のときはとても楽しく過ごした。 　しかし、中学に入学し１年の後半に差し掛かった頃、別の小学校から入学してきた日本人生徒数人から暴力を振るわれるなどのいじめを受け、不登校となった。 　本人は「勉強は好きだったので、ぜひ登校したかったが、行けなかった」「家でテレビなどを見て過ごしたが、定期試験を受けていないので成績はオール１だった」と話す。いじめのことを担任に相談したところ、該当生徒に「やめなさい」と言ってくれたが、いじめは収まらなかった。 　中学１年後半からはほとんど欠席し、長期欠席の状態であったが、中学は「形式卒業」として扱われ、卒業証書をもらった。その後高校へは進学できず、「自宅で読書などをしていた」と話す。空いた時間には父親とともに父親の友人の飲食店

		でアルバイトをしていた。「数学以外は自分で自習できた」という。 ある時母親がインターネットで「川口自主夜間中学」があることを調べ、毎週火曜日に通うようになった。日本人のスタッフから苦手だった数学を習うために通った。内容は小学校の算数レベルから同じスタッフに教わっていたとのことである。自主夜間中学のスタッフから川口に公立夜間中学が開設されることを知らされ「もう一度中学の勉強をしたい」と考え応募した。 現在の公立夜間中学では１年生のクラスに在籍している。平日の昼間は、午前中のみ、県内のガソリンスタンドでアルバイトをしてから登校してくる。 「いろいろな国の人と触れ合えて、わからない所も教え合い、友人もできて楽しい。将来は県立定時制高校に進学し、その後は調理の専門学校に通い、中華や和食の飲食店を経営したい」と夢を語った。そして、「ぼくみたいな経験をして学校にいけない人もいるので、夜間中学は必要だと思う」と語った。

【補足資料】

自主夜間中学、公立夜間中学の交流集会実施結果（2019年８月）

《注記》

筆者が２日間、現地で参加し、記録したノートをもとに要旨をまとめた。

交流集会名・実施日・場所 参加人数、参加者の属性	話し合った内容の要旨
「第38回夜間中学増設運動全国交流集会 in　埼玉」 2019年８月24、25日 埼玉会館（24日、さいたま市、かわぐち市民パートナーステーション（25日、川口市） 自主夜間中学ボランティアスタッフ、および、公立夜間中学教諭、元教諭など、約100人 北海道、宮城、福島、東京、神奈川、大阪、京都、奈良、兵庫、岡山、福岡、千葉、埼玉	○川口自主夜間中学代表が、「教育機会確保法とともに夜間中学の増設が進んでいる中、各県で『最低1校』ということだが、文字通り『最低』の目標であり、さらに増設運動を進めていきたい」とあいさつ。参加者全員でこれまで自主夜間中学などに尽力しながら、志半ばにして亡くなった各地のスタッフに黙とうをささげた。 ○会場では、今春、新たに開設された公立中学夜間学級に進学した２人の生徒が体験を発表。松戸自主夜中出身の男性は、「小学校から中学校まで授業についていけなかったが、（夜間学級に行くようになり）自分から挨拶したり話をしたりできるようになり感謝しています」と話した。川口自主夜中出身の女性は「不登校になり（掛け算）九九や漢字が書けず、いろいろ勉強したいと思い自主夜中に入りました。たくさんの先生と出会い、学ぶことの楽しさを知りました。現在は様々な国の友達ができました」と発表した。 ○この後、生徒たちは新しい夜間学級である川口市立芝西中学陽春分校の現在の校地や新たな建設予定地、川口市立文化財センターなどを見学した。その間、会場では各地の参加者から活動内容や現状が報告された。参加者の中からは、「公立夜間中学設置の動きが出始め、様々な媒体を通じた交流が力になる」、「各県の取り組みを前進させ、動きと動きを結びつけることが重要だ」などの前向きな意見が出されたほか、昨今、新たに自主夜中を立ち上げた会の代表から、発足までの経緯などの報告があった。

	○一方、自主夜中が廃校になった小学校の空き校舎が使えるようになったほか、当日までのニーズ調査で自分から「学びたい」という人が70人いるにもかかわらず、行政側は公立中学夜間学級設置には消極的であるといった主旨の報告もあった。さらに、現役の教諭の立場で交流集会に関わる人の苦労話に加え、同県内で県と政令指定都市が責任の押し付け合いをして話が進まない件、在住市町村が違うだけで通学ができない実態なども報告された。 ○２日目には、（１）教育機会確保法の見直しに関する要望について、（２）自主夜間中学の施設利用実態を踏まえて、（３）全国各地の動向の現在、の3点を柱とした基調報告に基づく討論がなされた。また、「夜間中学等協議会を『必置』とする」、「自主夜中への公的支援の充実」、「教育機会確保法等の在り方に関する制度見直しの継続」など12項目を記した「要望書」を夜間中学等義務教育拡充議員連盟会長などにあてて提出することが採択された。

【あとがき】

本書を執筆し終わりかけた2020年12月、全国の公立中学夜間学級および自主夜間中学の関係者らにニュースが飛び込んだ。北海道札幌市で「札幌市立公立夜間中学校設置基本計画（案）」が公表されたのである。本書でも触れた教育機会確保法の趣旨として、全国の都道府県および政令指定都市に最低１校の公立夜間中学設置を目指して国や政府が主導で動いていることを受け、札幌にも公立の夜間中学を作ろうという行政としての政策案である。

「計画（案）」によると住民らに対するアンケートの結果として、「入学したい・検討したい」と答えた人が、「高年齢層」10人、「不登校層」14人、「外国籍層」11人と、全回答者（264人）の中で35人存在したことが大きく影響しているようである。もちろん、「入学しない・難しそうだ」と答えた人は回答者667人中49人と前者を上回っているものの、筆者がフィールドワークなどを重ねてきた公立中学夜間学級と比較して、十分開設に値する数値ではないかと考える。しかも関係者、とくに自主夜間中学関係者らが驚いていることがある。それは「教育活動の充実と独立性を重視し、単独校で設置」と案に書かれてあったことだ。つまり、本書でも触れてきたように公立の夜間中学の場合は、戦後一貫して考えられてきた「二部授業」の位置づけであり、公立中学夜間学級、あるいは「分校」とされてきたが、ここでは「夜間中学」として単独設置するとの案なのである。

筆者は時代がどんどん動いていること、それに大都市圏ではなく、政令指定都市ではあるものの、札幌市という地方都市が全国から注目される事例を模索し始めたことは、極めて注目に値すると考える。また、学齢期を過ぎた人を対象としていたり、現時点では北海道内に１校であるため、原則として札幌市に居住することを対象としているものの、都道府県と「同格」とみなされる政令指定都市でありながら、北海道教育委員会とも協力して近隣市町村からも受け入れたりしようとするなど、これまでの設置事例にはない思い切った試みが並んでいることは、とくに教育行政のあるべき姿を浮き彫りにするものとして、今後の研究課題が広がったと考えている。

ただ、教育機会確保法には、全国各都道府県および政令指定都市に1校作ることが掲げられているものの、現在に至ってもまったく関心を示していない県が存在することは事実である。そうした状況に加えて、東京都内にはすでに8校の公立中学夜間学級があるが、東京23区以外の多摩地域に1つだけある八王子市立5中の夜間学級の生徒数が減り始め、地元の住民らが存続を求めて上映会を企画するなど、設置数の維持の点から不安材料も決して少なくないという現状がある。八王子の場合は、商業などの活気は立川市に奪われてしまったという事情があるものの、多摩地域で唯一の中核市となるほどの人口と面積を誇り、いまだに都心とを結ぶ「ベッドタウン」でもあり、いきなり「廃校」ということにはならないのではないか、と楽観視しているのが筆者の現状である。

しかし、東京以外の地方都市で、まったく夜間中学開設のめどが立たない地域についてはどうだろうか。私は2002年から2年半、政令指定都市である浜松市に新聞記者として駐在したことがある。そのことがきっかけで、前作において、浜松市の外国人学校をフィールドワークの拠点の一つとした経緯がある。

浜松に赴任していたとき、午後9時を過ぎた頃合に、あるビルの前の道路がエンジンをかけたまま停車中の車で渋滞しているのに気が付いた。よく見ると、東京を拠点とする大手予備校の校舎があり、親が車で授業が終わる子どもを待っていることがわかった。この予備校自体は、後になって経営判断で不採算の地方拠点を大幅に減らすことがニュースになった。

しかし、浜松市よりもさらに人口が少ない地域の場合、午後9時を過ぎた夜間に交通手段があるのか否か、不安材料がある。午後10時近くになり、夜間中学の生徒が年齢を問わず、例えば1時間に数本しか来ない路線バスを待って、1時間以上かけて帰宅するとしたら、安全面や健康面で確実に不安が残る。わが子を予備校に通わせるだけの経済力があり、保護者など複数の家族が車の運転ができる家庭ならよいであろう。予備校で現役高校生なら毎日通うこともなく、土曜・日曜の昼間にまとめて授業を受けることも可能であろう。しかし、平日の毎日、夜間中学に通う生徒の場合、家族が車で送り迎えする予備校通いと同じに考えることはできないのではないだろうか。

全国一律に夜間中学を作ることに、私は疑問を投げかけざるを得ない。単に「他県にあるのに自分の県にはないのは不公平」ということにはならないのではないだろうか。そこへ通いたい人の学習権は本書でも述べてきた通り大切ではあるが、その前に街路灯もあまりない夜道を一人で帰宅しなければならない「生徒」の身の安全をどう確保するかについても考える必要がある。

ちなみに本書で触れた埼玉県川口市や、同時に公立中学夜間学級が開校した千葉県松戸市は、東京のベッドタウンであり、都心からも JR 在来線に1時間以内の通勤・通学圏に位置している。午後9時を過ぎても5分から10分おきに電車が行き来し、帰宅途中の会社員など、生徒を直接・間接的に見守る地元住民の「目」が多数ある地域であることを忘れてはならない。

本書では在留外国人の教育課題について、とくに夜間中学に焦点を当てて述べてきた。重点を置いたのは、地域において、公立中学夜間学級や自主夜間中学、住民ボランティアによる日本語教室、そして国や政府、地方自治体、とくに教育委員会の存在などを明らかにしながら、広義の「学校」、つまりは「学びの場」を確保することこそ、誰も取り残さない社会構築ができると論じてきた。確かに、社会の構成員として、広義の「学校」を語る上では、これだけの要素では足りないという反論も出るかもしれない。資本主義社会として欠かせないのが企業の存在であり、また、一部の住民によっては非営利団体などを組織しながら、在留外国人支援を行っている者がいることは承知している。教育機会確保法ができて以来、公立夜間中学に注目が集まる中で、広義の学校つまりは「学びの場」を提供している「柱」になっているのは、前述したような構成員である。そこに注目する必要があることを付記しておきたい。

本書を書き終わるにあたり、在留外国人については、少子化、つまり労働者が足りない日本において、教育面だけではなく、彼らの命や健康、福祉にかかわることと連動して考察する必要があるのではないか、と考えるようになってきた。在留外国人とて人間である限り、年齢を重ね、病気や障がいを持つ人になる可能性も忘れてはならない。

このような面からも、在留外国人の問題を含めた多文化共生の課題は奥深く、教育だけでなく、医療や福祉の分野においても課題が山積しているものと考えられる。今後もさらなる研究につなげていきたい。

末筆になったが、本書執筆にあたり、埼玉県川口市や東京都内の公立中学夜間学級、川口自主夜間中学、都立定時制高校など、教育や地元行政に携わる方々やボランティア住民の方々、そして何よりも当事者である在留外国人の多大なるご協力をいただいたことに感謝を申し上げたい。また、本書発刊にあたり前作と同じ揺籃社（八王子市立５中の地元の出版社）で編集を担当してくださった、山﨑領太郎氏には心より感謝申し上げたい。

2021年５月吉日

著者　大　重　史　朗

【参考文献・引用文献・その他補足説明】

（１）総務省統計局「労働力調査平成29年平均結果の要約」
https://www.stat.go.jp/data/roudou/sokuhou/nen/ft/pdf/index1.pdf#search=%27%E5%8A%B4%E5%83%8D%E5%8A%9B%E4%BA%BA%E5%8F%A3+%E6%8E%A8%E7%A7%BB%27（2018年11月23日閲覧）
（２）増田寛也『地方消滅』（2014年８月）中央公論新社　P3－13
（３）朝日新聞「外国人受け入れ拡大　準備整わぬまま」（2019年４月１日付朝刊）P1
（４）別表１参照
（５）2018年４月現在の外国人集住都市会議への参加都市は、群馬県太田市、大泉町、長野県上田市、飯田市、岐阜県美濃加茂市、静岡県浜松市、愛知県豊橋市、豊田市、小牧市、三重県津市、四日市市、鈴鹿市、亀山市、伊賀市、岡山県総社市の15都市。この他、外国人が多く居住していても、会議に不参加の自治体も多数ある。
（６）丹野清人『国籍の境界を考える ―― 日本人、日系人、在日外国人を隔てる法と社会の壁』（2013年３月）吉田書店 P47－69
（７）大重史朗『「移民時代」の日本のこれから ―― 現代社会と多文化共生 ―― 』（2014年６月）揺籃社
（８）池上重弘『ブラジル人と国際化する地域社会 ―― 居住・教育・医療』（2001年8月）明石書店　P3
（９）筆者は2013年９月から2019年３月まで、東京都内の外国語専門学校において、大学編入向け小論文の授業を担当し、期間によっては専門学校生の大学編入を前提とした進路・学習相談を担当し、その中に「外国にルーツをもつ」学生の進路相談を経験した。
（10）筆者が論文検索サイト「CiNii Articles」を調査したところ、「外国にルーツを持つ」とタイトルに表記している論文が2006年から2019年まで44件存在することがわかった。（2019年４月12日現在）
（11）朝日新聞「『共生社会の実現　新しい挑戦』 入管庁発足　長官が抱負」（2019年４月２日付）朝刊 P31

(12) 出入国在留管理庁 HP　http://www.immi-moj.go.jp/ (2019年4月13日閲覧)
(13) 参考文献の引用などではその著者の表現をそのまま用いていることがある。その著書が書かれた時代背景や社会背景を尊重する意味からも適当であると考える。
(14) 佐久間孝正『在日コリアンと在英アイリッシュ』(2011年5月) 東京大学出版会 「はじめに (vii)」
(15) 伊藤るり「『ジャパゆきさん』現象再考 ― 八〇年代日本へのアジア女性流入」、梶田孝道・伊豫谷登士翁編『外国人労働者論 ― 現状から理論へ』(1992年7月) 弘文堂 P293－297
(16) 塩原良和『共に生きる ― 多民族・多文化社会における対話』(2012年7月) 弘文堂 P78
(17) 前掲書16　P25－28
(18) 宇田川妙子編『〈市民の社会〉をつくる　多元的共生を求めて』P47－61、吉富志津代「第3章　多言語・多文化のまちづくり」
(19) 同局のFM放送は2016年で停止し、その後はインターネットを経由して放送している。
(20) 吉富志津代『グローバル社会のコミュニティ防災 ― 多文化共生のさきに』(2013年3月) 大阪大学出版会 P47－94
(21) 吉富志津代『多文化共生社会と外国人コミュニティの力』(2008年10月) 現代人文社 P130－151
(22) 佐久間孝正「滞日外国籍児童・生徒の未就学・不登校に関するエスのグラフィックな調査研究」(2003年3月) (2001年度～2002年度科学研究費補助金基盤研究C2、課題番号13610232) P13－21
(23) 法務省「第5次出入国管理基本計画 (概要)」
http://www.moj.go.jp/content/001158417.pdf (2018年12月31日閲覧)
(24) 総務省「多文化共生の推進に関する研究会報告書」
http://www.soumu.go.jp/kokusai/pdf/sonota_b5.pdf#search=%27%E5%A4%9A%E6%96%87%E5%8C%96%E5%85%B1%E7%94%9F%E3%81%AE%E6%8E%A8%E9%80%B2%E3%81%AB%E9%96%A2%E3%81%99%E3%82%8B%E7%A0%94%E7%A9%B6%E4%BC%9A%E5%A0%B1%E5%91%8A%E6%9B%B8%27

（2018年12月31日閲覧）

(25) 総務省「多文化共生プランから10年の状況」（2006年３月）
http://www.soumu.go.jp/main_content/000401039.pdf （2019年１月６日 閲覧）

(26) 外国人労働者問題関係省庁連絡会議「『生活者としての外国人』に関する総合的対応策」
https://www.cas.go.jp/jp/seisaku/gaikokujin/gaiyou2.pdf （2019年１月７日閲覧）

(27) 内閣官房「外国人労働者問題関係省庁連絡会議」
https://www.cas.go.jp/jp/seisaku/gaikokujin/index.html （2019年１月７日閲覧）

(28) 厚生労働省ＨＰ「医療通訳に関する資料一覧」「外国人向け多言語説明資料一覧」
https://www.mhlw.go.jp/stf/seisakunitsuite/bunya/0000056944.html
https://www.mhlw.go.jp/stf/seisakunitsuite/bunya/0000056789.html
（いずれも2019年１月７日閲覧）

(29) 社団法人日本経済団体連合会 「外国人材受入問題に関する第二次提言」（2007年３月）
https://www.keidanren.or.jp/japanese/policy/2007/017.pdf#search=%27%E7%B5%8C%E5%9B%A3%E9%80%A3+%E5%A4%96%E5%9B%BD%E4%BA%BA+%E5%8F%97%E3%81%91%E5%85%A5%E3%82%8C+%EF%BC%92%EF%BC%90%EF%BC%90%EF%BC%97%27 （2019年１月23日閲覧）

(30) 一般社団法人日本経済団体連合会「外国人材の受入れに向けた基本的な考え方【概要】」
http://www.keidanren.or.jp/policy/2018/086_gaiyo.pdf （2019年１月23日 閲覧）

(31) 自由民主党「『共生の時代』に向けた外国人労働者受入れの基本的考え方」
https://www.jimin.jp/news/policy/132325.html （2019年１月23日閲覧）
政府は現在に至るまで「移民は受け入れない」という姿勢を貫いている。同党の同文書においても、「『移民』とは、入国の時点でいわゆる永住権を有する者であり、就労目的の在留資格による受入れは『移民』には当たらない」と解釈を加えている。

(32) 井上俊・上野千鶴子・大澤真幸・見田宗介・吉見俊哉『岩波講座・現代社会学15　差別と共生の社会学』P149−151　手塚和彰「日本における外国人労働者の共生と統合」

(33) 井上達夫・名和田是彦・桂木隆夫『共生への冒険』毎日新聞社（1992年5月）P23−24

(34) 前掲書33　P25−29

(35) 前掲書33　P257−258

(36) Will Kymlicka, *Contemporary Political Philosophy:An Intrduction, Second Edition,Oxford University Press.2002* 千葉眞・岡崎晴輝訳『新版現代政治理論』日本経済評論社2005年　502−525頁

(37) キムリッカは著書の中で、フッター派やアーミッシュ、ハシド派ユダヤ教徒などを例に挙げている。

(38) 法務省 HP「本邦における不法残留者数について（平成31年1月1日)」によると、不法残留者は7万4167人で、1年前より7669人（11.5%）増加した。国別では①韓国、②ベトナム、③中国、④タイ、⑤フィリピンの順に多い。
http://www.moj.go.jp/nyuukokukanri/kouhou/nyuukokukanri04_00079.html
(2019年5月9日閲覧)

(39) 佐藤潤一　「多文化共生社会における外国人の日本語教育を受ける権利の公的保障」『大阪産業大学論集　人文・社会科学編』(2007年10月）P7−8

(40) 石山文彦「人権と多文化主義」『ジュリスト№1244』P45−50

(41) Will Kimlicka,　*Multicultural Citizenship:A Liberal Theory of Minority Rights* (Oxford U.P.,1995)　ウィル・キムリッカ（角田猛之・石山文彦・山崎康仕監訳)『多文化時代の市民権 ── マイノリティの権利と自由主義』(晃洋書房)(1998年12月）のうち例えば、5章ー7章

(42) 金子勝・藤原帰一・山口二郎編『経済構想・共生社会・歴史認識　東アジアで生きよう！』、(2003年1月）岩波書店　P139−140　山脇啓造・柏崎千佳子・近藤敦「多民族国家日本の構想」

(43) 矢野泉『多文化共生と生涯学習』(2007年10月）明石書店　P5−6

(44) 北脇保之『「開かれた日本」の構想』(2011年12月）ココ出版　128−147頁、

山西優二「多文化社会にみる教育課題 ―― 『文化力の形成』と教育を地域に開く」
(45) 田尻英三・田中宏・吉野正・山西優二・山田泉『外国人の定住と日本語教育（増補版）』（ひつじ書房2007年）P122　山西優二「第4章　多文化共生に向けての教育を考える」
(46) 片岡幸彦編『人類・開発・NGO ――「脱原発」は私たちの未来を描けるか』(1997年10月) 新評論　P14－18　ヴェルヘスルト (Thierry VERHELST) 氏の主張は、1995年に京都で行われた国際セミナーの記録やその後の日本での議論を踏まえ、片岡がヴェルヘスルトに手紙で質問状をやりとりした記録に基づくもの。
(47) 前掲書45　P103－127　山西優二「第4章　多文化共生に向けての教育を考える」
(48) 山西優二・上条直美・近藤牧子編『地域から描く　これからの開発教育』(2008年5月) 新評論　P38－47　山西優二「多文化共生と開発教育」
(49) 日本社会教育学会編『日本の社会教育　第50集 ―― 社会的排除と社会教育』(2006年9月) 東洋館出版社　P104－116　野元弘幸「外国人の子どもたちの排除の構造と対抗的教育実践の原理 ―― 日系ブラジル人の子どもたちとブラジル人学校を中心に」
(50) 鶴見区振興課「平成2012年度　外国籍及び外国につながる児童・生徒に関する調査事業　報告書」(2013年3月)、前述した塩原は報告書作成にあたり、有識者チームの座長を務めている。
(51) 浅野慎一「ミネルヴァの梟たち：夜間中学生の生活と人間発達」『神戸大学大学院人間発達環境学研究科紀要』P125－145
(52) 大多和雅絵『戦後夜間中学校の歴史』(2017年6月) 六花出版　P24－28
(53) 宮島喬・藤巻秀樹・石原進・鈴木江理子編『別冊　環⑳　なぜ今、移民問題か』(2014年7月) 藤原書店　P276－277　関本保孝「外国人にとっての夜間中学という学びの場」
(54) 江口玲『〈教育と社会〉研究　第26号』(2016年9月) 一橋大学〈教育と社会〉研究会 P35－48 「夜間中学政策の転換点において問われていることは何か ―― その歴史から未来を展望する」
(55) 江沢穂鳥『よみがえれ、中学』(1992年9月) 岩波書店　P7－9

(56) 小尾二郎 『夜間中学の理論と実践』(2006年５月) 明石書店　P38－39
小尾は同書の中で、夜間中学の生徒を「生徒さん」と呼んでいる。教職員より年上の人が多いことが理由で、同僚の教諭も同じ呼称を使っていたとのことである。

(57) コンドルセ他　阪上孝編訳『フランス革命期の公教育論』(2002年１月) 岩波書店

(58) 前掲書52　コンドルセの著書の中の「公教育の全般的組織についての報告と法案」 *Condorcet :Rapport et pojet sur l'organisation générale de l'instruction publique, Présentés à l'Assemblée nationale,au nom du Comité d'insutruction publique, les 20 et 21 avril 1792, J Ayoub et M.Grenon, II pp.138-160,363-377*
以下、報告文案は前掲、阪上による訳で、本稿では一部省略している。

(59) 中澤渉『日本の公教育 ── 学力・コスト・民主主義』(2018年３月) 中央公論新社　P ii

(60) 河森正人・栗本英世・志水宏吉『共生学が創る社会』(2016年３月) 大阪大学出版会　P45－48

(61) 横井敏郎編著『教育行政学 ── 子ども・若者の未来を拓く』のうち岡部敦「第一節　日本の公教育制度」(2014年９月20日) 八千代出版　P101－102

(62) 前掲書56　P104

(63) 江澤和雄「就学義務制度の課題」『レファレンス』No.712　(2010年５月) 国立国会図書館調査及び立法考査局　P29－52

(64) 馬越徹『比較教育学 ── 越境のレッスン』(2007年６月25日) 東信堂　P325－326

(65) 前掲書59　P326

(66) John Dewey,*The School and Society,revicd edition,1915:The University of Chicago Press* ` デューイ　宮原誠一訳『学校と社会』(1957年７月) 岩波書店　P17-44

(67) 前掲書61　P195－219

(68) 木村元『学校の戦後史』岩波書店 (2015年３月) P190－193

(69) 宮島喬『外国人の子どもの教育 ── 就学の現状と教育を受ける権利』(2014年９月) 東京大学出版会 P2－4

(70) 江原裕美編著『国際移動と教育 ── 東アジアと欧米諸国の国際移民をめぐ

る現状と課題』P21—24、宮島喬「グローバル化のなかの人の移動と民族 —— 教育を考える視点から」(2011年1月) 明石書店
(71) 宮崎幸江『日本に住む多文化の子どもと教育 —— ことばと文化のはざまで生きる (2014年1月) 上智大学出版 P183
(72) 矢野泉『多文化共生と生涯学習』(2007年10月) 明石書店　P71
(73) [月刊社会教育] 編集部編　『日本で暮らす外国人の学習権 —— 国際化時代の社会教育』(1993年8月) 国土社　P9－33　笹川孝一「外国籍住民の学習権とアジア太平洋学習権共同体の展望」
(74) 姉崎洋一・荒牧重人・小川正人・喜多明人・清水敏・戸波江二・廣澤明・吉岡直子『解説　教育六法2016年版』(2016年2月) 三省堂　P150同宣言は国民教育研究の訳によるものである。
(75) 山下友信・宇賀克也・中里実『六法全書Ⅰ』(2018年3月) P398
(76) 鄭早苗・朴一・金英達・仲原良二・藤井幸之助『全国自治体在日外国人教育方針・指針集成』(1995年8月) 明石書店 P262－264
(77)「基本方針」は3項目からなり、2項には社会教育で、差別や偏見を根絶し、共に生きることのできる国際社会の実現をめざし、生涯学習の充実に努めること、3項では、教育行政において、在日外国人にかかわる教育に関する理解と認識を深めるため、学校教育及び社会教育の充実を図ることを掲げている。
(78) 堀尾輝久『現代日本の教育思想 —— 学習権の思想と「能力主義」批判の視座』(1979年3月) 青木書店　P22－32
(79) 前掲書70　P30 による、と憲法第23条では「学問の自由は、これを保障する」とあり、また、第26条では「①すべて国民は、法律の定めるところにより、その能力に応じて、ひとしく教育を受ける権利を有する。②すべて国民は、法律の定めるところにより、その能力に応じて、ひとしく教育を受ける権利を有する」とある。
(80) 兼子仁『国民の教育権』(1971年11月) 岩波書店 P111－116
(81) 前川喜平・青砥恭・関本保孝・善元幸夫・金井景子・新城俊昭『前川喜平教育のなかのマイノリティを語る』明石書店 (2018年9月) P3－12
(82) 前川はこの言葉を述べる直前にダブルアイデンティティに関連し、「日本語教育と母語教育の両方が必要」と述べているが、2言語習得の是非及び可否に

ついては、本書では別の機会に回す。

(83) 佐藤学・秋田喜代美・志水宏吉・小玉重夫・北村友人編『教育　変革への展望２　社会のなかの教育』(2016年６月) 岩波書店　P201－228　児島明「越境移動と教育―トランスマイグラントの時代における自立の支え方」

(84) 文部科学省 HP 「教育における差別待遇の防止に関する条約 (仮訳)
http://www.mext.go.jp/unesco/009/003/007.pdf#search=%27%E6%95%99%E8%82%B2%E3%81%AB%E3%81%8A%E3%81%91%E3%82%8B%E5%B7%AE%E5%88%A5%E5%BE%85%E9%81%87%E3%81%AE%E9%98%B2%E6%AD%A2%E3%81%AB%E9%96%A2%E3%81%99%E3%82%8B%E6%9D%A1%E7%B4%84%27
(2019年３月18日閲覧)

(85) 海後宗臣・吉田昇・村井実編『教育学全集増補版　１教育学の理論』(1967年10月) 小学館　P137―138　持田栄一「VI教育計画」

(86) 牧柾名『教育権と教育の自由』(1990年1月) 新日本出版社　P3

(87) 文部科学省ＨＰ「別添３　義務教育の段階における普通教育に相当する教育の機会の確保等に関する法律 (平成28年法律第105号)」
http://www.mext.go.jp/a_menu/shotou/seitoshidou/1380960.htm
(2017年８月25日閲覧)

(88) 2019年４月に埼玉県川口市と千葉県松戸市に公立中学夜間学級が新設されたため、その直後は33校となった。

(89) 2016年９月14日付 「28文科初第770号初等中等教育局長通知」による

(90) 義務教育は、国民として必要な基礎的資質を培うものであり、憲法上の国民の権利、義務にかかわるものであって、国は地方公共団体とともに義務教育にかかる費用を無償にし、国民の教育を受ける権利を保障する義務を負っている。義務教育費国庫負担制度は、教育の機会均等と教育水準の維持向上を図るため、義務教育費国庫負担法に基づき、都道府県・指定都市が負担する公立義務諸学校の教職員の給与費について、３分の１を国が負担するものとしている。文部科学省 HP
http://www.mext.go.jp/a_menu/shotou/kyuyo/1394395.htm　(2019年３月９日閲覧)

(91)「多様な学び保障法を実現する会」HP

http://aejapan.org/wp/　(2019年３月９日閲覧)
(92) 日本教育政策学会編『日本教育政策学会年報』(2016年23号) P8－9
(93) 多様な学び保障法を実現する会 『子どもの多様な学びの機会を保障する法律(多様な学び保障法) 骨子案』(Ver.3.1) (2014年７月) 骨子案は2013年２月の大会後、改定がなされている。そして、同会は、「この法律は、憲法26条『教育を受ける権利』、教育基本法第４条『教育の機会均等』の定めを、子ども一人ひとりの立場にたって、子どもの学習権を基本的人権として具体化する目的をもっています」としている。同会 HP
http://aejapan.org/wp/wp-content/uploads/kossianVer.3_140706.pdf
(2019年３月11日閲覧)
(94) 教育再生実行会議『今後の学制等の在り方について』
https://www.kantei.go.jp/jp/singi/kyouikusaisei/pdf/dai5_1.pdf (2019年３月11日閲覧)
(95) 文部科学省 「フリースクール等に関する検討会議」「不登校に関する調査研究協力者会議」
http://www.mext.go.jp/b_menu/shingi/chousa/shotou/107/index.htm
http://www.mext.go.jp/b_menu/shingi/chousa/shotou/108/index.htm
(2019年３月11日閲覧)
(96) NPO 法人全国フリースクール全国ネットワーク HP
https://freeschoolnetwork.jp/wptest/wp-content/uploads/2015/09/tayounakyouikukikaikakuhohouan_miteikou.pdf
(2019年３月11日閲覧)
(97) 日本科学者会議編 『日本の科学者』(2019年２月) 本の泉社　P17－22
浅野慎一「夜間中学の変遷と未来への『生命線』 ── 夜間中学生アンケートをふまえて」
(98) 本書では必要に応じて「夜間中学」と「公立中学夜間学級」いう名称を用いている。内容は同じであるが、正式には本書執筆時点では、後者の呼称が現実的である。その歴史的根拠は別途論じる。
(99) 尾形利雄・長田三男『夜間中学・定時制高校の研究』(1967年１月) 校倉書房　P1—3
(100) 前掲書99　P1

（101）塚原雄太『夜間中学　疎外された「義務教育」』（1969年９月）新報新書 P65－66
（102）前掲書101　P69
（103）小川利夫・土井洋一編著『教育と福祉の理論』（1979年３月）一粒社 P274　田中勝文「『夜間中学』にみる教育と福祉の問題」
（104）朝日新聞「夜間中学『空白県、解消を』教員ら、救済申立てへ　2002年１月７日付　大阪本社版
（105）文部科学省 HP「学校教育法施行令（昭和28年政令第340号・抄）」
http://www.mext.go.jp/a_menu/shotou/tokubetu/material/07061116/003/002.htm
（2018年９月６日閲覧）
（106）前掲書103　P275－276
（107）深沢一夫『ドキュメント・夜間中学　学校なんか知るもんか』（1970年11月）東邦出版社　P78
（108）椎名慎太郎「夜間中学をめぐって」『大学改革と生涯学習山梨学院生涯学習センター紀要第20号』（2016年３月）、P96－98
（109）椎名慎太郎「高校義務化をめぐる諸問題」『レファレンス第299号』（1975年12月）国立国会図書館調査立法考査局　P68－69
（110）前掲書99　P7－20
（111）赤塚康雄『新制中学校成立史研究』（1978年９月）明治図書　P188－195
（112）前掲書99　P54－67
（113）前掲書99　P58－60（一部、本論文著者によりＩ氏の主張を要約した）
（114）前掲書99　P61－72
（115）前掲書99　P68－74
（116）海後宗臣『海後宗臣著作集　第四巻　学校論』（1980年９月）東京書籍 P405
（117）文部科学省より2018年７月に公開された文書で、その後、2019年４月に埼玉県川口市と千葉県松戸市に２校が新設された。
（118）日本弁護士連合会「学齢期に修学することができなかった人々の教育を受ける権利の保障に関する意見書」（2006年８月）
https://www.nichibenren.or.jp/library/ja/opinion/report/data/060810.pdf

(2019年３月29日閲覧)
(119) 朝日新聞「夜間中学の増設求める　教師や生徒ら、日弁連に救済申し立て」2003年２月21日付夕刊　P18
(120)「すべての人に義務教育を！ 21世紀プラン」
http://yakanchugaku.enyujuku.com/shiryou/20081205zenyatyuub.pdf
(2019年３月29日閲覧)
(121) このプランが出された2008年現在の数値。
(122) 文部科学省「義務教育修了者が中学校夜間学級への再入学を希望した場合の対応に関する考え方について（通知)」
http://www.mext.go.jp/a_menu/shotou/shugaku/detail/1361951.htm
(2019年３月29日閲覧)
(123) 東京都内には、隅田区、大田区、世田谷区、荒川区、足立区、葛飾区、江戸川区、八王子市にそれぞれ公立中学校夜間学級がある。東京都教育委員会のHP
http://www.kyoiku.metro.tokyo.jp/school/primary_and_junior_high/eveningschool.html　(2019年３月13日閲覧)
(124)「東京の夜間中学校に学ぶ　在日外国人生徒の状況」(学校関係者内部資料)。
(125) 葛飾区史　葛飾区 HP　http://www.city.katsushika.lg.jp/history/index.html
(2019年３月13日閲覧)
(126) 同校ＨＰ
http://school.katsushika.ed.jp/futaba-j/html/index.cfm/1,72,19,161,html
および同校夜間学級ＨＰ
http://school.katsushika.ed.jp/futaba-j/html/index.cfm/1,0,20,158,html
(2017年８月24日閲覧)。
(127)「平成29年度葛飾区立Ｆ中学校夜間学級概要」
(128) 東京社会教育史編集委員会編『大都市・東京の社会教育』(2016年９月）エイデル研究所　関本保孝「第５章　識字・基礎教育」P424
(129) 前掲書99　P171
(130) 山下友信・宇賀克也・中里実『六法全書Ⅰ平成30年版』(2018年３月）有

斐閣　P30

(131) 姉崎洋一・荒牧重人、小川正人・喜多明人・清水敏・戸波江二・廣澤明・吉岡直子『解説教育六法2016』P46－47　改正教育基本法では「教育の機会均等」は第４条。

(132) 手島純『格差社会にゆれる定時制高校 ── 教育の機会均等のゆくえ』(2007年９月) 彩流社　P88－92

(133) 手島によると、夜間課程という文字は1950年の学校教育法の改正で消され、夜間も含めて、定時制でくくられた。現在でも夜間定時制という言葉が使われるのは、もともと定時制課程と夜間課程は別であったことと、少数だが、現在も昼間定時制が存在するからである。

(134) 東京都教育委員会『都立高校改革推進計画　新実施計画（第二次）』(2019年３月) P74－78、P103－106

(135)『都立高校改革推進計画　新実施計画（第二次）』P123 によると、「チャレンジスクール」とは「小・中学校時代に不登校経験がある生徒や高校で中途退学を経験した生徒等を主に受け入れる総合学科・三部制（午前部・午後部・夜間部）の高校で、３年での卒業も可能である」とされ、都内に５校ある。

(136) 調査は授業期間中以外に夏休みなどを通じて行われた。補習のため登校している日の空き時間に、「日本語学習の一環」との位置づけで担当教諭に生徒の意向を確認してもらい、聞き取り調査に協力していただいた。

(137) 川口市 HP　https://www.city.kawaguchi.lg.jp/soshiki/01010/020/6/2570.html
(2019年３月15日閲覧)

(138) 川口市『川口市史』(1988年３月) ぎょうせい　P540－549

(139)『財団法人中央教育研究所56年のあゆみ』(2002年７月) によると、設立当時の関係者は、海後宗臣・東京帝国大学助教授、小林澄兄・慶応義塾大学教授のほか、文部省教科書局長、前文部省体育局長、中等教科書（株）顧問、文部省調査局長、三井報恩会理事長、文部省視学官となっている。

(140) 中央教育研究所 HP　http://www.chu-ken.jp/about.html (2019年３月25日閲覧)

(141) 文部科学省 HP によると、敗戦を契機として我が国の国政全般は連合国軍最高司令官総司令部の占領の下に置かれることとなり、教育文化などを担当する民間情報教育局（CIE）が、総司令部の特別参謀部の一つとして設立された。
http://www.mext.go.jp/b_menu/hakusho/html/others/detail/1318255.htm
（2019年３月25日閲覧）

（142）中内敏夫・竹内常一・中野光・藤岡貞彦『日本教育の戦後史』（1987年６月）三省堂　P30－33

（143）日本教育新聞編集局『戦後教育史への証言』（1971年10月）教育新聞社　P 107－108

（144）岡崎友典・夏秋英房『地域社会の教育的再編 ── 地域教育社会学』（2012年３月）財団法人放送大学教育振興会　P254－255

（145）日高昭夫『基礎的自治体と町内会自治会 ── 「行政協力制度」の歴史・現状・行方」（2018年10月）春風社　P293－299

（146）梅根悟・岡津守彦編『新教育の実践体系Ⅱ　社会科教育のあゆみ』（1959年３月）小学館　P162－177　村本精一「埼玉県川口市の計画と実践 『川口プラン』の実践」

（147）川口市『川口市史　通史編下巻』（1988年３月）ぎょうせい　P548－549

（148）前掲書146　P177　村本精一「埼玉県川口市の計画と実践 『川口プラン』の実践」

（149）日本民主主義教育協会編『あかるい教育』（1948年４月）明るい学校社　P11　表記は旧字体の部分があるため、筆者が口語体に直した。

（150）川口市『川口市史　現代資料編別冊』（1984年11月）ぎょうせい　P54－61

（151）文部科学省 HP「新しい学習指導要領　生きる力　学びの、その先へ」
http://www.mext.go.jp/component/a_menu/education/micro_detail/__icsFiles/afieldfile/2019/02/14/1413516_001_1.pdf　（2019年５月19日閲覧）

（152）海後宗臣『海後宗臣著作集　第九巻　戦後教育改革』（1981年４月）東京書籍　P77－81

（153）全国民主主義研究会編『民主主義教育21　戦後七〇年、民主主義を考える』（2015年５月）同時代社　P28－44　広田照幸「戦後七〇年 ── 〈民主主義と教育〉について考える」

（154）前掲書68　P84－85

（155）川口市市民生活部協働推進課　「第２次川口市多文化共生指針」（2018年３月）

（156）川口市統計に基づく。2011年以前は、旧鳩ヶ谷市と合併前の数値で、旧鳩ヶ谷市の外国人数は含まない。

（157）前掲書155　川口市市民生活部協働推進課　「第２次川口市多文化共生指針」（2018年３月）

（158）前掲書155　川口市市民生活部協働推進課　「第２次川口市多文化共生指針」（2018年３月）

（159）前掲書155　川口市市民生活部協働推進課　「第２次川口市多文化共生指針」（2018年３月）

（160）調査期間は2016年11月から12月までで、市役所本庁舎市民課窓口や川口駅前行政センターなどで、市職員による立会い調査（用紙の配布、回収）を行ったほか、市立小中学校でも間接配布方式で実施。1240部配布したうち、有効回答は946部（有効回答率76.3％）だった。それぞれの質問については、有効回答数（率）が違うケースもある。本論で使用したデータはその抜粋である。設問の①、②のような丸数字は筆者が改めて構成し直したもので、また、設問の文言も一部加筆した部分がある。

（161）埼玉に夜間中学を作る会　川口自主夜間中学30周年誌刊行委員会編『月明かりの学舎から ― 川口自主夜間中学と設立運動30年の歩み ― 』（2016年８月）東京シューレ出版　P13－57

（162）昨今の全国交流集会の話し合い内容は必ずしも浜松市で開催されておらず、本書の末尾の【資料】において2019年８月に川口市で開催された内容を付記している。

（163）前掲書161　P24

（164）日本弁護士連合会「学齢期に修学することのできなかった人々の教育を受ける権利の保障に関する意見書」https://www.nichibenren.or.jp/activity/document/opinion/year/2006/060810.html
（2018年４月３日閲覧）

（165）朝日新聞　「夜間中学　切実な要望相次ぐ」2018年８月26日付　P23千葉首都圏版

（166）2018年３月30日に実施した、川口自主夜間中学代表・金子和夫氏（当時）

への聞き取り調査に基づくデータに加え、筆者が実際、教室内で見聞きしたデータも含まれる。

(167) 筆者は2018年４月より川口自主夜間中学代表（当時）の金子和夫氏との協議の上、教師役のボランティアである「スタッフ」として活動することとし、以下に述べる個々の事例に対する聞き取り調査を続けてきた。男性、女性とも日本語学習を希望する「生徒」は事例に述べるように様々な事情や境遇を抱えていることがわかった。

(168) いずれも川口自主夜間中学校自主教材作成実行委員会編で頒布している。書店などには流通していない。

(169) 川口自主夜間中学機関紙『ポコ・ア・ポコ（№217）』(2019年５月)

(170) 国際交流基金と日本国際教育支援協会が主催する試験で、日本国内や世界各地で年２回実施されており、N1からＮ５まで難易度が5段階に分かれている。日本国内での就職や留学の基準などとして利用されている。
https://www.jlpt.jp/　(2019年４月３日閲覧)

(171) 川口市教育委員会資料「夜間中学入学希望面接者について」(2019年３月29日現在）実際、入学式に参加した人数は計77人だった。

(172) 陽春分校についての市教委の見解は2019年４月５日のインタビュー調査に基づく。2019年度の市としての予算は700万円程度で、地方交付税が割り当てられているとのことである。入学希望者のうち川口市以外の県内都市は、さいたま、戸田、蕨、川越、草加、越谷、八潮、吉川、三郷、春日部、朝霞市などで、地元のから川口市に生徒を送り出して関与している自治体として、「関係市町村連絡協議会」という組織が川口市を含む12市で構成されている。

(173) 仕事などやむを得ない生徒がいた場合は「原級留置」措置を行い、最長で６年まで在籍できる仕組みになっている。

(174) 年間１万円ほどの実費がかかるとのことである。予算措置としては、地方交付税が市に割り当てられるが、県予算以外の市独自の予算としては、アシスタントティーチャーなど学習支援員など700万円程度（2019年度）が計上されているとのことである。

(175) 朝日新聞「移民に『賛成』日本51％」(2015年４月18日付）P7

(176) 読売新聞「移民に反対61％」(2015年８月26日付）P12

(177) 法務省法務総合研究所『犯罪白書（平成25年版)』(2013年12月）日経印刷

P319－323
(178) 朝日新聞「外国人受け入れ拡大」(2018年12月8日付) 朝刊 P1
朝日新聞「外国人受け入れ　改正入管法成立」(2018年12月9日付) 朝刊 P1
朝日新聞「共生社会の実現　新しい挑戦」(2019年4月2日付) 朝刊 P31
(179) 自由民主党政務調査会　労働力確保に関する特命委員会「『共生の時代』に向けた外国人労働者受入れの基本的考え方」(2016年5月) P2　同文書では「『移民』とは、入国の時点でいわゆる永住権を有する者であり、就労目的の在留資格による受入れは『移民』には当たらない」と定義づけている。
(180) 岩田祐子・重光由加・村田泰美『概説　社会言語学』(2013年3月) ひつじ書房　P281
(181) Ivan Illich,The Deschooling Society. (Harper&Row,1971)　イヴァン・イリッチ (東洋・小澤周三　訳)『脱学校の社会』東京創元社 (1977年10月) P135－137
(182) 文部科学省「夜間中学の設置促進・充実について (令和2年)」
https://www.mext.go.jp/a_menu/shotou/yakan/index.htm
(2021年1月23日閲覧)
(183) 日本経済新聞　2020年7月6日付け夕刊 P9「夜間中学　34校どまり」。記事によると、この記事が掲載された時点で、その後新設を検討しているのは10道県にとどまっている。
(184) 岡本榮一・ボランティアセンター支援機構おおさか編『ボランティア・市民活動実践論』(2019年5月) ミネルヴァ書房　P15－18
(185) 野尻武敏・山崎正和・ハンス・H・ミュンクナー・田村正勝・鳥越皓之『現代社会とボランティア』(2001年9月) ミネルヴァ書房　P54－57　山崎正和「将来のボランティア活動における問題点」
(186) 中嶋充洋『ボランティア論 ── 共生の社会作りをめざして』(1999年9月) 中央法規出版　P18－23
(187) 例えば、南米系日系外国人住民が多い、静岡県浜松市を拠点とした、浜松 NPO ネットワークセンターなどの活動の歴史は参考になる。同センターの HP
https://www.n-pocket.jp/foreigner/history　(2020年7月9日閲覧)
(188) 佐藤晴雄『コミュニティ・スクール (増補改訂版)』(2019年7月) エイデ

ル研究所　P4－5

(189) 新井郁男『学校教育と地域社会』(1984年３月) ぎょうせい　P127－128

(190) 白石克己・佐藤晴雄・田中雅文『学校と地域でつくる学びの未来』(2001年11月) ぎょうせい　P4－19　佐藤晴雄「第２節　戦後の学校と家庭・地域の関係史」

(191) 日本語能力試験は独立行政法人国際交流基金と公益財団法人日本国際教育支援協会が共催して行っている外国人向け日本語試験で、ハイレベルの「N１」(幅広い場面で使われる日本語を理解することができる) から「N５」(基本的な日本語をある程度理解することができる) までの５段階に認定基準が分類されている。日本語能力試験のHP
https://www.jlpt.jp/about/levelsummary.html
(2018年６月７日閲覧)

著者プロフィール

大重史朗（おおしげ・ふみお）

1964年生まれ。早稲田大学卒業後、産経新聞、AERA、朝日新聞の記者を経験。フリーランス記者を経て、教育・研究の道に進む。首都圏の大学・予備校・専門学校などで講師を続け、現在に至る。2014年に修士（社会デザイン学）の学位取得。
2021年、東京都港区に「一般社団法人　多文化教育研究所」を設立、代表理事に就任。
主な著書に『移民時代の日本のこれから ── 現代社会と多文化共生』（揺籃社）、『調べる・発表する　伝え方教室』（旬報社）（いずれも単著）など多数。

＊本書に関するご意見は筆者が代表理事を務める研究所のメールアドレス
tabunkaof@yahoo.co.jp
までお寄せください。ご意見はありがたく頂戴いたしますが、質問などに必ず回答するとは限りませんのでご了解ください。匿名によるご意見の送信はお断りします。

※本文中、文献を引用する際、現代文として、意味をよりわかりやすくし、本書全体の文章の一貫性を保つため、引用元の意向や主旨を損なわないレベルで一部表現を筆者の責任において修正した箇所があることをお断りしておきます。

多文化共生と夜間中学　――在留外国人の教育課題

2021年5月 6 日　初版第1刷発行
2023年3月10日　初版第2刷発行

著　者　大重史朗
発行所　揺　籃　社
〒192-0056 東京都八王子市追分町10-4-101　㈱清水工房内
TEL 042-620-2615　URL https://www.simizukobo.com/

　ISBN978-4-89708-454-1 C0036